Wordster
advanced 1300

編集協力	(株)オリーブ・カンパニー
	池田 直子
	井手 純子
	小泉 純子
	(財)英語教育協議会(ELEC)
	Carolyn Miller
	Jack Merluzzi
	(株)ぷれす
	桑田 聡子
	Matt Cotterill
イラスト	マサト・クローガー

Wordster
advanced 1300

【リスニング×音読筆写】
「五感」をフルに使うボキャビル

James M. Vardaman Jr.
岡崎正義

川島隆太
久保野雅史

講談社インターナショナル
Tokyo・New York・London

はじめに

95パーセントの英単語をマスターする

　英語学習にゴールはありません。しかし、「英単語」、「語彙」に限っていえば、ある程度の目安はあります。アメリカの第二外国語習得について研究しているある言語学者のグループが興味深いデータを発表しました。「英単語を使用頻度順に並べ、頻度の多いものから、派生語も含めてカウントした8000単語を取り出すと、あらゆる英文、会話文の95パーセントがカバーできる」というものです。そこから先の語彙は、個々人が接する機会の多い分野の単語、興味のある分野の単語を増やしていくことになりますので、無理なく100パーセントに近づいていけます。つまり、頻出順に8000単語をマスターしてしまうことが、「英単語」学習のひとつのゴールと言えるのです。

　本書は、その「ゴール」を到達可能なものにします。最新の英英辞典のコーパス資料をもとに、徹底的に頻度を分析し8000語を厳選、本書の基礎編であるWordster essential 2300 と併せ、「ゴール」を超えるためのターゲット語彙が身に付くよう設計してあるのです。コーパスとは、新聞、テレビ、ラジオ等々の生の素材をデジタル化して作ったデータベースですから、この8000語は、まさしくあらゆる英文の95パーセントをカバーする8000語なのです。

　英単語は何をどこまで覚えれば良いのか？と悩んでいる方は、ぜひ Wordster を使ってください。実のある、確かなゴールをクリアできるはずです。
(8000語のうち、最初の1000語は、a、of、dog、morning...と言った基本単語ですので、収録していません。基本の1000語＋essentialの4500語＋advancedの2500語で8000語となっています。)

どうやって英単語をマスターするのか？

　往年の単語カードのように、「英単語 ⇔ 日本語訳」だけ一途に覚えていてもあまり効果はありません。一単語だけではなく、用法、関連情報を含めて、一度に覚える必要があるのです。しかも、そうして覚えた方が、はるかに記憶として定着しやすいことも、近年の脳科学の成果からも明らかになっています。

そのための具体的な方法を本書で実現しました。

以下に特徴をあげます。

1 記憶のメカニズムを分析した、最も効果的なボキャビルのための理論について脳科学のエキスパートである川島先生にアドバイスをいただきました。

2 その理論に基づいた実践方法の解説を、全国トップの進学校で実績をあげられている久保野先生にお願いしました。教育の場で実践し、めざましい成果が出ている方法です。

3 厳選した単語を分野、場面別に役立つ279本のパッセージにまとめました。単語は一語だけ覚えても意味がありません。文で覚えることによって単語の語法や語感も身につけられます。

4 CDの音声はナチュラルスピードにこだわりました。従って、リエゾン（音がつながっている）箇所や、ごく弱くしか読まれない単語も出てきます。スピードや音の強弱に慣れることはとても重要です。遅いスピードでいくら練習しても、実際の場面では役に立ちません。はじめから「本物」に慣れることが重要なのです。目だけではなく、耳でも単語を覚えてください。

5 語句解説も充実させました。TIME社を経て、TOEICをはじめとする数多くの資格試験書を制作してきた岡崎氏が、有意義で大切な要素をわかりやすく解説してくれています。使用頻度を考慮して綿密に作られていますから、見出し語の1300語を核に厚みある語彙力がつきます。

ゴールは目前です。「本物」の語彙力をつけてください。

James M. Vardaman Jr.

【参考辞書】
The Collins COUBUILD Learner's Dictionary
The Longman Advanced American Dictionary
The Random House Dictionary of the English Language
The Longman Dictionary of Comtemporary English
The New Horizon Ladder Dictionary
Collins Cobuild English Dictionary for Advanced Learners
Longman Advanced American Dictionary
ジーニアス英和辞典（大修館）
新英和中辞典（研究社）

【参考書】
Geoffrey Leech, Paul Rayson and Andrew Wilson, "Word Frequencies in Written and Spoken English, Based on the British National corpus (London: Pearson Education Limited, 2001)
Stig Johansson and Knnt Hofland, Frequency Analysis of English Vocabulary and Grammer (Oxford: Clarendon Press, 1989)
Xue Guo-yi and Paul Nation, "A University Word List" in Language Learning and Communication 3(2), 1984
Lye V. Jones and Joseph M.Wepman, "A Spoken Word Count" (Chicago: Language Research Associate, 1966)
英語の語源事典（大修館）

contents

目次

はじめに　James M. Vardaman Jr.　4
目次　6
本書について　8
記憶の不思議　川島隆太　10
超「ボキャビル」トレーニング法　久保野雅史　18

第1部　経済・ビジネス　23

❶ 経済	Topic 1–3	25
❷ 企業	Topic 4–8	39
❸ オフィス	Topic 9–12	59

第2部　政治　77

❶ 政治	Topic 13–20	79
❷ 紛争・戦争	Topic 21–24	113

第3部　社会　131

❶ 社会	Topic 25–29	133
❷ 法・犯罪	Topic 30–33	153
❸ 科学	Topic 34–35	169
❹ 宗教	Topic 36–38	179

第4部　個人　193

❶ キャラクター・感情	Topic 39–44	195
❷ 個人の経験	Topic 45–50	219
❸ 医療	Topic 51–53	245
❹ 文化	Topic 54–57	259

達成の記録　278
INDEX　282

本書について

掲載語数

見出し語（単語・熟語） 約1350語
派生語, 同義語・類義語, 反意語, 関連語 約1150語

計約2500語

本書の表記

ページ表記

トピックナンバー
トピック1〜57まであります．

Training 1 2 3
復習音読トレーニングを終えるごとに1回ずつチェックします．

Input Date
そのトピックを初めてトレーニングした日付を記入します．

CDのトラックナンバー
トラックナンバーは，①〜㊼までであります．

小見出し
そのパッセージの内容を大まかに捉えた見出しです．

パッセージ
約15 wordsから30 wordsの英文です．叙述文, 会話文等があります．

和訳
パッセージの英文和訳です．

Topic 31　INPUT DATE ／　TRAINING 1 2 3　CD1 ㉛

法の執行

By **enforcing** the laws governing communications, the government is bringing to **justice** any **entity** that attempts to **defraud** customers using the Internet.

通信を管理する法律を執行することによって，
政府はインターネットを使う顧客から詐取しようとする法人を裁判にかけようとしている．

□ **enforce** [infɔ́ːrs, en-]　執行する
　動 ①（法律・規則）を施行する, 執行する ②（規則の順守・行動）を強要する
　□ enforcement 名 U （法の）執行, 強要

□ **justice** [dʒʌ́stis]　裁判
　名 U 正義, 司法, 裁判 ■bring 〜 to justice（〜を裁判にかける）C 判事, 判事官
　■ justice of the peace :〈略 J.P.〉 名 C 治安判事
　　① 軽微な民事および刑事事件を扱う判事．正式の法律教育を受けた judge とは区別される．下級裁判所で予備審問を行うこともある．
　■ justice of the Supreme Court :（連邦あるいは州の）最高裁判所判事

□ **entity** [éntəti]　法人
　名 C 統一体, (法的な) 組織, 法人

□ **defraud** [difrɔ́ːd]　だまし取る
　動 〜から [金・権利を] だまし取る [+of]

語句解説の表記

□ 見出し語
パッセージ中に出てくる
ターゲット語

該当語意
パッセージの文意に沿う語意

> □ **enforce** [infɔːrs, en-] 　**執行する**
> 他 ① (法律・規則) を施行する, 執行する ② (規則の順守・行動) を強要する
> □ enforcement 名 Ⓤ (法の) 執行, 強要
>
> □ **justice** [dʒʌstis] 　**裁判**
> 名 Ⓤ 正義, 司法, 裁判 ▶ bring ~ to justice (〜を裁判にかける) Ⓒ 判事, 裁判官
> □ **justice of the peace**〈略 J.P.〉Ⓒ 治安判事
> ⓘ 軽微な民事および刑事事件を扱う判事。正式の法律教育を受けた judge とは区別される。下級裁判所で予備審問を行うこともある。
> □ **justice of the Supreme Court**：(連邦あるいは州の) 最高裁判所判事
>
> □ **entity** [éntəti] 　**法人**
> 名 Ⓒ 統一体, (法的な) 組織, 法人
>
> □ **defraud** [difrɔːd] 　**だまし取る**
> 他 〜から [金・権利を] だまし取る [+of]
> □ **fraud** 名 Ⓤ 詐欺 (罪), ペテン師, 偽物
> □ **fraudulent** 形 詐欺の, 不正な

■ 例文・例句
参考となる例文・例句

■ 熟語, 複合語

□ 派生語
見出し語の派生語

[ ] アクセント
アクセント表記は, 講談社ハウディ英和辞典, 講談社英中和辞典に準拠しました.

〈 〉語法解説
語法や語法に関する解説・補足説明, 略語など.

[+助詞]
動詞, 名詞等であとに続く助詞で, その後に目的語を取る場合を示してあります. また, その助詞に相当する訳語は [ ] 内に表記しました.

(+助詞)
動詞, 名詞等であとに続く助詞で, その後に目的語を取らない場合を示してあります.

( ) 意味の補足説明
また, 言い換え可能な語意は [ ] 内に示してあります.

品詞表記
他 他動詞	副 副詞	間 間投詞
自 自動詞	名 名詞	前 前置詞
形 形容詞	接 接続詞	代 代名詞

＊自動詞, 他動詞については, 厳密な表記にはなっていない場合があります.

その他の表記

ⓘ 解説, 補足情報, その他
　単語に関する語法, 付加情報, 留意事項などをまとめました.

〈○○, ○○, ○○〉動詞の不規則変化
　発音記号の右側に表示しました.

類 類義語
反 反義語
▶ 関連語
→ P. ○○ 参照ページ
Ⓒ 可算名詞 (countable)
Ⓤ 不可算名詞 (uncountable)
ⒸⓊ 可算・不可算併用

(同義語)　( ) 内の単語が同義語
(≒ 類義語)　(≒) 内の単語が類義語
(⇔ 反義語)　(⇔) 内の単語が反義語

米 米語
英 英国語
略 略語
複 複数形
口 口語
俗 俗語
〈 〉専門語の使用分野
― 同一単語の省略
－ 同一綴りの省略

＊可算名詞, 不可算名詞については, 厳密な表記にはなっていない場合があります.

記憶の不思議
―― 脳科学から見た最良の「ボキャビル」方法

東北大学未来科学技術研究センター教授
医学博士　　川島　隆太

　今では、私は学会などで外国に行っても、英語は普通に話せますし、日常、英語の論文を読んだり書いたりということもしています。しかし、高校生の頃は全国模試で下から6番目という成績をとったほど、英語はすごく苦手でした。さておき、英語習得のためには、英単語をいかに多く、正確に覚えるられるかがキーになってきます。そしてその方法には確実に効率の良い方法があります。高校生当時知らなかったのが幾分悔しくはありますが、ここで脳科学的な裏付けのもとに英語習得を分析し、皆さんが最も効率よく英単語を身につけられる方法をご紹介したいと思います。

1　脳はすべて「記憶して」いる！

　英単語に触れる前に、「脳がモノを覚える」ということを簡単に説明します。実は、私たちの脳というのは私たちが思っているよりもはるかに優秀です。例えば本のあるページを一回パッと見ただけでも、脳はすべて記憶しています。この本の英単語も、一回ペラペラッと見ただけで、脳自身がちゃんと文字を見ていれば、何千語という単語の情報がちゃんと脳の中に入ってしまいます。私たちが「覚えていない」、「忘れた」、と感じるのは、それを脳の中からひっぱり出す手段がないだけなのです。

　つまり「モノを覚える」ということは、上手に思い出すためのシステム、記憶している事柄をスムーズに引き出すためのシステムを脳

につくってやる、ということなのです。

　記憶には、ダイヤルしたとたんにすぐ忘れてしまう電話番号のような短期記憶と、かけ算九九のようにいつでも思い出せる長期記憶がありますが、英単語を覚えて使いこなすためには、英単語を長期記憶に留める必要があります。

　そのための一番目のキーワードとして、「繰り返す」というのが、誰にでもやりうる"コツ①"です。逆に繰り返さないと思い出す頻度がどんどん減るということが、実験で明らかになっています。例えば、一夜漬けで一回だけ覚えたものは、次の日に起きたらもう10％ぐらいしか情報を取り出せません。

2　脳は7つのモノしか覚えられない!?　【マジックナンバー7】

　私たちがものを覚えようとする時、脳は一度に7つ［±2の個人差があります］のものしか覚える能力（正確には、一度に見たものを思い起こせる能力）がないということが、すでにプリンストン大学のジョージ・ミラー教授の研究で明らかになっています。

　英単語にしても、単語帳を見るような形でバラバラに一個一個覚えるときには一度に7つが限界であり、20も30も絶対に覚えられないようにできています。ところが実際には、私たちはいろんなものを数多くいっぺんに覚えることができます。その秘密は、脳が、多くの覚えるものを様々なものと結びつけることで、まとめて一つのものとして情報処理してくれることにあります。心理学では、それを「チャンキング（視覚的、音韻的、意味的に似たもの、繋がりのあるものを一つにまとめて処理すること）」と呼んでいます。

　英単語を覚える場合でも、数センテンスから成るパッセージを通じて英単語を認識していけば、脳はそのパッセージ自体を一つのものとして認識するので、その中に5個、10個と新しい英単語が入っていても一つの記憶のなかに留められます。ですから、本書のテキストのようにパッセージ（例文）の中で記憶に留める、思い出しやすくするという作業は、脳にとって非常に理にかなっているのです。これが"コツ②"です。

3　頭のなかに「英単語チェーン」をつくる

　また、脳は覚えるためのきっかけとして、いろいろなものと結びつけたがるもので、記憶しようとしている時の状況すら一緒に記憶をしてくれます。いろいろなきっかけを伴っていた方が、脳にとっては覚えやすいのです。そのきっかけの一つとして、「私たちに備わっている様々な感覚を使う」ことも、脳が思い出す大きな助けになります。

　ですから、目で見るだけで単語を覚えようとするのではなく、声に出す（音読する）。これだけでも「口を動かす」、「耳で聴く」という感覚情報が追加されます。理想を言えば、書きながら声に出すと「運動」という情報まで入ってきます。運動している時の状況、自分の声が耳に返ってきているときの状況に至るまですべて、脳は頭のなかにしまい込んでくれますので、より思い出しやすくなるのです。

　実際に私たちの脳は英単語一つだけを引っぱり上げる（思い出す）ことを非常に苦手にしています。通常、脳はそういう働きをしてくれません。何をするかというと、そのものを覚えたときのまわりの状況や様々な要素のなかで、脳として一番とっかかりやすいものを最初に引っぱり上げて、そこから糸をたぐるようにいろいろなものを記憶の底から引きずり上げるのです。

　ですから、引っぱり上げるきっかけが少ないと、なかなか思い出せません。「チャンキング」したものを、「音読」や「筆写」など、できるだけ多様なものと繋げておけば、様々な方法で引っぱり上げることができるのです。これが"コツ③"です。

　最初に述べた「繰りかえす」ことと、「チャンキング」されたものを様々な感覚を駆使して記憶のフックに結びつけることによって、記憶を引っぱり上げるフックがより大きく、そしてより多くなる、というイメージを持っていただければいいと思います。さらに、その文章の意味や、学習時の状況、レイアウトに至

るまで、いろいろなものと結びつけることによって、それぞれのものがチェーンのように結びついていき、どこかに引っかければズーッと繋がって上がってきます。たとえば、「何ページあたりに、たしか銀行で住宅ローンを組む話が書いてあったナ」と思えば、その記憶から単語が連合して引っぱり上がってくることがあるわけです。

4 記憶効率を上げる

"コツ③"について、脳の働きから見たもうひとつの有効性を話したいと思います。

受動的に何かを見たり聴いたりするだけでは脳の活性度は上がらない、というのは脳のひとつの特色です。脳を働かせるためには、私たち自身から能動的に何かを仕掛けることが必要になります。ですから、英単語を覚えるときでも、見るだけ、聴くだけ、という受動的な行為だけでは、脳はあまり働いてくれません。ところが、書いたり、話したりという能動的な行為をすることによって、脳の活動は200％から300％くらい、いろんな領域の活性度が増えてくれます。逆の見方をすれば、あるものを覚えようとするするときに、受動的にすれば脳は数ヵ所しか働いてくれず、何度も繰り返さないと覚えられません。それが能動的な行為を伴わせれば、十数ヵ所以上の部分の脳が一度に働いてくれますから、より短い時間で、より容易に長期記憶として固定することができるのです。

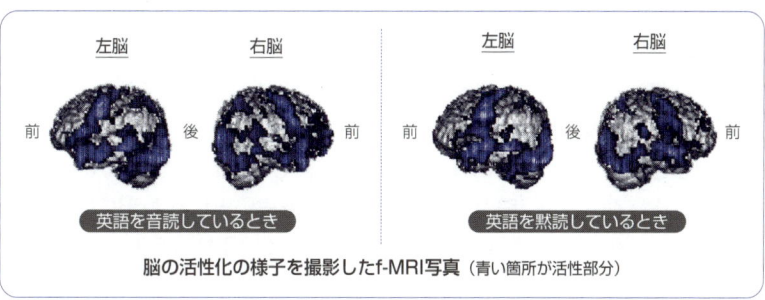

脳の活性化の様子を撮影したf-MRI写真（青い箇所が活性部分）

5　驚くべき音読の力

　さらに音読の効用について、もう一つの事実をご紹介します。音読をすることによって、脳をたくさん活性化して覚えやすくするということ以外に、事前に音読をしてから何か覚えようとすると、ものを覚えようとする力がふだんの20％から30％増しになる、ということがわかっています。体感するのは難しいことですが、テストをしてみると明確にわかります。心理実験で、ふだん80点だったものが100点になることも確かめられています。音読にはそういう不思議な作用があるのです。

　ですから、英単語を覚えるときでも、まずは音読する。繰り返し音読する。それによって、脳はいっぱい活性化してくれます。つまり記憶力が増した状態になります。そこでそれぞれの単語の意味を吟味する。吟味しつつ音読を繰り返す、ということが最善の方法だろうと思います。

　どれくらい繰り返せばいいのか、これは実際にできるかどうかは別にして、理想としては200回ぐらい音読すれば完璧になると思われます。ただ、英語だけ勉強していればいいということはないと思いますから、10回くらい音読し、かつ効果を増すためには書きながら音読をしてみるという工夫をすればことさら有効です。

6　睡眠中に復習する

　眠ることによって、その日の体験を脳が思い起こしている、復習しているという説があります。（レミニセンス reminiscence［追憶］現象と呼ばれています。）

　眠りには、眠っていても目がキョロキョロ動いているレム睡眠とぐっすり眠っているノンレム睡眠があります。レム睡眠では、体は眠っていて動きませんが、脳は起きています。起きて何をしているかというと、どうやら日中の体験を全部やり直しているのではないかと考えられています。脳は、学習したところを思い出せるように、われわれの意識と離れた睡眠中にも復習してくれているわけです。

　完全に証明されているわけではありませんが、何日かにわたって

学習しないと、「思い出し」は悪くなってきます。ですから、最初勉強したときの音読は2、3回でもいいのです。繰り返し読んで、眠って、また次の日新しいのを覚える前に、復習として同じ所をもう一度音読をしてチェックする、ということをした方が効果的だと思います。戻りながら先へ進む、「3歩進んで2歩さがる」です。眠っているあいだにも脳は勝手に復習してくれるのですから。

7　柔らかな脳

　最後に、本書で学習していただくにあたり、私は「何のための英語か」という意義を理解しながら覚えるトレーニングをするべきだと思っています。

　私自身は、英語というのはコミュニケーションツールとして、誰かと自分の意志を伝え合うことができれば、まずは合格だろうと思っています。

　しかし、仕事をするうえには、文書をキチッと理解する能力も要求されます。そのときに最低限、理解の一番もととなる素子である英単語を覚えておくことは決して損なことではありません。さらに本書のように、**目だけでなく、「五感」をフルに使って覚えた英単語は、そのまま使える英語と直結しています。**

　また、豊富な語彙は必ず役に立ちます。受験英語でなにが悪いかと言うと、複雑な文法を勉強しすぎるのが悪い、と思っています。

実践の英語のなかでは単語は絶対必要です。しかし文法は意外と単純な文法しか使いません。日本語でも同じです。非常に単純な文法しか使わないけれども、使う単語の豊富さによってその人の知性が問われてしまうわけです。そういう意味でも知性あふれる英語を将来使いたいのであれば、単語を覚えるということは必須であり、けっして避けられません。

　実は、中学校から英語を学ぶ一般の私たちにとって、日本語と英語を取り扱う場所は、脳の中で少しずれた場所が扱うようになっています。ですから、当然母国語のようにスラスラッと使えるようにはなりません。
　しかし、いくら努力してもまったく無駄か、バイリンガルにはなれないのか、というと最新の研究で、いっぱい努力をした人たちは最初は脳の違うところに宿っている言葉が最終的には同じ場所に宿る、つまり日本語回路と同じ場所に英語回路ができる、という説が発表されました。要は努力をガンガンした人は、バイリンガルになれるのではないか、ということです。
　大人の脳も、それだけ柔らかいのです。

超「ボキャビル」トレーニング法

筑波大学附属駒場中・高等学校教諭　久保野雅史

復習音読トレーニング

学習済みのトピックのなかから、復習したいものを選んで、

該当トピックのCDを2回聴く．

1回目はテキストを見ずに，2回目はテキストを見ながら．

耳で聴くだけでそのまま理解できるようになることを目指してください．2回目は、文字の助けを借りてCDの音声のスピードですばやく英文を目で追いながら理解することを目指します．

2回音読する．

1回目は自分のペースで，2回目はCDに合わせて．

「音読する」という能動的なトレーニングを行うことによって、記憶がより定着します．

　以上で1セットです．1日1セットで1つのトピックを3日間、日を改めて実行して下さい．「復習音読トレーニング」は、パッセージの英文、そして英文中に出てきた単語を「短期記憶」から「長期記憶」に移行させる最良の方法です．

　また、1日のトレーニングを＜復習音読トレーニング＞から始めるのは、音読によって脳を活性化するためです．その方が記憶力が上がります．音読は頭の準備体操なのです．（P.14参照）

インプット・トレーニング

復習が済んだら、新しいトピックに移りましょう．進み具合は、1日1トピック以上を基本としてください．

理解する

■ テキストを閉じてCDを1回聴く．

該当トピックの小見出しを一通り見て、パッセージ内容の見当をつけます．それからCDを聴いてください．テキストは見ずに、音声に集中して大意をつかみましょう．

↓ 黙読して意味をつかむ．

英文テキストを丁寧に黙読して意味を確認してください．わからない語句は、解説や日本語訳を参照します．全く知らなかった単語は、単語の前についているチェック欄「□」に✓をつけておきましょう．

英語のコミュニケーション能力を伸ばしながら、無駄なくできるボキャビルの方法をご紹介します。ポイントは、「**覚える努力より忘れない努力**」です。このトレーニングメニューは、私の授業実践から生まれたものですが、この方法の正しさは脳科学からも実証されつつあります。手順を読んでからトレーニングを始めてください。

⬇ テキストを目で追いながら、CDを聴く。

CDのスピードで英文を目で追いながら、すばやく意味をつかんでいきます。

■ テキストを閉じて、もう一度CDを聴く。

「直聴直解」を目指します。ただ、今まで知らなかった単語は聴き取りにくいかもしれません。それは次のステップで克服しましょう。

覚える

■ 太字の単語に注意しながら、CDを聴く。

単語の発音に注意しながら聴いてください。読み方、発音の確認作業です。

⬇ 語句解説に目を通す。

語句解説の隅々にまで目を通します。

⬇ 単語を一つずつ発音して、綴りを書く。

太字の単語の発音が自信を持ってできるようになってから、綴りを書きます。その際、先ほど□欄にチェックした知らなかった単語は、最低3度、書いてみてください。

⬇ パッセージを音読する。

意味がわからない単語や発音できない単語はもうありません。音読して、パッセージを覚えましょう。川島氏が述べているように、ボキャビルは、意味が有機的につながっていく文脈の中で覚えることがポイントです。

⬇ CDに合わせて音読する。

テキストを目で追いながらCDを流して、CDのモデルに自分の声をオーバーラップさせて音読してください。

■ 仕上げの音読をする。

イントネーションや区切りに注意して、自力でもう一度音読します。この段階までできれば、単語はほぼ短期記憶に入ったはずです。
ただ、そのまま放置してしまっては、長期記憶とはならず、学習効果は半減してしまいます。努力が水泡に帰さないように、後日必ず「復習音読トレーニング」をしてください。「**覚える努力より忘れない努力**」が肝心です。わずかな復習時間で学習効果が倍増します。

記録をつける

自分のトレーニングの軌跡を記録しておきましょう．

　各トピックの最初のページには、初めて学習した日（Input Date）と復習音読トレーニング（Training）の回数（3回）を記入する欄があります．また、巻末には、進度記録用の一覧表（達成の記録）があります．こちらにも必ず記入して進度を目で確認できるようにして下さい．

「着実に前進している」ことが目でわかり、「次も頑張ろう！」という意欲をかきたてます．これがトレーニングを継続し、成果を上げる秘訣です．

応用トレーニング

単語を着実に覚えることに加え、話す力、書く力もアップさせたい！と思う人はぜひ挑戦してください．

ルックアップ・アンド・セイ

パッセージを一文ずつ黙読した後で，顔を上げてそのセンテンスを人に語りかけるように言うトレーニングです．テキストから目を離すわけですから、「話す」ことに一歩近づく練習です．

英会話もスポーツと同じで、理論や知識を暗記しただけではできるようにはなりません．実際に筋肉を動かしてトレーニングをすることが不可欠なのです．

暗唱から暗写へ

「ルックアップ・アンド・セイ」で、パッセージがほぼ暗唱できた人には、次のトレーニングが待っています．顔を上げて文を言ったら、その文を書いてみてください．これを続ければ、パッセージ単位での書き取りにつながります．

以上のような＜声に出す→書く＞という活動を通して、英語の「知識」が「技能」として身体（頭）に刻み込まれていきます．

語句解説を使って「英単語ネットワーク」を構築する

　本書は語句解説も充実しています．巻末のIndexを活用すれば、簡単な辞書がわりにもなります．解説には、派生語・反意語・類義語・関連語などの語彙だけでなく、役立つ情報や、よく使われる語句・例文を厳選し、網羅してあります．

　復習音読トレーニングの際に、語句解説に再度目を通しましょう．このような繰り返しが単語の忘却を防ぎ、記憶の定着を促進します．見出し語の意味がしっかり定着すれば、それに関連する語句を覚える力が、飛躍的に高まります．「関連する語彙」という「フック（とっかかり）」をつくることにより、見出し語の記憶も堅固になっていきます．こういった相乗効果が「英単語のチェーン」をより長く、太くしていくのです．

第1部

経済・ビジネス
Economy · Business

1 経済
Economy

Topic 1

INPUT DATE / **TRAINING** 1 2 3   CD ①

経済政策

To bring the economy out of this **downturn**, the government should relax **monetary** policies. Trying to **restrict** **inflation** is the **least** of our worries right now.

この不況から経済を立て直すためには、政府は金融緩和政策を実施するべきである。インフレを抑えようとすることについて、われわれは現時点ではたいして懸念を抱いていない。

□ **downturn** [dáuntə̀:rn]　沈滞
　名 C （景気・物価などの）下落，沈滞

□ **monetary** [⊛ mánətèri ⊛ mánət(ə)ri]　金融の
　形 通貨の，金融の
　▶monetary policy（金融政策）　▶monetary control（金融調節）

□ **restrict** [ristríkt]　制限する
　他 〜を制限する
　□ restriction 名 CU 制限，制約 C〈通例 -s〉[〜に対する] 制限条件 [+ against, on]
　□ restrictive 形 制限的な
　□ restricted 形 制限された，[〜に] 限られた [+to]

□ **inflation** [infléiʃən]　インフレーション
　名 CU 膨張，インフレーション（⇔ deflation）
　□ inflate 他 〜を膨らませる，（通貨・物価など）をつり上げる（⇔ deflate）
　　　　　自 インフレになる
　□ inflationary 形 インフレの，通貨膨張の

□ **least** [li:st]　〈little の最上級〉最小（のもの）
　名〈通例 the —〉最小限のこと，最小値，最少量　形 最も少ない　副〈— of all〉
　最も〜でない，〈否定文の後で〉特に〜でない　■No one in the office has read such a letter, least of all the actress herself.（事務所のだれ一人としてそのような手紙を読んでいなかったし，特に当の女優自身が読んでいなかった）
　■ at least：少なくとも
　■ the least of one's worries：（他との比較で）最も心配の少ない事項

復活の兆し

After several quarters of **dismal** sales, **dismay** was **prevalent** throughout the tourism industry, but now it seems we are on the **verge** of a **revival**.

いくつかの四半期にわたる販売不振の後, 観光産業全体に失望感が広まったが, 今や復活は目前にあるように見える.

- **dismal** [dízm(ə)l]　惨めな
  - 形 惨めな, 陰気な, (景色などが)物寂しい　名〈the -s〉憂うつ
  - □ **dismally** 副 陰気に, 憂うつに

- **dismay** [disméi]　失望
  - 名 Ⓤ ろうばい, 失望　他 ① うろたえさせる　② 〈be -ed〉びっくりする

- **prevalent** [prévələnt]　流布している
  - 形 流布している, 流行している
  - □ **prevalence** 名 流布, 普及, 流行
  - □ **prevailing** 形 広くゆき渡っている, 支配的な　■prevailing wind (卓越風)
  - □ **prevail** 自 普及する

- **verge** [vəːrdʒ]　瀬戸際
  - 名 Ⓒ 境界, 瀬戸際
  - ■ **on the verge of ～** : 今にも～しようとして, (通例好ましくない状態)の間際に

- **revival** [riváiv(ə)l]　復活
  - 名 ⒸⓊ 復興, 復活, 回復
  - □ **revive** 自 復活する, 生き返る

市場

There was heavy **trading** on the **stock market** today as **investors** looked to buy stocks offering high **dividends**.

投資家が高配当を出す株を買ったため,今日の株式市場では取り引きが活発に行われた.

- □ **trading** [tréidiŋ]　通商
  - 名 U 貿易, 通商, 取り引き ■round-the-clock trading(24時間取り引き)
  - □ **trade** 名 U 貿易, 〈または a —〉商売 自 貿易する;[物を]取り引きする, 売買する[+in] ■The nation is suspected of trading in nuclear weapons behind international awareness.(その国は国際社会が知らない間に核兵器を取り引きしていたと疑われている) 他 ～を交換する
  - □ **trader** 名 C 貿易業者

- □ **stock market** [⊛ stɑk má:*r*kit ⊛ stɔk]　株式市場
  - 名 ① 株式市場 ② 株式取り引き
  - □ **stock** 名 C U ① ⊛〈通例 -s〉株, 株式(⊛ share) ② 在庫品 ③ 貯蔵
  - □ **stockholder** 名 C ⊛ 株主(⊛ shareholder)
  - ■ **stock exchange :** 名〈the —, 通例 S- E-〉株式[証券]取引所 ■the New York Stock Exchange(ニューヨーク証券取引所)

- □ **investor** [invéstər]　投資者
  - 名 C 投資者, 出資者
  - □ **invest** 他 (金などを)[～に]投資する[+in] ■invest one's money in stocks(お金を株に投資する)
  - □ **investment** 名 C U 投資

- □ **dividend** [dívidènd]　配当
  - 名 C (株の)配当;〈-s〉(活動・練習の)成果

融資

Creditors are not eager to provide **financial backing** to **entrepreneurs** in this business **climate**.

企業活動を取り巻くこの環境では,債権者は,積極的に起業家に財政援助を行おうとはしない.

- □ **creditor** [kréditər]　債権者
  - 名 債権者(⇔ debtor)
  - □ **credit** 他 ① ～を信じる ② 〈SVO₁ with O₂ / O₂ to O₁〉O₁(人)にO₂(金額)の信用貸しをする;O₂(貢献)をO₁(人)に帰する 名 U ① 信用, 名声 ② 掛け(売り), 信用貸し

- □ **financial** [⊛ fənǽnʃəl ⊛ fai-]　財政上の
  - 形 財政上の
  - □ finance 他 融資する 自 財政を管理する 名 ❶ ① 財政, 財務 ② 資金調達

- □ **backing** [bǽkiŋ]　支援
  - 名 ❶ 後援, 支援;〈a ―, 集合的に〉後援者グループ

- □ **entrepreneur** [⊛ ὰːntrəprəná:r ⊛ ὸn-]　起業家
  - 名 ❻ 起業家, 事業家
  - □ entrepreneurial 形 起業家の

- □ **climate** [kláimət]　気運
  - 名 ❻❶ ①(その時期・社会の)風潮, 気運 ② 気候, 天候
    - ▪favorable climate (積極的な気運)　▪political climate (政治的な気運)
    - ■ business climate : 企業活動を取り巻く環境

投機家

During **prosperity**, **speculators** were **greedy** and willing to buy **bonds** that were not safe, if they received high **interest**.

好況期には, 投機家は貪欲で, 高い利子がつくならば安全でない債券でも買うことをいとわなかった.

- □ **prosperity** [⊛ prɑspérəti ⊛ prɔs-]　好況
  - 名 ❶ (個人・社会の経済的な)繁栄, 順境 (⇔ adversity), 好景気
    - ▪Prosperity makes friends, adversity tries them. (繁栄しているときに友情が生まれ, 逆境の時に友情が試練を受ける)
  - □ prosperous 形 繁栄している
  - □ prosper 自 栄える

- □ **speculator** [spékjulèitər]　投機家
  - 名 ❻ ① 思索家 ② 投機家, 相場師
  - □ speculate 自 ①[～に]投機する [+in, on] ② 熟考する
  - □ speculative 形 ① 投機的な ② 思索的な

- □ **greedy** [gríːdi]　どん欲な
  - 形 ① 食い意地のはった ②[～に]どん欲である,[～を]切望する [+for]

- □ **bond** [⊛ bɑnd ⊛ bɔnd]　債券
  - 名 ❻ ① 縛るもの ② きずな ③ 債券, 社債　▪government bonds (国債)

- □ **interest** [ínt(ə)rəst]　利子
  - 名 ❻❶〈時に an ―〉関心, 好奇心をそそる物・事 ❶ 利子, 重要性　▪a matter of great interest (重要な事項)
  - 他 (人)に関心を持たせる　▪interest oneself in volunteerism (ボランティア活動に関心を持つ)

Topic 2

アナリスト

Since the **outlook** was **dim** and there was no sign of **hoped-for stimulation**, analysts **downgraded** the stock from "buy" to "hold."

先行きが不透明で期待される刺激材料も見当たらないことから，アナリストたちはその株式の評価を「買い」から「様子見」へと下方修正した．

□ **outlook** [áutlùk]　　見通し
- 名 C 〈通例 an / the —〉見晴らし (lookout)；見通し [+for]，見解
- 類 view 名 C 眺め，風景，景色

□ **dim** [dim]　　鮮明でない
- 形 薄暗い，鮮明でない，くすんだ ■dim memories（おぼろ気な思い出）
- □ **dimly** 副 不鮮明に ■be dimly aware of ～（～をかすかに感じ取る）

□ **hoped-for** [hóuptfɔːr]　　期待の
- 形〈限定用法〉期待の，望まれた

□ **stimulation** [stìmjuléiʃən]　　刺激
- 名 U 刺激，興奮
- □ **stimulate** 他 ① ～を刺激する，元気づける (encourage) ② 〈SVO to do〉～を励まして…させる
- □ **stimulating** 形 刺激する，非常に興味のある
- □ **stimulant** 名 C 興奮剤，[経済活動に対する] 刺激材料 [+to]
  - ■a stimulant to the economy（経済に対する刺激策）

□ **downgrade** [dáungrèid]　　格下げする
- 他 ～を格下げする，～の評価を下げる (⇔ upgrade) 名 C 格下げ，下り坂
- ⓘ downgrade の反意語の upgrade はコンピュータのソフトウエアなどについて言及する場合には「機能を拡張する」という意味になる．

from "buy" to "hold"

動詞を名詞として使うことはめずらしいことではない．インフォーマルな場面では，ほぼ例外なくすべての動詞は，名詞として用いられることがありうると考えてよい．I heard a loud *crash* in my neighborhood.（近所で大きな衝撃音がした）

使用の際はそれを数えられるものと認識するかどうかが問題となる．この buy（買い）は投資家の思考の中の「買おう」という意志（抽象概念）を示すので不可算，a crash（衝撃音）はもちろん「物」ではないが，他との「区切り」を表しているので可算になる．This wine is a good buy.（このワインはいい買い物だよ）の例では buy は可算になる．

市場の混乱

Wall Street was **rocked** today when it was **revealed** that a well-known **broker** had **swindled** clients out of **funds** in their **brokerage** accounts.

有名なブローカーが顧客の決済口座から金をだまし取ったことが明らかになったために,今日の米国金融市場は混乱した.

- **Wall Street**：ウォール街, 米国金融市場

- **rock** [⊛rɑk ⊛rɔk]　揺り動かす
  - 他 揺り動かす, ～を揺すって[状態に]させる[+to] 自 揺れ動く(+about, around)

- **reveal** [rivíːl]　明らかにする
  - 他 ①(秘密)を明かす(⇔ conceal) ②〈SV that 節〉(知られていないこと)を明らかにする
  - □ **revelation** 名 ① Ⓤ 暴露(exposure) ②〈通例 a —〉新発見
  - □ **revealing** 形 啓もう的な, [～の]真相を示す[+of], (肌が)あらわな
  - 類 disclose 他(未公表の事実)を公表する, (ひそかに隠していたこと)を明るみに出す, 暴く

- **broker** [bróukər]　仲買人
  - 名 Ⓒ ブローカー, 株式仲買人(stockbroker) 他(金融商品)の仲介をする

- **swindle** [swíndl]　だまして(金を)取る
  - 他[～を]だまして(金を)取る[+out of] 名 Ⓒ 詐取, 詐欺
  - □ **swindler** 名 Ⓒ 詐欺師, ペテン師

- **fund** [fʌnd]　資金
  - 名 ① Ⓒ 資金, 基金(capital),〈F-〉財団 ■set up a fund(基金を設立する, 資金集めをする) ②〈-s〉所持金, (何かをするための)元手 ■run short of funds(資金が不足している) 他 ～に資金を出す
  - ■ **mutual fund**：⊛(オープン型)投資信託
  - □ **funding** 名〈集合的に〉基金 Ⓤ 資金提供, 資金調達, 決済額

- **brokerage** [bróukəridʒ]　仲買業務
  - 名 Ⓤ 仲買手数料, 仲買業務

民営化政策

If the government **privatizes** the railroad, **liquidates** unused **properties**, and **maximizes** the **freight hauling** business, they might **revive** the transportation industry.

もしも政府がその鉄道を民営化して、遊休不動産を売却し、貨物運輸事業を最大限に活用すれば、運輸業界を再生できるだろう。

- □ **privatize** [práivətàiz]　民営化する
    - 他 民営化する
    - □ privatization 名 Ⓤ 民営化
    - □ private 形 個人に属する，民営の

- □ **liquidate** [líkwidèit]　清算する
    - 他 ①（負債・財産）を清算する ②（厄介もの）を除去する，殺す
    - □ liquidation 名 Ⓤ（破産会社などの）清算，一掃

- □ **property** [㊇ prápərti ㊈ próp-]　不動産
    - 名 ⓒⓊ（土地・建物などの）不動産 Ⓤ〈集合的に〉財産，所有物 (effects)
      - ■private [public, national] property（私有[共有，国有]財産）　■intellectual property（知的財産権）　■Is this your property?（これはあなたの持ち物ですか？）
    - ⓒ（物質の）特性
    - □ proper 形 ①（人・物に）固有の ② 適切な ③ 礼儀正しい
    - □ propriety 名 Ⓤ 礼儀正しさ　■behave with propriety（礼儀正しく振る舞う）

- □ **maximize** [mǽksəmàiz]　最大限に活用する
    - 他 〜を最大限にする (⇔ minimize)，〜を最大限に活用する
    - □ maximum 名 ⓒ 最大値 (⇔ minimum) 形 最大の (greatest)

- □ **freight** [freit]　貨物輸送
    - 名 Ⓤ 貨物輸送，輸送運賃，㊈ 輸送貨物

- □ **haul** [hɔːl]　運搬する
    - 他 〜を引きずって運ぶ，（鉄道・飛行機で）輸送する　■The passenger cars were hauled by an old steam locomotive.（その客車は古い蒸気機関車に牽引された）
    - ■ **haul in : 大儲けする**　■The invention hauled in $1 million in a single year.（その発明はたった1年で100万ドルの儲けを生んだ）

- □ **revive** [riváiv]　復活させる
    - 他（人）を生き返らせる，復活させる
    - □ revival 名 ⓒⓊ 回復，復活

助成金

With **subsidies** for **depressed sectors**, the government has **sparked** the economy and several industries are now **vibrant** again.

不振部門への補助金支給によって，政府は経済を刺激し，今やいくつかの産業は再び息を吹き返している．

□ **subsidy** [sʌ́bsədi] 助成金
- 名 C （国家の）助成金，補助金
- □ subsidize 他 （行政）が（企業・計画）に助成金を支給する

□ **depressed** [diprést] 不振の
- 形 ①（意気）消沈した ② 不景気な，不振の
- □ depress 他 ① 意気消沈させる，憂うつにする ② 不景気にする，落とす，下落させる
- □ depressing 形 気のめいる，憂うつな，うっとうしい
- □ depression 名 CU 意気消沈，憂うつ U 不景気，不況

□ **sector** [séktər] 部門
- 名 C （産業・経済などの）部門，活動分野，セクター

□ **spark** [spɑːrk] 刺激する
- 他 ① 〜を引き起こす ■spark off a national debate（全国的な議論を引き起こす）
  ② 〜を刺激する 自 火花を出す 名 C 火花，きらめき，ひらめき

□ **vibrant** [váibrənt] 活気にみちた
- 形 ① 震える，響き渡る，鮮やかな ■vibrant rhythms（震えるようなリズム）
  ② 活気にみちた，ぞくぞくするような

〜 business / 〜 industry

「〜業」のような業態を示す語として，business は便利な言葉だ．hauling business（運輸業），catering business（仕出し業），core business（中核的な事業），retail business（小売業）．industry の方がもう少し広い範ちゅうを示すが，その境界は微妙だ．cottage industry（家内工業），mining industry（鉱山業），car industry（自動車産業）．

Topic 3

経済回復の兆し

Businesses have been **discouraged** and the economic outlook has been **gloomy**, but some economists **discern** a **partial** recovery.

企業の意欲は減退し,経済見通しはこのところ悲観的だったが,部分的な回復を認めるエコノミストもいる.

- □ **discouraged** [⓶ diskə́:ridʒd ⓷-kʌ́r-]
  - 形 〈叙述用法〉**自信を喪失している** ■feel discouraged（がっかりする）
  - □ **discourage** 他 ～の勇気[自信, 意欲]を失わせる,（企て, 行動）を思いとどまらせる

- □ **gloomy** [glúːmi] 薄暗い
  - 形 薄暗い, 憂うつな, 陰気な(dismal), 悲観的な
  - □ **gloom** 名 Ⓤ ① 〈the ―〉薄暗やみ ② みじめさ

- □ **discern** [disə́ːrn, -zə́ːrn] 認識する
  - 他 ～を識別する, 認識する
  - □ **discernible** 形 識別できる ■a discernible difference between the twin sisters（双子姉妹の間の識別可能な相違）

- □ **partial** [páːrʃəl] 部分的な
  - 形 ① 部分的な (⇔ total) ② 〈叙述用法〉[～に対して] 不公平な (⇔ impartial) [+to, toward]
  - □ **partially** 副 ① 部分的に ② 不公平に

不動産

The **proprietor** of that office building was successful during the economic **boom** but he had to liquidate all his **assets** during the **recession**.

あのオフィスビルの所有者は好景気の間はうまくいっていたが,景気が後退すると,全資産を清算しなくてはならなくなった.

- □ **proprietor** [prəpráiətər] 所有者
  - 名 Ⓒ （企業・ホテルなどの）所有者 (owner), 地主

- □ **boom** [bu:m]　**好景気**
  - 名 ⓒ 人気の沸騰, 好景気 (⇔ slump)　■a boom in computer sales (コンピュータ販売の絶好調)

- □ **asset** [æset]　**資産**
  - 名 ⓒ ① 強み, 利点　②〈通例 -s〉(個人や会社の) 財産, 資産 (⇔ liabilities 負債)
  - ■fixed [permanent] assets (固定資産)

- □ **recession** [riséʃən]　**景気後退**
  - 名 ⓒ 不景気, 景気後退　Ⓤ 後退
  - □ **recede** 自 退く, (勢いが) 後退する, (価値が) 低下する
  - ■The pain was receding gradually. (痛みは徐々に退いていった)

貿易摩擦

Due to its trade **deficit** with Japan, the U.S. is **levying duties** on many imports, which creates trade friction.

日本との間の貿易赤字のために，米国は多くの輸入品に関税をかけ，そのことが貿易摩擦を引き起こしている．

- □ **deficit** [défəsit]　**赤字**
  - 名 ⓒ 不足, 赤字 (shortage) [+in, of] (⇔ surplus)
  - ■trade deficit (貿易赤字)　■in deficit (赤字の)　■budget deficit (財政赤字)

- □ **levy** [lévi]　**課す**
  - 他 (税金など) を [～に] 課す [+on, upon]　名 ⓒ 税金の取り立て, 徴収, 課金；差し押さえ物件

- □ **duty** [⦿d(j)úːti ⦿djúː-]　**関税**
  - 名 ① ⓒⓊ 義務　② ⓒ 職務 (当 [非] 番で)　③〈しばしば -ties〉[～にかかる] 税金, 関税 (customs) [+on]
  - ■duty-free goods (免税品)　■pay duty on ～ (～に税金を払う)
  - ■ **on [off] duty**：勤務時間中で [非番で]

create friction

create は「～を作る」のイメージが強いかもしれないが,「～を生じる」の意味でもよく使われる. create friction ([人間関係に] 摩擦を生じる), create a rage (ブームを生じる), create a disturbance in the courtroom (法廷に波紋を生じる). produce も同様に「物」ではなく「結果を生じる」「示す」の意味がある. produce a feeling of happiness (幸福感をもたらす「示す」), produce highly suspect evidence (きわめて疑わしい証拠を提出する).

雇用問題

Unemployment is hard to **reverse** because as worker **competence** rises, companies **shed personnel** who cannot be **utilized** in new types of jobs.

労働者の能力が高まるにつれて企業は新しいタイプの仕事で活用しきれない人員を整理しているので，失業はなかなか減らない．

□ **unemployment** [ʌ̀nimplɔ́imənt]　**失業**
　名 Ⓤ 失業，失業者数
　□ unemployed 形 失業した

□ **reverse** [rivə́ːrs]　**逆方向に進む**
　自 逆方向に進む，逆回転する　他 ①（〜の上下・裏表・順序）を逆にする
　■reverse the economic decline（経済的な不振を脱する）②（方針）を一変させる
　形 逆の，逆転する
　□ reversible 形（コートなどが）リバーシブルで

□ **competence** [🇺🇸 kɑ́mpət(ə)ns 🇬🇧 kɔ́mpə-]　**能力**
　名 Ⓤ [〜する／〜に必要な] 能力，適性（⇔ incompetence）[+to do / for, in]
　□ competent 形 [〜する／〜に必要な] 能力のある [+to do / for, in]，有能な，要求にかなう，[〜に] 堪能な [+at, in]

□ **shed** [ʃed] 〈—, shed, shed〉　**捨て去る**
　他（液体）をこぼす，（衣服・殻）を脱ぎ捨てる，捨て去る
　■The company shed a few departments.（その会社はいくつかの部門を削減した）

□ **personnel** [pə̀ːrsənél]　**人員**
　名 ①〈集合的に，複数扱い〉人員 ② Ⓤ 人事部（the personnel department）
　▶human resources 名 Ⓤ 人材部（採用，研修などを担当する部署）

□ **utilize** [júːtəlàiz]　**活用する**
　他 〜を利用する，活用する
　ⓘ utilize は use の意味のフォーマルな表現．
　□ utilization 名 Ⓤ 利用すること
　□ utility 名 ①〈-ties〉（電気・水道・ガスなどの）公共施設 ② Ⓤ 有用

過剰在庫（と国際貢献）

Due to the **prolonged recession**, many companies have a **surplus** of goods. I think the government should **allocate** funds to **procure** some of these goods and **donate** them to poorer nations.

長引く不況のせいで、多くの企業は商品の過剰在庫を抱えている。政府は資金を配分して、このような商品の一部を買い取り、貧しい国々に寄付をすべきだと思う。

- □ **prolong** [⊛ prəlɔ́:ŋ ⊛ -lɔ́ŋ]　　長くする
  - 他 〜を長くする, 延長する

- □ **recession** [riséʃən]　　不況
  - 名 ⓒ 景気後退, 不況　Ⓤ 後退, 退去　■structural recession（構造的不況）
  - 類 depression　名 ⓒⓊ 憂鬱, 恐慌, 沈下　ⓒ くぼ地, 低気圧
  - 類 slump　名 ⓒ（物価の）暴落, 不景気

- □ **surplus** [⊛sə́:rplʌs, -pləs ⊛-pləs]　　過剰
  - 名 ⓒⓊ 余り, 過剰　形 過剰の, 余剰の

- □ **allocate** [ǽləkèit]　　配分する
  - 他（利益など）を配分する, （人に仕事）を割り当てる, （資金・場所）を取っておく, 振り当てる
  - □ allocation　名 Ⓤ 割り当て, 配給, 配置　ⓒ 割り当てられたもの［数量, 額］

- □ **procure** [proukjúər, prə-]　　獲得する
  - 他 ① 〜を獲得する, 〜を調達する, 手に入れる　② 〜を引き起こす, 招来する
  - □ procurement　名 Ⓤ 獲得,（必需品の）調達, 買い上げ

- □ **donate** [⊛dóuneit ⊛do(u)néit]　　寄付する
  - 他（金・血液・臓器）を寄付する,（努力）を［仕事に］捧げる［+to］

「アメリカン・ドリーム」

「努力すれば誰もが成功する機会を与えられる」といったアメリカ人の信仰、信念をこう呼ぶ。アメリカに frontiers（未開拓地の前線）が失われてしまった現在、アメリカ人がこの信仰に目覚めるのは政治の季節に限られるようだ。とはいえ、その信仰がアメリカ人にリアリティをもって感じられるのは、Dream と呼ぶにふさわしい多くの事例を知っているからだ。

the Forty-Niners

1848年、カリフォルニアに金鉱が発見され、翌49年（forty nine）には大量の探鉱者が同地に集結し、いわゆる gold rush（ゴールド ラッシュ）現象が起こった。「フォーティナイナーズ」の名はこの人たち、つまり「山師たち」を指す。サンフランシスコに本拠を置くアメリカンフットボールのチーム名になっている。

Andrew Carnegie (1835–1919)

「アンドリュー・カーネギー」。鉄鋼王と呼ばれた。カリフォルニアの金鉱発見の年と同じ48年カーネギー少年は家族とともにスコットランドからアメリカに渡った。職工などの下働きの時代を経て、16歳の時にオライリーテレグラフ社の電信技師として採用された。そこで彼はビジネス情報の重要性に気づいた。次に Tom Scott という鉄道会社の幹部に雇われた。ここで「鉄」というビジネスに開眼したものと思われる。自分の会社の経営を手がけた1872年から1901年までの30年弱の間はアメリカが鉄道建設や建築に沸いた鉄ブームの時代だった。1901年に自分の製鉄会社を売却して50億ドルという巨額の富を手にしたが、その大半をカーネギー財団を通じた慈善活動に投じた。

Charles Dow (1851–1902)

「チャールズ・ダウ」。共同事業者の Edward Jones とともに Dow Jones News Service 社を創立、株式情報の迅速化を図って事業化し、アメリカ企業の資金調達の活性化に道を開いた。この時代、アメリカは大企業の台頭期に当たり、投資家は迅速で合理的な株式情報を求めていた。ビジネス紙 *The Wall Street Journal* の創刊者でもある。

Thomas Edison (1847–1931)

「トーマス・エジソン」。12歳で学校教育に決別し、売り子などをしながら「発明王」への道に踏み出した。1876年に Menlo Park と呼ばれるニュージャージー州の町に工房を創立した。電話、電灯、蓄音器、映写機、電気モーターなど、数々の発明に成功するが、その出発を経済的に支えたのはテープ式の株式相場通信システムなどのパテント料だった。

Martin Luther King, Jr. (1929–68)

「マーティン・ルーサー・キング・ジュニア」。1960年代に公民権運動を指導し、68年に暗殺された黒人聖職者。ワシントン大行進（the March of Washington）の集会で I have a dream … の名セリフで有名な演説で、人種差別に苦しむ黒人に希望を与えた。1964年にノーベル平和賞を受賞。この名前は宗教改革の指導者マルティン・ルターから取ったものと想像される。

2 企業
Enterprises

Topic 4

INPUT DATE / **TRAINING** 1 2 3　　CD 4

株主総会

We have lots of **paperwork** to finish before the **annual shareholders' meeting**. We have to **hand** each of them a full report of our plan to **diversify**.

年次株主総会の前に用意しなければならない書類作りの仕事がたくさんあるんだ．多角経営を目指すわれわれの計画の全報告書を，彼ら一人一人に渡さなければならない．

□ **paperwork** [péipərwə̀:rk]　　**書類作り**
　　名 Ⓤ 事務作業，書類作り；書類
　　ⓘ 名詞 work の意味には「仕事」と「(仕事の結果としての)作品」という2つの系列がある．そこで -work の形の複合語にも2つの語義の系列がある．まず「仕事系」．lifework「一生をかけてする仕事」，homework「家でする仕事，宿題」，housework「家を維持する仕事，家事」，guesswork「推測力を使う仕事，当て推量」．「結果＝作品系」ではwoodwork「(木を加工して作る)木工品」，metalwork「金属細工品」，そしてframework は「枠組みを成す構造物」，clockwork は「時計仕掛けの細工物」．paper-work のように，両方の系統を併せ持つ複合語も少なからずあるので注意しよう．

■ **annual meeting**：年次総会

□ **shareholder** [ʃέərhòuldər]　　**株主**
　　名 Ⓒ〈主に英〉株主 (stockholder〈主に米〉) ■ shareholders' meeting (株主総会＝stockholders' meeting)
　　□ **share** 名 ①〈a / one's ―〉分け前，割当　②Ⓤ〈または a ―〉役割　③ Ⓒ 出資，〈-s〉株 (stock)　他 ～を分ける，～を分かち合う

□ **hand** [hænd]　　**手渡す**
　　他 ～を手渡す，(人) に手を貸す　名 Ⓒ 手；管理；関与，人手
　　□ **left-handed** 形 ① 左きき用の　■ a left-handed pitcher (左投手)　② 左巻きの，左回りの
　　□ **one-handed** 形 (道具が) 片手用の，(人が) 片手しかない
　　□ **empty-handed** 形 何も持たない　副 手ぶらで　■ The burglar fled empty-handed. (強盗は手ぶらのまま逃走した)

□ **diversify** [dəvə́:rsəfài, dai- 米 dai-]　　**多角経営をする**
　　他 (形・性格) を多様にする，分散投資する　自 多角経営をする
　　□ **diverse** 形 多様な，異なった
　　□ **diversification** 名 Ⓤ 多様化，ⒸⓊ 多角経営

合併

We almost panicked when we heard two of our **prominent** competitors were on the **brink** of **affiliating**. They also **intend** to cooperate in a **joint venture**.

われわれはわが社にとって重要な競合2社が提携間近と聞いて、うろたえそうになった。彼らはまた、あるジョイントベンチャーで協力するつもりでもある。

❷ 企業

□ **prominent** [⊛ prámənənt ⊛ prɔ́m-]　目立つ
　形 ① 卓越した、傑出した、有名な　② 顕著な、目立つ

□ **brink** [briŋk]　間際
　名 Ⓒ ①〈the —〉(絶壁・がけなどの急斜面の)縁、端　② 間際、瀬戸際　■bring the rare animal back from the brink of extinction (その希少な生物を絶滅の間際から救う)
　■ on [at, to] the brink of ～ : (死・滅亡など)にひんして

□ **affiliate** [əfílièit]　合併させる
　他 ①(人)を会員にする、(グループが)～を加入させる、合併させる　②(施設)を付属機関として持つ　■The laboratory is affiliated with the local hospital. (その実験所は地元の病院に付属している)
　自 提携する、加入[加盟]する
　□ **affiliated**　形 提携している、系列下の、支部の　■an affiliated company (子会社)　■an affiliated professor (2つ以上の学部の兼任教授)
　□ **affiliation**　名 ⒸⓊ 加入、合併、提携、(⊛ 政治的な)友好関係

□ **intend** [inténd]　～するつもりである
　他 ①〈SVO / that〉～を意図する　②〈SV to do〉～するつもりである　③〈SVO to do〉(人)に～させるつもりである
　■ intended victim : 犯罪のターゲットになった人
　ⓘ intended をこのように形容詞として使う場合には「実際にはそうならなかった」という意味を含む。intended target は「(攻撃の)ターゲットになったが、実際には被害に遭わなかった人[物]」ということになる。intended destination は「当初の目標ではあったが、実際には到達できなかった目的地」。

□ **joint** [dʒɔint]　共同の
　形 共同の　■a joint author (共著者)　名 Ⓒ 関節、(機械の)継ぎ手

□ **venture** [véntʃər]　投機的企業
　名 Ⓒ 冒険的事業、投機的企業、ベンチャー　② 投機、思惑、やま
　□ **joint venture**　名 Ⓒ 共同出資で発足する企業

株の売却

Shareholders in the **niche** enterprise felt that the company had **faltered** and that the possibility of recovery was **bleak**, so they began selling the **stock**.

そのニッチ企業の株主らは，会社の業績が悪化しているうえ回復の見込みも薄いと判断し，株の売却を始めた．

- **niche** [nitʃ]　**市場のすき間**
  - 名 C ① ニッチ，市場のすき間　■niche industry（すき間産業）　② 適職，はまり役

- **falter** [fɔ́ːltər]　（商売などが）**さびれる**
  - 自 ① ためらう，たじろぐ　②（商売などが）さびれる　■He faltered in his commitment to the new project because it looked like it would take up all his time.（彼はその新しいプロジェクトが彼の時間をたいへん使いそうなので，関わることを躊躇した）

- **bleak** [bliːk]　（見通しなどが）**暗い**
  - 形 ① 寒々とした　②（見通しなどが）暗い

- **stock** [米 stɑk　英 stɔk]　**株**
  - 名 C U ① 在庫品　② 貯蓄　③ 米〈通例 -s，複数扱い〉株，株式（英 share）
  - □ **stockholder**　名 C〈主に米〉株主

---

niche

niche の語源は「巣」を意味するラテン語にある．建築の世界でこの言葉は「壁がん」を指すが，この日本語自身，死語に近い存在だろう．ヨーロッパ風の建築物でスタッコなどの壁面に花びんや彫像などを飾る「くぼみ」を見かける．あれが niche である．「鳥の巣」のように小さいすき間を利用しているので，そう呼ばれる．今日の生物学では niche は「なわばり」を指すことが多い．林の中に細かく区切られた鳥類のなわばりが個体の生存基盤であり，「巣作り」の基礎になっていることは言うまでもない．ビジネスの世界では「特定商品」の「狭い商圏」を指す．ここから niche industry「すき間産業」のような訳語が生まれた．

経費

The **bulk** of our **expenses** are for renting properties and for **labor**.

わが社の経費の大部分は不動産の賃借料と人件費です.

- □ **bulk** [bʌlk]　**大部分**
  - 名 ① Ⓤ 容積, 大きさ, 大きいこと　②⟨the — of ~⟩（~の）大部分
  - ■ in bulk：まとめ買いで　■Commodities are cheaper in bulk at weekends.（週末には日用品がまとめ買いで安くなる）
  - □ **bulky** 形 図体の大きい, かさばった

- □ **expense** [ikspéns]　**経費**
  - 名 ① ⒸⓊ [~の] 費用 [+of, for], 犠牲 (cost)　②⟨-s, 複数扱い⟩経費
  - □ **expend** 他（労力・時間など）を[計画・問題などに]費やす [+on, in] (spend)
  - □ **expensive** 形 高価な, ぜいたくな (⇔ inexpensive, cheap)

- □ **labor** [léibər]　**労働**
  - 名 Ⓤ ①（つらい）労働, 骨折り　②⟨集合的に, 単数・複数扱い⟩労働階級 (the laboring class), 肉体労働者　Ⓒ 仕事　自 ①（懸命に）働く　②[困難なことを]やりとげる [+over]
  - □ **laborer** 名 Ⓒ 労働者, 人夫
  - □ **labored** 形 ①（文体などが）苦心した　②（呼吸が）困難な
  - □ **laboring** 形 ① 労働に従事する　② 骨の折れる
  - □ **laborious** 形 骨の折れる　■Sorting out all the letters was a laborious process.（すべての手紙を分類するのは骨の折れる仕事だった）

Topic 5

卸売り業者

Wholesalers are trying to reduce **overhead** by **minimizing** the number of **warehouses** they build to store goods.

卸売り業者は，商品を保管するために建てる倉庫数を最小限に抑えることにより，経費を最小化しようとしている．

- **wholesaler** [hóulsèilər]　**卸売り業者**
    - 名 C 卸売り業者
    - wholesale　名 C 卸し，卸売り (⇔ retail)　形 卸売りの

- **overhead** [òuvərhéd]　**一般経費**
    - 名 U 間接費用，一般経費

- **minimize** [mínəmàiz]　**（～を）最小（限度）にする**
    - 他 （～を）最小（限度）にする，極小化する (⇔ maximize)
    - minimum　形 最小（限）の (⇔ maximum)

- **warehouse** [wέərhàus]　**倉庫**
    - 名 C ① 倉庫，貯蔵所　② 米 卸売り店，問屋
    - ware　名 U 製品，品物，用品，陶器

小売り業者

To **prevent** lost sales **due to** limited **inventory** and a **backlog** of orders, **retailers** are taking on more **risk** by buying surplus goods.

在庫不足や未処理の注文によって売り上げの機会を失うことを避けるため，小売り業者たちはより大きな危険を冒してまで余剰な商品を購入している．

- **prevent** [privént]　**予防する**
    - 他 ① ～を防止する，予防する　② [～するのを] 邪魔する [+from doing]

- **due to :　～のせいで**
    - ①〈叙述形容詞的に〉～が原因の，(人) に支払うべき　②〈副詞的に〉～のせいで

- **inventory** [米ínvəntɔ̀:ri 英-t(ə)ri]　**在庫**
    - 名 C 目録，棚卸し表　U 米 在庫
    - take inventory of ～ :　～の目録を作る，在庫品などを調べる

- □ **backlog** [(米)bǽklɔ̀ːg (英)-lɔ̀g]　**未処理の仕事**
  - 名 C ① (米) 大きなまき ② 残務, 未処理の仕事 ③ 在庫品, 備蓄

- □ **retailer** [ríːteilər]　**小売り業者**
  - 名 C 小売り業者
  - □ **retail** 他 ～を小売りする　自 (商品が) [～の値で] 小売りされる [+at, for]
    - ■The paper retails at 50 cents an issue nationally. (その新聞の小売値は全国一律で1部50セントだ)

- □ **risk** [risk]　**危険**
  - 名 C〈抽象的な場合は U〉危険, 恐れ　■at one's own risk (自分の責任において)
  - ■take a risk [risks] (危険を冒す, 危ない橋を渡る)
  - 他 ①（命・財産など）を危うくする, 賭ける ② 覚悟のうえでやる ③ あえて(～)する
  - □ **risky** 形 危険な, 冒険的な

物流

With **just-in-time distribution**, they reduced expenses for warehouses. That reduced backlogs and changed the old system of wholesale and retail **links**.

ジャストインタイムの流通方式で, 彼らは倉庫にかかる費用を減らした. それによって在庫が減り, 卸しと小売りとをつなげる古い体制が変わった.

- ■ **just-in-time**:〈(略)JIT〉**ジャストインタイム方式の**
  - ⓘ資材の調達, 生産, 売却の時間差を極力抑えようとする生産管理の方式. これにより不良在庫を削減して財務の改善を図るとともに, 製品のむだを省くことができる.

- □ **distribution** [dìstrəbjúːʃən]　**商品の流通**
  - 名 U 配分, 配給, 商品の流通　C U (植物・言語などの) 分布
  - □ **distribute** 他 ～を分配する, (商品)を流通させる, 供給する

- □ **link** [liŋk]　**つながり**　→ P.162
  - 名 C 環, 関連, つながり　■a link between poverty and crime (貧困と犯罪の関連)
  - 他 ～を [～に] 関連づける [+to, with]　自 [～と] 連結する, つながる [+to, with]

成長産業

Our market share is **shrinking** but we aren't **despairing unduly** because the total market will **double** within three years. We don't anticipate a **profound upsurge** in sales, but **undoubtedly** we will grow by 10% per year.

われわれの市場でのシェアは縮小しているが,過度に悲観してはいない.なぜなら,市場全体は3年以内に2倍になるだろうからだ.売り上げの全面的な急増を予想しているわけではないが,毎年10パーセントの割合で成長することは疑いない.

□ **shrink** [ʃríŋk]　〈—, shrank, shrunk〉〈—, shrunk, shrunken〉　縮小する
　　自 縮小する,(量・価値が) 減じる,(布地などが) 収縮する
　　名 Ⓤ 収縮
　　□ shrunken 形〈限定用法〉小さく(みすぼらしく)なった

□ **despair** [dispéər]　悲観する
　　自 [〜を／〜することを] 悲観する [+of / doing], 絶望する　名 Ⓤ 絶望, 落胆
　　■He gave up the game in despair.（彼は絶望してゲームを捨てた）
　　□ desperation 名 Ⓤ 絶望, 自暴自棄, 必死
　　□ desperate 形 絶望した, 絶望的な, 必死の

□ **unduly** [米ʌnd(j)úːli, -ný 英-djúːli]　過度に
　　副 過度に, 不当に

□ **double** [dʌ́bl]　2倍になる
　　自 2倍になる　他 〜を2倍にする, 二つに折りたたむ　■double a blanket（毛布を2つに折る）
　　名 Ⓤ 2倍　Ⓒ（ウィスキーの）ダブル, よく似た人,（映画・テレビの）代役
　　副 2倍で, 二重で　■bend double（体を折り曲げる）

□ **profound** [prəfáund]　全面的な
　　形〈限定用法〉① 深い, 全面的な　②（比喩的に）(考え・意味が) 深い, 深みがある　■profound questions about God's redemption（神の救済についての深い問いかけ）　③ 重大な, 抜本的な
　　□ profoundly 副 深く,（影響が）深刻に,（症状が）重症で（seriously）

□ **upsurge** [米ʌ́psə̀ːrdʒ 英ʌpsə́ːrdʒ]　急増
　　名 Ⓒ 急増, 急上昇　自 わき上がる, 波打つ

□ **undoubtedly** [ʌndáutidli]　疑問の余地なく
　　副 疑問の余地なく
　　□ undoubted 形〈限定用法〉疑いのない, 本物の

パテント

The **ingenious disk** holds an astonishing amount of data. Because the technology is protected by **patents**, the developer has **become absurdly wealthy**.

その精巧な磁気ディスクには驚異的な量のデータを収めることができる．そのテクノロジーは特許権で守られているので，開発者は信じられないほど金持ちになった．

□ **ingenious** [indʒíːnjəs]　巧妙な

形 ① (メカニズムが) 巧妙な　② (頭脳が) 工夫に富む, 独創的な
ⓘingenuous (率直な, 無邪気な) とのスペリングの違いに注意．
□ ingeniously　副 工夫に富んで
□ ingenuity　名 Ⓤ 独創的な能力
ⓘingenuity, ingenious などは engine と共通の語源を持ち, そのフランス語は「才能, 装置」という意味だった．

□ **disk** [disk]　磁気ディスク

名 Ⓒ 円盤, (コンピュータの) 磁気ディスク, (制動機の) ディスク
ⓘCD, DVD などの場合は disc と綴る．

□ **patent** [⊛pǽtnt ⊛péit-, pǽt-]　特許

名 Ⓒ 特許, 特許権　他 〜の特許を取る　形 特許の

□ **absurdly** [əbsə́ːrdli]　ばかばかしいほど

副 ① ばかばかしいほど　② 〈文修飾〉信じられないことには
□ absurd　形 ばかげた, 不条理な
□ absurdity　名 Ⓤ 不合理, 不条理

■ **become wealthy**：裕福になる

Topic 6

ストライキ

The union, claiming the company **enriched** its owners by developing a **monopoly** and by not paying fair wages, **picketed** the factory. But the owners were **stubborn** and only after a long strike did they **modify** their practices and raise wages.

会社が独占体制を強化し，なおかつ公平な賃金を払わないことによって，オーナーたちを太らせていると主張する組合は，工場にピケをはった．しかし，オーナーたちは強硬で，長期のストライキの末，会社はようやく自らの慣行を改め，賃金を上げることになった．

□ **enrich** [inrítʃ, en-]   豊かにする
   他 ～を豊かにする，～の質を高める
   □ enrichment 名 Ⅱ 豊かにすること，強化剤，(ウランの)濃縮
   □ enriched 形 (栄養価・性能などが)強化された ■enriched food (栄養強化食品)

□ **monopoly** [❀ mənápəli ❀-nɔ́p-]   独占
   名 ⒸⓊ 独占 Ⓒ 独占企業，(ゲームの)モノポリー
   □ monopolize 他 (市場)を独占する

□ **picket** [píkit]   ピケをはる
   他 ① ～に柵をめぐらす ② (工場)にピケをはる 名 Ⓒ (スト破りの)阻止線，軍事境界線の歩哨
   □ picketing 名 Ⓤ ピケをはること
   ⓘ picket の語源であるフランス語 *piquet* は「とがった杭」．罰を受ける兵士はその上に片足で立っていることを強要された．この「杭」から「柵」「柵をめぐらす」の意味に転じたらしい．現代ではストライキ中の労働者が争議行為の一環として非組合員などの職場への立ち入りを阻止し，説得することを目的として「組合員の人垣を作る」ことを指す．

□ **stubborn** [stʌ́bərn]   断固とした
   形 頑固な，断固とした，(病気などが)手に負えない
   □ stubbornly 副 頑固に，断固として
   □ stubbornness 名 Ⅱ 頑固さ，不屈

□ **modify** [❀ mádəfài ❀ mɔ́d-]   修正する
   他 ～を修正する，(条件)を緩和する
   □ modifier 名 Ⓒ 修飾語[句・節]
   □ modification 名 ⒸⓊ 修正，変更

労使交渉

The company and the union each made **rigid** demands. It will take **brilliant mediation** to reach a **settlement** before the 10-day negotiation period **expires**. **Meanwhile** the factory is closed.

会社と組合の双方が断固たる要求を掲げていた．10日間の交渉期限が切れる前に解決をみるには，巧みな調停が必要であろう．その間，工場は閉鎖される．

□ **rigid** [rídʒid]　柔軟性に欠ける
- 形 堅い，(意見・考えが) 柔軟性に欠ける，(規則が) 厳格な
- □ rigidity 名 ⓤ 硬直，(物体の) 剛性，厳格さ
- □ rigidly 副 堅く，厳格に　■Traffic regulations must be rigidly enforced. (交通規則は厳格に実施されなければならない)

□ **brilliant** [bríljənt]　素晴らしい
- 形 ① 光り輝くような，立派な　② (人柄・見識が) 素晴らしい，(頭脳が) 明晰な
- □ brilliantly 副 こうこうと，赤々と，あざやかに

□ **mediation** [mì:diéiʃən]　調停
- 名 ⓤ (正式) 調停，仲裁
- □ mediate 他 ① (論争・紛争など) を調停する　② (贈物) を取り次ぐ
  - 自 (紛争などの) 調停をする [+in]　形 仲介の，媒介の，間接の (⇔ immediate)

□ **settlement** [sétlmənt]　解決
- 名 ⓒⓤ (紛争の) 解決，入植，(負債の) 決済
- □ settle 他 ① (物) を置く，落ち着ける　② (土地) に入植する　③ (紛争) を解決する
- □ settled 形 定着した，(天気が) 安定した

□ **expire** [ikspáiər]　終了する
- 自 ① (期間が) 終了する，満期になる　② 息を吐き出す (⇔ inspire)
- □ expiration 名 ⓤ 終了，満期
- ⓘ「ex- (外へ) + -spire (息をする)」，つまり「息を吐き出す」が原義．この段階では「出した息」は戻ってこない，言い換えれば「最後の息をする」ことだった．ここから「死ぬ」「終える」という語義に転じた．

□ **meanwhile** [mí:n(h)wàil]　その合間に
- 副 その合間に (in the meantime)，同時に

職務統合

By **integrating** functions, businesses get **utmost** advantage from **the** invested **dollars**. **Moreover**, **rational** organization leads to **innovative** ideas.

機能を統合することによって，企業は投下された資本から最大の利点を引きだす．その上，合理的な組織は革新的な発想をもたらす．

- □ **integrate** [íntəgrèit]　**統合する**
  - 他 ～を統合する (⇔ segregate)，融和させる，《数学》積分する
  - □ **integrated** 形 統合した (⇔ segregated)
  - □ **integration** 名 Ｕ [～との] 統合 [+with] (⇔ segregation)

- □ **utmost** [ʌ́tmòust]　**最大の**
  - 形 〈限定用法〉最大の，最高の　名 〈the / one's ―〉最大限

- ■ **the dollars**：金銭 (money)；富 (wealth)

- □ **moreover** [mɔːróuvər]　**その上**
  - 副 その上 (besides)

- □ **rational** [rǽʃənl, -ʃnəl]　**合理的な**
  - 形 合理的な，理性的な，分別のある，
  - □ **rationalize** 他 ～を合理的に説明する，正当化する
  - □ **rationalization** 名 ＣＵ 合理化
  - □ **rationale** 名 ＣＵ [行動・決定・信念の] 理論的な根拠 [+behind]，理由

- □ **innovative** [íno(u)vèitiv]　**革新的な**
  - 形 革新的な
  - □ **innovate** 自 革新的な方法を導入する
  - □ **innovation** 名 Ｕ 革新的な方法の開始　Ｃ 新しい発想

モットー

Hereafter, the **motto** we have to follow is "Innovate—Don't **Imitate**."

今後は，われわれの従うべきモットーは「革新せよ，模倣をするな」だ．

- □ **hereafter** [⊕hi(ə)ræftər ⊕-ɑ́ːf-]　**今後は**
  - 副 今後は，これから先は (from now on)

- **motto** [☥ mátou ☩ mɔ́t-]　モットー
  - 名 C モットー, 標語

- **imitate** [ímətèit]　模倣する
  - 他 ～を手本にする, 模倣する (copy), 物まねをする (mimic, mock)
  - □ imitation　名 U 模倣　C 模造品
  - □ imitative　形 模倣の, 模倣好きな
  - □ imitator　名 CU 模倣者, 模造者

再建努力

After the **misfortunes** of the **bankruptcy**, the **remnants** of the staff that still had jobs **gallantly** pulled together and made **strenuous** efforts to rebuild.

破産という不運の後に, なおも仕事を抱えた残存部隊の職員は, 懸命に団結して再建のための粘り強い努力を続けていた.

- **misfortune** [misfɔ́ːrtʃən]　不運
  - 名 CU 不運 (⇔ fortune), 逆境　■His administration was dogged by misfortune. (彼の統治には不運がつきまとった)

- **bankruptcy** [bǽŋkrʌ̀p(t)si, -rəp-]　破産
  - 名 CU 破産, (信用の) 失墜
  - □ bankrupt　名 C 破産者　形 破産した　■go bankrupt (破産する)　他 破産させる

- **remnant** [rémnənt]　残りの人たち
  - 名 C ① 〈しばしば -s〉残りの人たち, 残部　② (物事の昔の) 名残り, 遺物
    ■We found faint remnants of the ancient city in a remote village. (われわれはへんぴな村で古代都市の, かろうじて見分けのつく遺物を発見した)　③ (布の) 端切れ

- **gallantly** [gǽləntli]　勇敢に
  - 副 勇敢に, 雄々しく
  - □ gallant　形 ① 勇敢な　■gallant deeds (勇敢な行為)　② (女性に対して) 気遣いの行き届いた

- **strenuous** [strénjuəs]　粘り強い
  - 形 〈限定用法〉精力的な, 粘り強い

Topic 7

高名な起業家

His **renown** as an entrepreneur has brought **luster** to the firm which just **debuted**. Wherever he has worked, he has been **undeniably** successful. Furthermore, as a **patron**, he has influence in the art world, too.

彼の起業家としての名声は発足したばかりの会社に輝きを与えた．どこで働いていようとも，彼は疑いの余地なく成功してきた．さらに，パトロンとして芸術界にも影響力を持っている．

□ **renown** [rináun]　高名
　名 U 高名, 有名 (fame) ■an architect of great renown（著名な建築家）
　□ **renowned** 形 [〜として／〜で] 有名な [+as / for]（famous）

□ **luster** [lʌ́stər]　栄光
　⽶ lustre 名 U〈または a —〉光沢　C U 栄光　他 〜に輝きを与える
　□ **lustrous** 形 輝かしい, つやのある
　□ **lust** 名 C U 野望, 肉欲　■satisfy one's lust for power（権力欲を満たす）
　　自 (富・権力を) 渇望する

□ **debut** [⽶ deibjúː; 英 déibjuː]　発足する
　自 デビューする, 初舞台を踏む, 発足する　名 デビュー, 初舞台
　□ **debutante** 名〈男性形 debutant〉初舞台の女優, 社交界に初登場の娘

□ **undeniably** [ʌ̀ndináiəbli]　明白に
　副 明白に, 否定の余地なく
　□ **undeniable** 形 明白な
　□ **deny** 他 (陳述・主張) を否定する,〈SVO₁O₂〉O₁ (人) にO₂ (物) を使わせない, (要求) を拒む

□ **patron** [péitrən]　パトロン
　名 C パトロン, (芸術家の) 後援者
　□ **patronage** 名 U 支援, 保護
　□ **patronize** 他 〜をひいきにする, 後援する

輸入関税

Because the government has raised import **tariffs**, we face a real **dilemma**. Either we **forfeit** business with foreign companies, or **diminish** our profits.

政府が輸入関税を引き上げたので、われわれはジレンマに陥った。海外との取引を放棄するか、利益を減らすかのいずれかしかない。

- □ **tariff** [tǽrif]　**関税**
  名 C [～にかかる]関税(率) [+on]　■a tariff on liquor (酒税)

- □ **dilemma** [dəlémə]　**ジレンマ**
  名 C 難しい選択, ジレンマ, 難題　■face a dilemma (ジレンマに直面する)

- □ **forfeit** [fɔ́ːrfit]　**放棄する**
  他 ～を没収される, 放棄する
  □ forfeiture 名 U 没収, 喪失 C 罰金

- □ **diminish** [dəmíniʃ]　**減らす**
  他 ～を減らす, 小さくする　自 減る, 小さくなる (decrease)　■Her fame will diminish with time. (彼女の名声は時間とともに衰えるだろう)

税関

As soon as the customs officers **appraise** our **cargo**, we will send a **telegram** to the client.

税関職員がわれわれの積み荷を査定したらすぐに顧客に電報を送る。

- □ **appraise** [əpréiz]　**査定する**
  他 (土地・財産・人・能力など)を評価する, 判定する
  □ appraisal 名 CU 評価, 査定

- □ **cargo** [káːrgou]　**積み荷**
  名 CU 積み荷

- □ **telegram** [téləgræm]　**電報**
  名 C 電報
  □ telegraph 名 U 電信, 電報 C 電信装置
  □ telegraphy 名 U 電信技術

不正疑惑

The company has a **propensity** to **allege** that business competitors are **conspiring** to carry out **improper** deals. This seems more like **slander**, because it can never produce **tangible** evidence to prove its claims.

その会社には商売敵が不法な取り引きを行おうとたくらんでいると決めつける傾向があるが，その主張を裏づける明白な証拠を提示できないでいるので，この件はいっそう中傷のように映る．

- □ **propensity** [prəpénsəti]　**傾向**
  - 名 C [悪事への／好ましくないことをする] 傾向, 性向 [+to, for / to do]
    - ▪ propensity to violence（暴力を振るう傾向）

- □ **allege** [əlédʒ]　**断言する**
  - 他 ～を主張する，（根拠のないまま）[～と] 断言する [+that]，申し立てる
  - □ **alleged** 形〈限定用法〉申し立てられた，容疑のある　▪ alleged murderer（殺人の容疑者）
  - □ **allegedly** 副 申し立てによると，伝えられるところでは
  - □ **allegation** 名 CU （十分な証拠のない）主張

- □ **conspire** [kənspáiər]　**たくらむ**
  - 自 陰謀を企てる，[～することを] たくらむ [+to do]
  - □ **conspiracy** 名 CU 陰謀，共謀
  - □ **conspirator** 名〈女性形 conspiratress〉C 共謀者

- □ **improper** [⊛imprápər ⊛-prɔ́p-]　**不法な**
  - 形 ① （服装・マナーが）ふさわしくない　② 不法な, 不誠実な

- □ **slander** [⊛slǽndər ⊛slάːn-]　**中傷**
  - 名 CU 中傷, 悪口
  - □ **slanderous** 形 中傷的な, 口の悪い
  - □ **slanderer** 名 C 悪口を言う人

- □ **tangible** [tǽndʒəbl]　**明白な**
  - 形 明白な, 触れることのできる, 具体的な　▪ tangible assets（有形資産）
  - □ **tangibly** 副 明白に, 触れてわかるほどに

企業買収

I was **eavesdropping** at lunch and heard an **incredible** rumor that ABC Foods may fall **prey** to a **takeover bid**. Let's **query** people **in the know** and see if it's true.

私は昼食中に立ち聞きして，ABC食品が株式公開買い付け法のえじきになるかもしれないという信じられない噂を聞いた．内情に通じた人に本当かどうか尋ねてみよう．

□ **eavesdrop** [⊛í:vzdràp ⊛-dròp]　立ち聞きする
- 自 立ち聞きする，盗み聞きする，盗聴装置を仕掛ける
- □ eaves 名〈通例複数扱い〉軒，ひさし
- ⓘ eavesdrop は元々名詞で「軒 (eaves) から水滴が落ちる場所」という意味だった．そのような場所で何が起きるか？ 鋭い読者はすでにお気付きと思う．雨やどりをしているうちに壁の向こうからゴシップめいた話が聞こえてくる．それを盗み聞きする人が eavesdropper，これから逆に eavesdrop の動詞用法「立ち聞きする」が生じたとされている．

□ **incredible** [inkrédəbl]　信じられない
- 形 信じられない，途方もない
- □ credible 形 信頼できる，説得力のある
- □ credibility 名 U 信頼できること，確実性

□ **prey** [prei]　えじき
- 名 C U えじき，獲物，犠牲　■ fall prey to ~ (~の犠牲になる)　■ bird(s) of prey (猛禽類)　■ prey on ~ (~を捕食する／餌にする／食い物にする)

■ **takeover bid** : 〈⊛TOB〉株式公開買い付け (企業買収の一形態)

□ **query** [kwí(ə)ri]　尋ねる
- 他 (事)を尋ねる，質問する，⊛(権威のある人)に質問する
- 名 C 問い合わせ，質問

■ **in the know** : 内情に通じた

Topic 8

INPUT DATE / **TRAINING** 1 2 3　　CD1-8

雑誌広告

A major part of our **marketing** budget goes to **advertising**. That **consists** mostly of **ads** in **diverse** magazines.

マーケティング予算の大部分は広告に回される．そのほとんどは種々の雑誌の広告から成っている．

□ **marketing** [má:rkitiŋ]　マーケティング
- 名 U ① マーケティング ② 市場での売買
- □ market 名 C ① 市, 市場, 売買市場 ② 市況, 市価, 相場　他 ～を市場に送り込む
- ⓘ 市場（market）に品物を並べて通りがかりの人に売る．これが最も古い姿の販売活動であろう．特別な商品を持つ人は「行商人」（peddler）となって, 客に積極的に近づいた．店舗販売も含めて, 直接客に物を売るのが小売り（retail）だが, これでは大量の販売は見込めない．大量生産と大量消費の仲介者として, 備蓄と流通を受け持つのが卸売り（wholesale）．販売（sales）はこうした既存の販売・流通システムに働きかけ, 売り上げを伸ばそうとする．一方 marketing は未開拓の市場分野を掘り起こす．sales とは「今日の販売」, marketing は「未来の販売」と定義する人もいる．

□ **advertising** [ǽdvərtàiziŋ]　広告
- 名 U 〈集合的に〉広告, 広告業
- □ advertise 他 ～を広告する, 宣伝する, 知らせる　自 広告する
- □ advertisement 名 U 広告, 宣伝　C（具体的な個々の）広告, 宣伝
- ⓘ 新聞・雑誌・チラシに載るのが advertisement, TV・ラジオで流れるのが commercial message．

□ **consist** [kənsíst]　［～から］成る
- 自 ①［～から］成る［+of］　②［～に］依存する［+in］　③［～と］両立する, 一致する
- □ consistency 名 U 一貫性, 矛盾がないこと　C U 濃度, 密度

□ **ad** [ǽd]　広告
- 名〈advertisement の略〉C 広告
- □ classified ad 名 C 三行広告（want ad）
- ⓘ classified ad は文字通りの意味は「分類された広告」で, 新聞広告欄に掲載される数行程度の短い記事．求人, 求職, 住宅の売買などを扱っている．

□ **diverse** [米 dəvə́:rs, dai 英 dai]　多様な
- 形 ① 種々の, 多様な　② 別種の, 異なった
- □ diversity 名 U 相違　C 相違点, 〈a ―〉多様性, 種々, 雑多
- □ diversify 他 ～を様々に変化させる, 多様化する

速報

Preliminary reports on stock earnings **allayed** concerns that profits were falling. While it is true the appearance of new competitors **hindered** growth, it did not **plunge** the company into difficulty.

株の収益に関する事前の報告が, 利益が減少しているのではないかという不安を鎮めた. 新たな競争相手の出現が成長を妨げているのは事実だが, それが会社を困難に陥れることはなかった.

□ **preliminary** [⊛prilímənèri ⊛-nəri]　事前の
　　形 事前の (preceding), 準備の (preparatory)
　　名 ⓒ 準備, 下ごしらえ, (スポーツの) 予選

□ **allay** [əléi]　鎮める
　　他 ① ～を鎮める ■allay fears (恐怖心を鎮める)　② ～を和らげる ■allay pain (痛みを抑える)

□ **hinder** [híndər]　妨げる
　　他 ① (人が) [～するの] を妨げる [+from doing]　② ～の邪魔をする, ～を困難にする ■hinder progress toward peace (和平への進展を困難にする)
　　□ **hindrance** 名 Ⓤ 妨害, 邪魔　ⓒ 障害物, 邪魔になる人

□ **plunge** [plʌndʒ]　陥れる
　　他 ～を [～に] 追いやる, 陥れる [+into, in]　自 [～に] 突っ込む, 飛び込む (+in, down) [+into, in], 激減する (plummet)　■Oil prices plunged at the news of the military confrontation. (軍事衝突のニュースで原油価格は急落した)

株式市場の「クマ」と「ウシ」

「業界用語」と呼ばれるものの中には一般的な語彙知識では見当もつかない意味を持つものが多数存在する。株式の世界を例にとってみても、さまざまな興味深い表現がある。

言うまでもなく相場の動きを見て株式を売ったり買ったりするのが株取引だが、このとき相場が今後値下がりすると見て売りに転じる、いわゆる「弱気筋」のことを英語では bear（＝クマ）と言う。これは "One shouldn't sell the bear's skin before one has caught the bear." (とらぬタヌキの皮算用)、すなわちおそらくクマをつかまえることはできないだろうから、そのような取引はするべきではないという悲観的な発想を含む古いことわざに由来するものと考えられている。a bear market で「売り市場」、The market is bearish. と言えば「相場は弱含みだ」という意味を表す。これに対する「強気筋」は bull（＝雄牛）で、a bull market、The market is bullish. のように用いる。

一か八かの勝負の世界ということで通じるものがあるためだろうか、株式市場で使われる用語にはトランプのポーカー・ゲームと関連するものがいくつかある。先に述べた bull もポーカー・ゲームでは「ベットの際に強気に宣言する人」を指す。また、株式用語で blue chip と言えば「優良株式銘柄」のことであるが、これはもともとポーカーでの高得点の青色のチップからきている。blue は元々「貴族」を表す色である。blue blood は「貴族の出身」の意味である。

優良株式銘柄は安全で堅実なだけ、投機性という点では低いと言え、それを指す言葉にギャンブルであるポーカーに由来する名称がつけられているのはいささか皮肉で面白い。この chip という語を用いた株式用語としてはほかに、「IT ベンチャー企業」を指す new chip、「公開されている中国企業の株」を表す red chip などがある。

3 オフィス
Office

Topic 9

セールスキャンペーン

Other employees **commend** the proposal, but I question the whole **premise** of the sales campaign. I feel it **distorts** the image of our company.

ほかの従業員はその提案に好意的だが，私はセールスキャンペーンの前提全体に疑問を感じている．それは会社のイメージをゆがめると，私は思う．

- □ **commend** [kəménd]　褒める
    - 他 ～を褒める，(人)を[～に]推挙する
    - □ commendation 名 Ⓤ 推奨
    - □ commendable 形 褒めるに足る，推奨できる
    - □ commendatory 形 推奨の ■a commendatory letter (推薦状)

- □ **premise** [prémis]　前提
    - 名 Ⓒ ①(議論・検討の)前提，立脚点 ②〈-s〉(レストラン，店舗，会社の)敷地，(建物の)構内 ■No smoking on the premises (敷地内禁煙)

- □ **distort** [distɔ́:rt]　ゆがめる
    - 他 (顔)をゆがめる，(顔・手足)をひねる；(真理)をゆがめる ■a distorted picture of her childhood (イメージの違う彼女の子供時代の写真)
    - □ distortion 名 ⒸⓊ ゆがみ，(事実の)わい曲，曲解，《写真》(レンズの)色収差

セールスマン

Placing a premium on sales calls in **soliciting** business means salespeople walk holes in the **soles** of their shoes. Rather than going for **style**, smart salespeople choose comfortable, **sturdy** shoes.

勧誘販売で訪問に重点を置くということは，販売員が靴底に穴が開くほど歩くということを意味する．賢い販売員はスタイルを気にせず，履き心地のよい頑丈な靴を選ぶ．

- ■ **place a premium on**：～にほかよりも重点を置く，～をほかよりも重視する
    - □ premium 名 Ⓒ 賞金，景品，割増金
    - ■ be at a premium：利用[入手]が困難である

- **solicit** [səlísit]　**勧誘する**
  - 他 ①（援助・情報・注文）をお願いする ② ㊨（訪問販売で）（客を）勧誘する
  - □ solicitor 名 C 請願者, 勧誘員, ㊨ 選挙運動員, ㊧ 事務弁護士
  - □ solicitation 名 CU 勧誘, 教唆

- **sole** [soul]　**靴底**
  - 名 C ① 足の裏, 靴底 ②《魚》カレイ類

- **style** [stail]　**スタイル**
  - 名 CU 様式, スタイル, 流行のやり方 C （個人の）流儀, 癖
  - ⓘ fashion, mode, vogue などの語にも「流行」を始めとする同様の語義がある.
  - □ stylish 形 流行の, スマートな

- **sturdy** [stə́:rdi]　**頑丈な**
  - 形 たくましい, 頑丈な
  - □ sturdiness 名 U 頑丈さ

広告冊子

Things are **frantic** around our office because we decided to **revise** our advertising **booklet** and have met one **unexpected** problem after another.

われわれは広告用の小冊子を改訂することを決めたが，次から次へと予想外の問題にぶつかり，そのために仕事場は大騒ぎだ.

- **frantic** [fræntik]　**大騒ぎの**
  - 形 熱狂した, 大騒ぎの
  - □ frantically 副 死に物狂いで, 大慌てで
  - 類 frenzy 名 CU 逆上, 熱狂,〈a —〉大騒ぎの状態 ■be caught in a frenzy of violence（暴力ざたのまっただ中に巻き込まれる）

- **revise** [riváiz]　**改訂する**
  - 他（本）を改訂する,（意見）を変える
  - □ revision 名 CU 改定, 改訂版, 翻意

- **booklet** [búklət]　**小冊子**
  - 名 C 小冊子 ■a booklet to guide the rehabilitation of juvenile delinquents（少年非行の更正についての指針を与える小冊子）

- **unexpected** [ʌ̀nikspéktid]　**予想外の**
  - 形 思いがけない, 予想外の
  - □ unexpectedly 副 ① 予想外に, 思いがけず ②〈文修飾〉意外にも

契約不履行

I was **outraged** at the fact that he **altered** the contract without telling us, **whereas** we always checked even minor changes with him. My **cordial** feelings have changed, and I expect him to **comply** with our original agreement. Otherwise, the contract is **null and void**.

われわれが小さな変更についてもいちいち彼に確かめたのに、彼がわれわれに断りもなく契約を変えてしまったことに、私は憤慨した。私の誠意ある感情は変化し、私は彼が当初の合意に従ってくれることを期待している。そうでなければ契約は無効だ。

□ **outrage** [áutrèidʒ] 〈受け身形で〉憤慨している

他 (人)を憤慨させる ■be outraged at / by the fact that ~ (~ということに憤慨してる) 名 C U 暴行(事件) U [~への] 激怒 [+at, over]
□ **outrageous** 形 ① 突飛な、法外な ■an outrageous price (法外な価格) ② 失礼な、相手を顧みない ■an outrageous lie (ひどいうそ)

□ **alter** [ɔ́:ltər] 改変する

他 ~を改変する、改める
□ **alterative** 形 (体質を)変える、改善を促すような 名 C 体質改善剤、体質改善法
□ **alternate** 形 交互に起きる、一つ置きの 他 ~を[~と]交替に行う、互い違いにする [+with] 自 [~と]交替する [+with]
□ **alternative** 形〈限定用法〉① 二者択一の ② 代替の ■an alternative source of energy (代替エネルギー源) ③ 新タイプの ■an alternative car (燃料電池車、電気自動車などの新世代カー)

□ **whereas** [(h)wɛ(ə)rǽz] ~であるのに

接 ~であるのに、~だが一方で

□ **cordial** [⊛ kɔ́:rdʒəl ⊛ -diəl] 誠意のこもった

形 誠意のこもった ■a cordial note (心のこもった手紙) 名 C U ⊛ 食後の一杯 (の酒)
ⓘ イギリスでは cordial はアルコールを含まない、果汁の飲み物を指す。
□ **cordiality** 名 U 真心 C〈通例 -ties〉思いやりのある言動
□ **cordially** 副 心から、真心を込めて

□ **comply** [kəmplái] 従う

自 [規則・要求に]従う、応じる [+with] ■comply with the UN resolution (国連決議に従う)
□ **compliance** 名 U 順守、従順

- **null and void**：(文書が法的に) 無効な (invalid)
    - □ null 形 ゼロの，無効の
    - □ void 形 無効な，空の 名 ⓒ ⟨the —⟩ 宇宙空間，⟨a —⟩ 空所，空虚さ

会議

During the meeting I was **distracted** by the **tick** of the clock on the wall and the **dreadful** smell of garlic.

会議の間中，壁に掛かった時計のかちかちいう音や，ひどいニンニクの臭いで，私は落ちつかなかった．

□ **distracted** [distrǽktid]　注意をそらされた

形 [〜で] 取り乱した (confused)，注意をそらされた，頭がおかしくなった (mad) [+at, by, with]
- □ distract 他 〜をそらす，紛らす (⇔ attract)，〜に気晴らしをさせる
    - ■distract attention from the truth (真実から目をそらす)
- □ distracting 形 気を散らすような，気の狂うような
- □ distraction 名 ⓒⓤ 注意散漫，うわの空，精神錯乱 ⓒ 気晴らし (の遊び)
    - ■Golf became an after-hours distraction for them. (ゴルフは彼らにとって業務後の気晴らしになった)

□ **tick** [tik]　(時計などの) チクタクという音

名 ⓒ ① (時計などの) チクタクという音 ② 瞬間 (moment) ③ 米 点検済みの印 (英 check) 自 チクタクと鳴る 他 (カチカチという音で) 〜を計る，〜に印をつける
- □ tick-tock 名 ⓒ (大きな時計の) かちかちいう音
- □ tick-tack 名 ⓒ (時計などの) かちかちいう音，(心臓の) ドキンドキンという音

□ **dreadful** [drédfəl]　ひどい

形 非常に恐ろしい，ひどい，いやな
- □ dread 他 〜を恐れる，⟨SV that / -ing / to do⟩ 〜するのではないかと心配する　■I dread to think what will happen if they lose their parents. (私は彼らが両親を失ったらどうなってしまうのかを思うと，心配だ)
    自 非常に恐れる 名 ⓤ 恐怖，心配 [+of] 形 恐ろしい，おそれ多い
- □ dreaded 形 ⟨限定用法⟩ ① 戯 困った，困り者の ■a dreaded kid (悪ガキ) ② 恐ろしい，致死の ■The doctor did not know how to treat the dreaded disease. (その医師はその恐ろしい病気の治療法を知らなかった)

Topic 10

INPUT DATE / TRAINING 1 2 3   CD 10

喫煙休憩

I was **craving** a cigarette, so during a **lull** in the meeting, I **slipped out** for a smoke. But during the **interim**, they put me in charge of some difficult duties!

私はタバコが吸いたくてたまらなくなったので，会議の小休止の間，一服するために抜け出た．しかし，その合間に彼らはいくつかの重大な仕事を私に押し付けた．

☐ **crave** [kreiv]　**しきりに欲しがる**
　他 ～をしきりに欲しがる，必要とする　② ～を懇願する，切望する

☐ **lull** [lʌl]　**小休止**
　名 C 〈a / the ―〉(暴風雨などの)小やみ，[活動の] 小休止 [+in]　他 ① (子ども)をあやす　② (不信・恐怖)を鎮める
　☐ lullaby 名 C 子守り歌

■ **slip out**：こっそり抜け出る，(秘密が)うっかり漏れる

☐ **interim** [íntərim]　**合間**
　名 C U 〈通例 the ―〉合間，しばらくの間　形 〈限定用法〉当座の，臨時の，暫定的な (provisional)

"重要" 資料

I need an **array** of **reference** books on the shelf **adjacent** to my desk. I'm no **genius**, and I can never remember facts.

私にはデスクの隣の棚にずらりと参考書を並べることが必要だ．私は天才ではないし，また事実を記憶することもできない．

☐ **array** [əréi]　**配列**
　名 U 配列，〈an ― of O〉ずらりと並んだ～　他 〈しばしば受け身形〉並べる，配列する，整頓する．
　ⓘ of の後には通常複数名詞が続く．「たくさん並んでいる」という意味を強調するための形容詞としては vast, dazzling などがよく用いられる．

☐ **reference** [réf(ə)rəns]　**参照**　　　　　　　　　　　　　　→ P.275
　名 U 言及　C U 参照，参考，問い合わせ　C 照会先
　☐ **refer** 自 ① 〈SV to O〉～について言及する　② (本)を参照する　他 [～に]差し向ける　■refer the patient to the local hospital (患者を地元の病院へ差し向ける)，委託する [+to]

64

- ■ reference book：参考書
- □ cross-refer 自他 (同一書の中で) 他のページを参照する[させる]
- □ referee 名C レフェリー
  - ⓘ referee はバスケットボール, ホッケー, サッカー, バレーボールなどの審判を指すのに対して, 野球では umpire の語を使う. テニス, アメリカンフットボールでは両方使ってよい.

□ **adjacent** [ədʒéis(ə)nt]　隣接した
- 形 [〜に] 隣接した [+to], 近隣の, 近辺の

□ **genius** [dʒíːnjəs]　天才
- 名C 天才 U 才能
- ■ have a genius for (-ing) 〜：〜 (をするうえで) の天分がある, 特異な才能がある

机上のカオス

My office desk is in absolute **chaos** and it is a **remarkable feat** to even find my appointment book. I'm afraid being **orderly** is just not one of my **virtues**.

私の仕事机は完全な混乱状態で, スケジュール手帳を見つけるのさえ大仕事なのである. 整然とするということは私の長所の1つに数えることはできないようだ.

□ **chaos** [米 kéiɑs 英 -ɔs]　大混乱
- 名U 大混乱, 無秩序
- □ chaotic 形 混乱した, 乱雑な

□ **remarkable** [rimάːrkəbl]　驚くべき
- 形 [〜の点で] 注目すべき, 驚くべき, 異常な [+for]
- □ remarkably 副 顕著に, 著しく
- □ remark 名C [〜についての] 意見 [+about, on] U 注目すべき内容

□ **feat** [fiːt]　芸当
- 名C 偉業, 目覚ましい行為, 芸当
- ■ no mean feat：実行[実演]が難しいこと, 困難な技

□ **orderly** [ɔ́ːrdərli]　整然とした
- 形 整然とした, (人々が) 行儀の良い

□ **virtue** [米英 vɚ́ːrtʃuː 英 -tjuː]　長所
- 名CU 長所 U 美徳
- □ virtuous 形 徳が高い, 高潔な

OA機器

The equipment was **rendered obsolete** by the **startling** advances in computers. We have to **scramble** to keep up-to-date.

その装置はコンピュータの驚異的な進歩によって時代遅れとなった. われわれは急いで時代の流れに追いつかなければならない.

□ **render** [réndər]　　～を…にする
　他 ①〈SVOC〉～を…にする, 変える　②〈SVO〉～を[…に]与える[+to]
　■The group rendered several services to war orphans. (そのグループは戦争孤児にいくつかのサービスを提供した)　③ (書類) を提出する
　□ **rendering** 名 ⓒ ① 演奏, 演技　② 翻訳作品　③ 完成見取り図　■an architectural rendering (建築物の見取り図), (コンピュータソフトの) レンダリング

□ **obsolete** [ὰbsəlíːt ɔ́b-]　　時代遅れの
　形 すたれた, 古くさい, 時代遅れの (out-of-date)　■an obsolete car model (旧式の自動車)
　□ **obsolescent** 形 すたれかかった
　□ **obsolescence** 名 Ⓤ 旧式化, 老朽

□ **startling** [stάːrtliŋ]　　びっくりさせるような
　形 びっくりさせるような, (色が) まばゆい
　□ **startle** 他 ～を驚かせる　名〈a —〉驚き　■The news of her sudden marriage startled us. (彼女の突然の結婚はわれわれをびっくりさせた)
　□ **startled** 形 びっくりした　■a startled eye (びっくりしたような目)

□ **scramble** [skrǽmbl]　　急いでする
　自 ① 急いで～する, (軍用機が) 緊急発進する　② はうようにして進む
　他 ごたまぜにする, (卵) を炒る　■Heavy drinking scrambled his brain. (深酒のせいで彼の頭脳は混乱していた)
　名 ⓒ ①〈a —〉無秩序な争い, 緊急行動　② はい登ること
　■ **scrambled egg(s)**: 炒り卵, スクランブルエッグ
　□ **scrambling** 名 周波数変換, 信号の暗号化　② モトクロス
　□ **scrambler** 名 ⓒ ① アウトドアを乗り回すモーターバイク　② 暗号化装置

秘書

Mr. Hobb's **secretary seldom permits** people to **bug** her boss in the morning, so he is able to get lots of work done.

ホッブ氏の秘書は，午前中は彼をてこずらせるような来客のスケジュールをめったに入れないので，彼はたくさんの仕事をこなすことができる．

□ **secretary** [⊛sékrətèri ⊛-t(ə)ri]　秘書
　　名 C ①[個人付きの]秘書 [+to]　②〈S-〉⊛長官, ⊛大臣 (Minister)
　　□ secretarial 形 秘書の, 大臣の
　　□ Secretary-General 名 C 〈⊛Secretaries-〉事務総長, 書記長　■Secretary-General of the UN（国連事務総長）

□ **seldom** [séldəm]　めったに～ない
　　副 めったに～ない (rarely, hardly [scarcely] ever)　■We seldom go to movies.（私たちはめったに映画には行きません）

□ **permit** [pərmít]　許す
　　他 ～を許す, ～を可能にする　自（計画・出来事などが）[～を] 許す [+of]
　　■…weather permitting（もし天気が良ければ…）
　　名 U 許可　C [～する] 許可書, 免許証 [+for / to do]
　　□ permission 名 U 許可, 同意
　　類 consent 自 同意する, 承諾する,〈SV to O / SV to do〉(～に／～することに) 同意する　名 U [～に対する] 同意, [～することの] 承諾

□ **bug** [bʌg]　てこずらす
　　他 ①～に盗聴器を仕掛ける　②～を悩ます, てこずらす
　　名 C ① 昆虫 (insect)　② ナンキンムシ　③ ばい菌　④（機械などの）欠陥,（コンピュータ・プログラムの）不具合の原因となる個所

---

get lots of work done

get には have と同様の意味がある.〈SVO done〉の形で「人が～をしてもらう」. 上記例文では「人が～を○○の状態にする」という文脈になっている．

Topic 11

リフレッシュ

Jiro was eager at the **outset** of the project but later developed **misgivings**. The **workload** turned **brutal**, and he was **reluctant** to ask for help. But after a short holiday, he was **refreshed** and ready to **push forward**.

プロジェクトの最初のうちはジローはやる気満々だったが、だんだん不安になった。
仕事量はきつくなり、同時に彼は応援を頼むことには気が進まなかった。
しかし、短期の休暇を取った後は、元気になり、仕事にまい進する態勢ができた。

□ **outset** [áutsèt]　初め
　名〈the ―〉初め (beginning, start)　■ from [at] the outset (最初から)

□ **misgiving** [misgívŋ]　不安
　名 C U 〈通常 -s〉[将来のことについての] 不信, 不安, 恐れ [+about]

□ **workload** [wə́ːrklòud]　仕事量
　名 C (一定期間内に行う) 仕事量

□ **brutal** [brúːtl]　容赦のない
　形 野蛮な, 容赦のない
　ⓘ turned brutal の turn は不完全自動詞の用法。つまりこの文はSVCの文型になっている。
　□ brutally 副 野獣のように
　□ brute 名 C 獣, 動物, 人でなし, 〈the ―〉獣性
　□ brutality 名 U 獣性 C 残虐行為

□ **reluctant** [rilʌ́ktənt]　気が進まない
　形 ①〈叙述用法〉[～を] したくない, [することに] 気が進まない [+to do]
　② しぶしぶの　■ a reluctant helper (気の乗らない助っ人)
　□ reluctantly 副 いやいやながら, 不承不承
　□ reluctance 名 U しり込みの気持ち

□ **refresh** [rifréʃ]　元気づける
　他 元気づける, (情報・記憶) を一新する, (環境) を生き返らせる　■ She often had to refresh her memory with a crib note. (彼女はとらの巻によってたびたび記憶をよみがえらせなければならなかった)
　自 元気を回復する, 飲み物をとってくつろぐ, 補給する
　□ refreshing 形 気分を一新させるような　■ a refreshing shower (さっぱりとした気分にしてくれるシャワーの一浴び)
　□ refreshingly 副 元気づけるように, すがすがしく
　□ refreshment 名 C 〈-s〉(くつろぐための) 飲み物・スナック U 休養, 気分転換

- **push forward**：努力して突き進む
  - 自 [〜へ] 努力して突き進む [+to]，[計画などを] 推し進める [+with]
  - 他 〜を前進させる ■push the peace process forward（和平プロセスを前進させる）

研修

It's a **slack** time at the office now, so that's a good **excuse** for taking a month's **leave** to get some **vocational** training.

近頃は会社が不景気なので，そのことは仕事上の研修を受けるために1ヵ月間の休暇を取るいい口実になる．

- **slack** [slǽk]　不景気な
  - 形 ① ゆるい（⇔ tight）② 不注意な（careless）③ 不景気な（inactive）
  - □ slacker 名 怠け者，仕事をいいかげんにする人

- **excuse** [ikskjúːz]　言い訳
  - 名 ⓒⓤ ① [〜に対する] 言い訳，おわび [+for] ② 許し，[義務などの] 免除 [+from]
  - 他 ①〈SVO₁, for O₂ / doing〉O₂（行為など）について［…したことについて］O₁（人）を許す ②〈SV oneself for O/doing〉（誤りなど）の［…したことの］言い訳をする

- **leave** [líːv]　休暇
  - 名 ⓤ ① 許し，許可（permission）② 休暇 ③ 別れ
  - 他 ① 〜を去る，離れる ② 〜を置き忘れる，残す　自 出発する，去る

- **vocational** [voukéiʃənl]　職業に関する
  - 形 職業に関する，職業訓練の
  - □ vocation 名 ⓒ 職業，商売 ⓒⓤ 天職，使命；使命感
    - 類 job 名 ⓒ 作業，仕事
    - 類 occupation 名 ⓒⓤ 職業，仕事 ⓤ 占有，占領

埋め合わせ

After my **gross** error, I have to **redeem** myself in the eyes of my coworkers by doing more than my **allotment** of work.

とんでもない失敗を犯したので、私は割り当てられた以上の仕事量をこなして、同僚の前で面目を回復しなければならない。

- □ **gross** [grous]　**ひどい**
  - 形 ①〈限定用法〉全体の ■Gross National Product (®GNP; 国民総生産)
  - ②〈限定用法〉ひどい, 粗野な, 粗末な ■gross negligence (重過失)　③ おおまかな, (草木が) 生い茂った
  - □ **grossly** 副 ①(好ましくない語を修飾して) 大変に, ひどく　② 粗野に, 下品に

- □ **redeem** [ridí:m]　**(名誉)を回復する**
  - 他 ①〈— oneself〉(名誉)を回復する　②(人・物)をましに見せる　③(借金)を返済する　④(財産)を買い戻す
  - □ **redeeming** 形 (過失・欠点を) 補うような
  - □ **redeemer** 名 © 質請け人, 身請け人
  - □ **redemption** 名 Ⓤ 買い戻し, 身請け, 救出
  - ⓘ redeem, redemption などの語には, 時にキリスト教精神の特別なニュアンスが含まれる。「救出する」とはキリストが自らの処刑を受け入れることによって「人々の原罪を帳消しにする」, それによって「救済する」ことを指す。

- □ **allotment** [®əlάtmənt ®-lɔ́t-]　**割り当て**
  - 名 © 割り当てられたもの　Ⓤ 割り当てること
  - □ **allot** 他 ①〈SVO₁ to O₂ / SVO₂O₁〉O₁(物)をO₂(人)に分配する, 割り当てる
  - ② 〜を [物・事に] 充当する [+for]

ダメな上司

My boss is a **tyrant**, and while I'm **toiling** away, he **never lifts a finger**. I do what he tells me, but I don't hold him in any **esteem**. I can't wait to bid him **farewell**.

私の上司は暴君のような存在で、私がせっせと働いている間にも、簡単なことすら自分でしない。私は彼の命じることをやっているが、彼を尊敬してはいない。彼に別れを言う日を待っていられないほどだ。

- □ **tyrant** [táɪ(ə)rənt]　**暴君**
  - 名 © 暴君, ワンマン
  - □ **tyrannical** 形 暴君の, 専制的な (tyrannic)
  - □ **tyrannize** 自 暴政を行う　他 〜をしいたげる
  - □ **tyranny** 名 ©Ⓤ 暴政, 専制　Ⓤ 横暴, 暴虐

- □ **toil** [tɔ́il]　せっせと働く
  - 自 せっせと働く（+away），骨を折る　他 (人)を酷使する

- ■ **not lift [raise] a finger**：横のものを縦にもしない；簡単なこともしない

- □ **esteem** [istíːm, es-]　尊敬
  - 名 Ⓤ 尊敬，好意　■He holds his professor in high esteem.（彼は教授を深く敬っている）
  - 他〈通常受身形〉尊敬・好意を受ける　■Most of the product's qualities are esteemed by clients.（その製品の品質のほとんどは顧客から高い評価を受けている）

- □ **farewell** [fὲərwél]　別れ
  - 名 ⒞Ⓤ 別れ　Ⓒ 別れの挨拶，告別の言葉　他 (人)に別れの挨拶を述べる
  - ■ bid ～ farewell：～に別れの挨拶を述べる

数字が苦手

I have a real **disability** when it comes to math. So my **benevolent** supervisor allows me to **dodge** jobs requiring calculating.

数学ときたら私は全くお手上げの状態になる．そこでやさしい上司は私が計算を要するような仕事から逃げるのを許してくれている．

- □ **disability** [dìsəbíləti]　お手上げの状態
  - 名 Ⓤ 無能，能力を欠くこと　Ⓒ 身体的な障害，致命傷，お手上げの状態
  - □ **disable** 他 ①(人)に［～を］できないようにする［+from］　②～の身体に障害を与える，(機械)を使用不能にする
  - □ **disabled** 形 身体に障害のある　名〈the ―，集合的〉身体障害者

- □ **benevolent** [binévələnt]　慈悲深い
  - 形 親切な，慈悲深い，〈限定用法〉慈善の
  - □ **benevolence** 名 Ⓤ 善意，慈善

- □ **dodge** [※ dɑdʒ ※ dɔdʒ]　逃れる
  - 他（打撃・衝突）を避ける，（仕事・責任）を要領よく逃れる　自 身をかわす
  - 名 Ⓒ 身をかわすこと，ごまかし
  - □ **dodger** 名 Ⓒ 素早く身をかわす人，いかさま師
    - ■ draft dodger：徴兵逃れ
  - ■ dodge ball：ドッジボール（2組にわかれてコートの中の相手の体にボールを当てあうゲーム．ボールに当たらないように「身をかわす」動作から，この名前がある）
  - □ **dodgy** 形 危険を伴う，うさんくさい

Topic 12

INPUT DATE / **TRAINING** 1 2 3   CD ⑫

タフな交渉

We were about to go **crazy** during the **intense** negotiations, working day and night for weeks. Finally we **averted** a **deadlock** by taking a new **perspective** on our **ultimate** goals.

激しい交渉の間,何週間にもわたって昼も夜も作業を続けて,私たちは気が変になりそうだった.結局,最終的な目標についての新しい展望を採用することで,私たちは行き詰まりを回避した.

□ **crazy** [kréizi]　正気でない
　形 ① 正気でない　② [〜に] 夢中で [+about, on, over]　③ 怒って,悩まされて

□ **intense** [inténs]　激しい
　形 (光・熱・圧力が) 強烈な,(個人の性格・感情・行動が) 激しい　■an intense gaze (鋭い視線)
　□ intensive　形 集中的な,徹底的な　■an intensive course (集中訓練コース)
　　② 集約的な (⇔ extensive)　■intensive farming (集約農業)
　□ intensely　副 激しく,集中的に
　□ intensify　他 〜を強める　自 激しくなる,強まる

□ **avert** [əvə́:rt]　避ける
　他 ① (視線・顔) を [〜から] 転ずる,背ける [+from]　② (危険・困難) を避ける,防ぐ (prevent)　■The pilot narrowly averted a crash. (パイロットは辛くも墜落を免れた)

□ **deadlock** [⽶dédlàk 英-lòk]　行き詰まり
　名 Ⓤ 〈または a —〉行き詰まり　■reach a deadlock (膠着状態に陥る)
　□ deadlocked　形 〈叙述用法〉行き詰まっている
　ⓘ「船が暗礁に乗り上げる」は deadlock を使わず,例えば The ship ran on to a reef. のように言う. dead rock は誤り.

□ **perspective** [pərspéktiv]　展望
　名 Ⓒ 観点,[〜についての] 展望 [+on]　Ⓤ 遠近法
　■ keep [get] 〜 in perspective：〜を大局的に見る

□ **ultimate** [ʌ́ltəmət]　最終的な
　形 ① 究極の,最終的な (final),最後の (last)　② 根本的な (fundamental)

欠勤

Amy did not have **a valid excuse for** being absent from work, so her boss lost his **temper**. He **reproached** her for being **complacent**. When she left his office, she looked really **shaken**.

エイミーには欠勤に対する正当な理由がなかった．そのため，上司は腹を立て，彼女の無頓着さを叱責した．上司の部屋を退社する時の彼女は実に動揺しているようだった．

- □ **valid** [vǽlid]　妥当な，正当な
  - 形 ① 妥当な，正当な (⇔ invalid)　② 法的に有効な (⇔ invalid, void)

- ■ **an excuse for** : 〜に対する口実 [弁明]

- □ **temper** [témpər]　平静，落ち着き
  - 名 ① 〈a / the —，通例修飾語の後で〉気質，気分 ■be in a good temper (機嫌がよい)　② Ⓤ〈通例 a —〉かんしゃく　③ Ⓤ 平静，落ち着き ■keep one's temper (平静を保つ)　■lose one's temper with a person (人に対して腹を立てる)
  - □ **temperament** 名 ⒸⓊ 気質，気性

- □ **reproach** [ripróutʃ]　叱責する
  - 他 〜を非難する，〜を叱責する

- □ **complacent** [kəmpléisnt]　無頓着な
  - 形 悦に入った，自己満足の，無頓着な，のん気な

- □ **shaken** [ʃéik(ə)n]　動揺した
  - 形 動揺した，ぐらついた (shaky)；shake の過去分詞形
  - □ **shake** 他 ① 〜を振る　② 〜を動揺させる，ぐらつかせる　自 ① 揺れる　② 震える

つまらない問題

We've had enough **turmoil** and **uneasiness** at work recently. Once we realized the special meeting was only about **trivial** issues, we all **relaxed**.

私たちは最近仕事でさんざん混乱と不安を経験した。ひとたび,
その特別な会議がささいな問題についてのものだとわかると,みんなほっとした.

□ **turmoil** [tə́:rmɔil]　**混乱**
- 名 Ⓤ 不安, 混乱, 不安定の状態　■political turmoil (政治的な不安定)
- 類 tumult 名 Ⓤ 騒動
  - □ tumultuous 形 騒がしい, 騒乱の　■tumultuous years (騒乱の時代)

□ **uneasiness** [ʌníːzinis]　**不安**
- 名 Ⓤ 不安, 窮屈
- □ **uneasy** 形 ① 不安な, 神経質な, 落ちつかない, 窮屈な ② 不安定な, 安心できない　■An uneasy calm has settled over the city after two months of rioting. (2ヵ月に及ぶ暴動の後, その町には不穏な静寂が漂っている)
- □ **uneasily** 副 不安定に; ぎこちなく
- □ **unease** 名 Ⓤ 不安感, 不快感

□ **trivial** [tríviəl]　**重要性のない**
- 形 重要性のない, 無価値な
- □ **triviality** 名 Ⓤ 重要でない事実, 無価値な事, 自明さ
- □ **trivia** 名 Ⓤ 雑学的な知識, 無意味な詳細
- □ **trivialize** 他 (重要事項) を軽く扱う

□ **relax** [rilǽks]　**リラックスする**
- 自 リラックスする 他 (体・精神) をリラックスさせる, 弛緩させる, (緊張・規律) を緩める　■relax rules [regulations] (規則 [規制] を緩める)
- □ **relaxed** 形 くつろいだ, うちとけた
- □ **relaxing** 形 (雰囲気が) ほっとするような, (気候が) だらけるような

イノベーション

American state universities have **broad representation** among our employees. We believe it is **logical** to have a mix of experience, because that is what **propels** our innovations.

わが社の従業員の中には，アメリカの州立大学の出身者が幅広くそろっている．いろいろな経験が混在していることは，理にかなっているとわれわれは信じている．なぜなら，それこそがわれわれのイノベーションを推進するものだからだ．

□ **broad** [brɔːd]　幅が広い

形 ① (意見の) 幅が広い ② (物の) 幅がある ■The book has broad margins. (その本は余白が広い) ③ 一般性がある
□ broadly 副 幅広く，〈文修飾〉一般的に言って，概して

□ **representation** [rèprizentéiʃən]　表現

名 Ⓤ (意見・投票・決定の) 代表，代理　Ⓒ 表現したもの，作品
ⓘ 具体的な物ではなく，抽象的な概念を表す不可算用法は分かりにくい．次のような動詞，形容詞との組み合わせでその感覚に慣れておこう．
ensure fair representation of all members
(すべての会員の公平な代表権を保証する)
achieve proportional representation in the assembly
(議会での比例代表制を達成する)
increase its representation in Parliament (国会に議員の数を増やす)
□ representative 名 Ⓒ 代議員，〈R-〉下院議員 (⇔ Senator)
■ the House of Representatives : (アメリカの) 下院, (日本の) 衆議院

□ **logical** [⊕ládʒik(ə)l ⊕lɔ́dʒ-]　合理的な

形 ① 論理的な，合理的な (⇔ illogical)，筋道が通った ② 論理学上の
□ logic 名 Ⓤ 論理，論法
□ logically 副 論理的に，論理上の

□ **propel** [prəpél]　推進する

他 ① ～を推進する ■propelled by ambition (野心に駆られる) ② (人) を [～に] 行き着かせる [+to]
□ propeller 名 Ⓒ (飛行機の) プロペラ, (船の) スクリュー
□ propulsion 名 Ⓤ 推進力

ビジネス界の「赤いイワシ」と「黒い騎士」

■ Red herring

herring はイワシのことだから「赤いイワシ」とはどういう魚かと思ってしまう。その昔、狩りに連れていく犬にくんせいの乾燥イワシの臭いをかがせて訓練したという。この習慣から、重要な事実から人々の目をそらせるための「どうでもいいような事実・アイディア」を red herring という。特殊な用法では、アメリカで証券などを新規発行するときに、米証券取引委員会に「申請中」であることを示す赤いインクで印字された文字を指す。アメリカに1993年創刊の Red Herring という株式投資家向けのテクノロジー誌があったが、廃刊となった。

■ blackmail （→ 157ページ参照）

「脅迫する(こと)」・「脅迫する人」を blackmailer と言う。

■ black knight

他企業の「乗っ取りを仕掛ける人・企業」。white knight はそれを防ぐために資金協力する会社。

■ red tape （→ 91ページ参照）

「必要以上に煩瑣な公的規制」

■ swim in the red ink

「赤字経営に苦しむ」。マスコミ用語。

■ Black Monday

1987年10月19日月曜日、ニューヨーク証券取引所は史上最悪の下げ幅(22.6%)を記録し、世界経済に大打撃を与えた。歴史的な大恐慌(the Great Depression)を引き起こした大暴落は1929年10月29日火曜日のことだったので、こちらは Black Tuesday と呼ばれる。10月は投資家にとって凶月であるようだ。

■ pink-collar

white-collar (事務職の)や blue-collar (肉体労働の)から生まれた造語。女性がこなすと考えられている「低賃金労働の」を指す形容詞。

■ pink sheet

店頭取引の株の「売り」と「買い」の値段を一覧表にしたピンク色の発行物。その大部分は株価が超最低位の「ボロ株」で、シロウト向けではない。National Quotation Bureau という公的機関が発行しているが、近年はコンピュータ上でも閲覧できる。

第2部

政治
Politics

1 政治
Politics

Topic 13

米国連邦議会

The U.S. **Congress** consists of the **Senate** and **the House of Representatives**. There are two Senators from each state and the number of **Representatives** depends on each state's population.

米国連邦議会は上院と下院から成る. 上院議員は各州から2名ずつ選出され, 下院議員の定員はそれぞれの州の人口によって異なっている.

□ **Congress** [⽶ kάŋgrəs 英 kɔ́ŋgres]　**連邦議会**
　名 Ⓤ 〈C-〉〈通例無冠詞〉(米国の) 連邦議会, (各国の) 立法議会, 党大会 Ⓒ 代議員会
　ⓘ 日本やデンマークなどの国会は the Diet, 英国・カナダの国会は Parliament と言う.
　□ Congressional 形 (米国) 連邦議会の
　□ Congressman 名 Ⓒ (米国) 連邦議会議員, (特に) 下院議員
　□ Congresswoman 名 Ⓒ (米国) 連邦議会女性議員
　ⓘ 男女の区別を避けて a member of Congress, Congress person とも言う.

□ **the Senate** [sénət]　**上院**
　名 〈集合的に, 単数・複数扱い〉⽶〈the S-〉上院 (the Upper House)
　□ senator 名 Ⓒ 〈しばしば S-〉上院議員

■ **the House of Representatives :** **下院**
　⽶ 下院 (the House)
　ⓘ 日本の「衆議院」も the House of Representatives.「参議院」は the House of Councilors. council は「評議会, 議会」, councilor は「評議員, 議員」の意味. 音の似た語 counselor「助言者」と混同しないように注意しよう.

□ **representative** [rèprizéntətiv]　**下院議員**
　名 Ⓒ ① 代表者 ② 〈R-〉(米国議会の) 下院議員　形 ① [〜を] 表現する [+of]
　② [〜を] 代表する [+of]
　□ represent 他 ① 〜を表す ② 〜を代表する ■represent one's government (本国政府を代表する) ③ 〜を描く
　▶ Capitol Hill : 米国議会 (the Hill), 米国議事堂のある丘

選挙戦

The results of the **fiscal** year are always a **factor** in the **general election**. A good **overall** result helps **the party in power** at the **polls**.

米会計年度の実績は常に一般選挙の行方を左右する要因である．全体的な実績が良ければ，政権与党にとってそれは投票の際の追い風となる．

- □ **fiscal** [físk(ə)l]　**会計の**
  - 形 ① 国庫の　② 財政上の，会計の　■fiscal policy（財政政策）　■ fiscal year（会計年度）

- □ **factor** [fǽktər]　**要因**
  - 名 C [〜という結果をもたらす] 要因，要素 [+in]

- ■ **general election：一般選挙**
  - 名 C 米 一般選挙 [投票]（⇔ primary election），英 総選挙

- □ **overall** [óuvərɔ̀ːl]　**総体的な**
  - 形 全部の，総体的な

- ■ **the party in [out of] power：与[野]党**

- □ **poll** [poul]　**投票**
  - 名 C ① 世論調査，〈the / a —〉（選挙の）投票　② 投票数　③〈the -s〉（首長・議員の）選挙，投票所
  - ▶straw poll: 米(非公式の)世論調査　▶exit poll: 出口調査
  - ▶polling place: 投票所

増税協議

The **Prime Minister** has set up an **advisory** committee to **discuss** whether to increase **taxation**. At the same time, **regional** tax **commissioners** are **initiating** their own discussions.

首相は，増税するか否かを協議するための諮問委員会を設置した．
それと同時に，地域の税務局長たちは独自の話し合いを開始している．

■ Prime Minister：首相

総理大臣，首相（premier）
①日本の首相については prime minister も premier も用いるが，英国の首相については通例 prime minister を用いる．「どの国」「どの首相」かが特定されている場合に，それぞれ大文字，the 〜 を用いる．

□ advisory [ədváiz(ə)ri]　助言を与える

形 助言を与える ■an advisory committee（諮問委員会）　名 © 報告（書）
□ advice 名 Ⓤ 忠告，助言（recommendation, suggestion）　■give [offer] advice（忠告する）
□ advise 他 〜に勧める，助言する
□ adviser, advisor 名 © 助言者

□ discuss [diskʌs]　話し合う

他 〜を話し合う，討論する（argue, debate）
□ discussion 名 ©Ⓤ 討議

□ taxation [tækséiʃən]　課税

名 Ⓤ ① 課税 ② 重い負担
■ be subject to taxation：（商品・所得が）課税対象となる
■ be exempt from taxation：免税される
□ tax 名 ©Ⓤ 税金　他 ① 〜に課税する ② 〜に重い負担をかける
□ taxable 形 課税できる

□ regional [ríːdʒənl]　地域の

形 地域の，局地的な
□ region 名 © 地域，地方

□ commissioner [kəmíʃ(ə)nər]　局長

名 © 委員，長官，局長
□ commission 名 © 使節団；（業務の）委託 Ⓤ 犯行 ©Ⓤ 任務，委託料　他 〜に委任する

- □ **initiate** [iníʃièit]　始める
    - 他 (事業・計画など) を始める (commence, start), 〜に着手する
    - □ **initiation** 名 ⓤ [〜への] 加入 [+into], 開始
    - □ **initial** 形 ① 初めの, 初期の ② 語頭にある 名 ⓒ 頭文字
    - □ **initially** 副 初めは

スキャンダル

Aides to the **magistrate withheld shameful** details of the scandal.

行政官の補佐官らは, スキャンダルの恥ずべき詳細を口外しなかった.

- □ **aide** [eid]　補佐官
    - 名 ⓒ 〈主に米〉(通例政府高官などの) 補佐官, 側近　■a presidential [White House] aide (米国大統領補佐官)
    - □ **aid** 他 ① 〈SVO〉(人・物) を助ける ② 〈SVO in doing〉O (人) が〜するのを手伝う 名 ⓤ 援助, 支援金, 介抱 ⓒ 道具, (補聴器などの) 補助器具
    - ⓘ aide のことを aid と綴ることもある.

- □ **magistrate** [mǽdʒistrèit]　行政官
    - 名 ⓒ ① (法の執行権を持つ) 行政官, 執政官 ② 〈主に米〉治安判事, 軽罪判事

- □ **withhold** [米 wiθhóuld, wið- 英 wið-]　〈—, withheld, withheld〉保留する
    - 他 ① 〜を [〜に] 与えずにおく [+from], (情報・証拠の提示) を保留する
    ■withholding (tax) (米 源泉徴収課税額) ② (感情など) を抑える, 制する

- □ **shameful** [ʃéimfəl]　恥ずべき
    - 形 ① 恥ずべき, みっともない ② 下品な, いかがわしい
    - □ **shame** 名 ⓒⓤ [〜に対する] 恥ずかしさ, 羞恥心 [+at, for], 恥, 不名誉 (disgrace)

Topic 14

大統領拒否権

The function of the president's veto power is to guard against the accumulation of power in the legislature.

大統領の拒否権の行使は，立法府への権力集中を阻止する役目がある．

- **function** [fʌ́ŋkʃən]　**効用**
  - 名 ⓒ ① 機能，働き，効用　② 儀式，行事　自 [〜の] 機能を果す，役目を果す [+as]
  - □ functionary　名 ⓒ （しばしばけなして）職員，役人
  - □ functional　形 機能上の，機能を果せる，作動できる

- **veto** [ví:tou]　**拒否権**
  - 名 ⓒⓊ [〜に対する] 拒否権 [+over]，拒否権の行使　他 （法案など）に対し拒否権を行使する，（計画など）を認めない

- **guard** [gɑ:rd]　**阻止する**
  - 自 [〜を] 阻止する [+against]　他 （人・物）を [攻撃・危害から] 守る [+against]　名 ⓒ 護衛者，保護者，監視人　Ⓤ 見張り，監視

- **accumulation** [əkjù:mjuléiʃən]　**集中**
  - 名 Ⓤ 蓄積，集中，蓄財　ⓒ 蓄財物，たまった金 [財産]
  - □ accumulate　他 （物）を積み上げる，〜を集める

公約

Promising he would lead a crackdown on crime and aggressively fight corruption, the candidate won a landslide victory.

その立候補者は犯罪取り締まり強化を先導することと，汚職と積極的に戦うことを公約し，圧倒的な勝利を収めた．

- **crackdown** [krǽkdàun]　**厳重な取り締まり**
  - 名 ⓒ [〜への] 厳重な取り締まり，（警察の不意の）手入れ [+against, on]
  - ■ crack down on 〜 ：（人・事）を厳しく取り締まる，〜に断固たる処置をとる

- **aggressively** [əgrésivli]　**積極的に**
  - 副 侵略的に，積極的に

- □ **aggressive** 形 ① 攻撃的な ② 活動的な, 積極的な
- □ **aggression** 名 ⓒⓤ 攻撃, 侵略, 侵害

□ **fight** [fait]　戦う
　他 (敵・病気など)と戦う, ～を克服[阻止]するために戦う　名 ⓒ 闘い, 戦闘, 闘争　ⓤ 闘争心, 気概
　■ fight one's way：戦いながら進む, 活路を見出す

□ **corruption** [kərʌ́pʃən]　汚職
　名 ⓤ 堕落, 買収, 贈収賄, 汚職
　□ corrupt 他 (人)を堕落させる, (人)を買収する　形 堕落した, 不純な

□ **candidate** [kǽndədèit, -dət]　立候補者
　名 ⓒ 立候補者, 志願者　■ a candidate for the governor (知事候補)

□ **landslide** [lǽndslàid]　地滑り
　名 ⓒ 地滑り, 地滑り的な勝利 (landslide victory)

汚職

Upon hearing about the public **utility** scandals, voters **besieged** the city hall, **urging** the mayor to punish those responsible.

公共事業の汚職事件について知った有権者たちは, 市役所に押し寄せ, 市長に責任者を罰するよう強く迫った.

□ **utility** [juːtíləti]　公共事業
　名 ⓤ 有用, 有益　ⓒ〈しばしば -ies〉役に立つもの, (電気・ガス・水道などの)公共施設, 公共事業
　■ public utilities：公共事業, 公共施設

□ **besiege** [bisíːdʒ]　押し寄せる
　他 (軍隊などが町・要塞)を包囲する, (群衆などが)～に押し寄せる, ～を取り囲む

□ **urge** [əːrdʒ]　催促する
　他 ① ～をせきたてる, ～を強力に推し進める ②〈SVO to do〉(人)を～するように説得する, 催促する　名 ⓒ〈通例 an / the —〉衝動, 駆り立てられる欲望

減税

The federal government agreed to let **municipal assemblies decide** how to reduce their municipalities' taxes.

連邦政府は，各自治体の減税方法の決定権を地方議会に与えることに同意した．

□ **federal** [féd(ə)rəl]　連邦の
形 ① 連邦(制)の　② (米国)連邦政府の　■the federal government of the U.S. (米国連邦政府)
ⓘ state government (州政府) に対して中央政府を指す．

□ **government** [gʌ́vər(n)mənt]　政府
名 Ⓤ 政治　Ⓒ 〈集合的に，単数・複数扱い〉政府
□ **govern** 他 ① 〜を治める　② (学校・企業など)を管理する

□ **agree** [əgríː]　同意する
自 ① [提案などに]同意する[+to]　② [人と／〜について]意見が一致する [+with / in, on, that 節] (⇔ disagree)　■I agree with you on that matter. (その件では君と同感だ)
□ **agreement** 名 ⒸⓊ 協定　Ⓤ 合意 (⇔ disagreement)
ⓘ 〈agree + to 不定詞〉を他動詞の文型と見ることも不都合ではないように見えるが, agree の本来の意味は「他に一致する，同意する」であることに注意．例文では不定詞の let の主体は the federal government であるから，この不定詞は agree の目的語とは考えにくい．辞書ではこの用法は自動詞となっている．このように主体と客体, 主語と目的語の関係を検討する研究は言語学のシンタクス(統語法)と呼ばれる分野で盛んである．

□ **municipal** [mjuːnísəp(ə)l]　地方自治の
形 地方自治の, 市営の
□ **municipality** 名 Ⓒ 地方自治体

□ **assembly** [əsémbli]　議会
名 ⒸⓊ 集会, 議会, 集まり　Ⓤ 組み立て　■assembly line (流れ作業)
□ **assemble** 他 ① 〜を集める　② 〜を組み立てる　自 集まる

□ **decide** [disáid]　決定する
他 ① 〈SV to do / that 節〉…しようと決心する (make up one's mind, resolve, determine), 〈SV that 節 / wh 節・句〉…すること[するか]を決定する (determine)　② 〜を解決する
自 [〜に]決定する[+on]
□ **decision** 名 ⒸⓊ 決定　Ⓤ 決心　Ⓒ 判決
□ **decisive** 形 決定的な　■a decisive battle (決戦)　■a decisive vote (決選投票: the second ballot)

税制改革

The tax reform **primarily** affects **affluent** citizens because it makes poorer citizens **eligible** for **deduction** of expenses for medical treatment.

その税制改革は、貧困層に医療費控除を受ける資格を与えるため、主として富裕層に影響を及ぼす．

□ **primarily** [㊀ praimérəli, ＝＝－－ ㊁ práim(ə)rəli, praimérəli]　　主として
　　副 第一に、本来、主として

□ **affluent** [ǽfluənt]　　裕福な
　　形 ① 裕福な（rich）　■an affluent society（豊かな社会）　② [～の] 豊富な（abundant）[+in]
　　名 ⓒ 裕福な人
　　□ **affluence** 名 ⓤ 富、裕福（wealth）

□ **eligible** [élidʒəbl]　　選ばれるのにふさわしい
　　形 ① [職務・地位などに] 選ばれるのにふさわしい [+for, as]（⇔ ineligible）
　　② [～する] 資格のある [+to do]
　　□ **eligibility** 名 ⓤ 適任(性)、適格(性)

□ **deduction** [didʎkʃən]　　控除
　　名 ⓤ [～からの] 差し引き、控除 [+from]　ⓒ 差し引き高、控除額
　　□ **deduct** 他（一定の額）を [総計・総額から] 差し引く、控除する [+from]

---

government, assembly, tax

1066年、イングランドはフランス北西部に定住していたノルマン人によって支配されることになり、以降300年間古フランス語の影響を強く受けるようになる．当時のフランス語が公用語となったため、特に政治用語において大幅に借入語が普及することになった。この2ページに現れる語を例とすれば、government, assembly, tax などがそれである．

Topic 15

演説

People in the village **square listened** to the **fiery orator** as he **emotionally shouted** and **gestured**.

村の広場にいた人たちは，激しい口調で，感情的に声を張り上げ，身ぶり手ぶり混じりで話す演説者の話に聞き入っていた．

- □ **square** [skwɛər]　広場
  - 名 C ① 正方形; 広場　② 平方数　③ 直角
  - 形 ① 正方形の; 直角の　② 公平な, 率直な

- □ **listen** [lísn]　耳を傾ける
  - 自 ① [～を] 聴く, [～に] 耳を傾ける [+to] ■listening test (聴解力テスト)
  - ② ⟨SV to O⟩ O (人・忠告など) に耳を貸す, 従う　③ ⟨命令形で⟩ 「いいですか」, 「ちょっと」
  - ⓘ hearing test は「聴力」を試す聴覚検査のことだから, listening test と区別することになっている．

- □ **fiery** [fái(ə)ri]　激しい
  - 形 ① 火の, 燃えさかる　② 火のように激しい, 強烈な, (性格が) 激しやすい
    ■a fiery temper (激しやすい気質)

- □ **orator** [⚇ ɔ́:rətər ⚇ ɑ́r-]　演説者
  - 名 C ① 演説者, 講演者　② 雄弁家
  - □ **oratory** 名 U 雄弁 (術), (時にけなして) 修辞, 誇張的な文体
  - □ **oratorical** 形 ① 演説 (者) の　② 修辞的な, 美辞を連ねた
  - □ **oration** 名 C 演説, 式辞　U 話法

- □ **emotionally** [imóuʃnəli, -ʃənli]　感情的に
  - 副 ① 感情的に　② 感情に訴えるように
  - □ **emotion** 名 C U 感情, 情緒　U 感動, 感激
  - □ **emotional** 形 ① ⟨限定用法⟩ 感情の, 情緒の　■emotional deprivation (乳幼児期の情緒的な保護の喪失)　② 感情的な, 感激しやすい

- □ **shout** [ʃáut]　大声で言う
  - 自 叫ぶ (+out); 大声で言う　他 [～だ] と叫ぶ

- □ **gesture** [dʒéstʃər]　身ぶりをする
  - 自 身ぶりをする　他 (同意など) を身ぶり [手まね] で表す
  - 名 C ① 身ぶり, 手まね　② 意思表示, 感情表現

国家主義者

According to recent **surveys**, **nationalists** and **racial bigots** are actually few in number, although they often appear in the **mass media**.

最近の調査によると，国家主義者や人種差別主義者はマスメディアにはよく登場するものの，実際の数はごく少ないという．

■ **according to**：〜によれば
① (発言・文献など) によれば　② (計画など) に従って

□ **survey** [sərvéi]　**調査**
名 C 概観　CU 調査　他 ① 〜をざっと見渡す　② 〜を調査する
□ surveyor　名 C 測量技師

□ **nationalist** [næʃənlist, -ʃnəl-]　**国家主義者**
名 C 国家[愛国，民族]主義者
□ nationalism　名 U 国家[愛国，国粋]主義
□ nationalistic　形 国家[愛国，国粋]主義の
▶ patriotic　形 愛国心の強い，愛国的な　▶ patriot　名 C 愛国者

□ **racial** [réiʃəl]　**人種の**
形 人種の，民族の
□ race　名 CU 人種　C (人間の) 集団
□ racist　名 C 人種差別主義者
□ racism　名 U 民族主義，人種差別主義，人種的偏見

□ **bigot** [bígət]　**〜主義者**
名 C (宗教・政治・人種に関して) 頑固[偏狭]な人，〜主義者
□ bigotry　名 CU 頑固[偏狭]
ⓘ この語の語源は by God! だとする説がある．初代ノルマンディー公が義父であるシャルル三世の足に接吻するように強要されたとき，「神の名にかけて (by God!)，いやだ」と言い放ったとされる．その行為から，「頑固な」の意味が生じたとされる．その正確な語源は不明である．

□ **mass media** [mǽs míːdiə]　**マスメディア**
名 ⟨the —，単数・複数扱い⟩ マスメディア
□ the media　名 ⟨集合的に，単数・複数扱い⟩ マスメディア
□ medium　名 ⟨複 media, mediums⟩ C ① 中間　② [〜の] 媒介，媒体 [+of, for]　形 中位の，(ステーキの焼き加減が) ミディアムの

干ばつ対策

The **officials** of each **separate ward**, **county**, and **province** should **appeal** to residents to save water during this **drought**.

それぞれの区，郡，州の役人は，この干ばつの時期，住民に節水するよう訴えかけるべきだ．

- **official** [əfíʃəl]　**役人**
  - 名 C 公務員，役人，(団体・会社などの) 職員，役員　形 ① 公の，公務の　② 公式の，正式の
  - □ **officially** 副 ① 職務上，公務上　② 公式[正式]に

- **separate** [⟨形⟩sép(ə)ret ⟨動⟩sépərèit]　**個々の**
  - 形 ① (〜から) 離れた，別個の，独立した　② 個々の　他 〜を (ばらばらに) 引き離す，分ける
  - □ **separately** 副 [〜から] 離れて，別々に [+from]，単独に
  - □ **separation** 名 U 分離，独立，選別

- **ward** [wɔːrd]　**区**
  - 名 C ① (市・町の行政・選挙の) 区　② 〈しばしば複合語で〉病棟，病室
  - ■a surgical ward (外科病棟)

- **county** [káunti]　**郡**
  - 名 C ① 米 郡 (州の下位の行政区画)，英 州　② 〈the —，単数・複数扱い〉米 郡民

- **province** [⟨米⟩právins ⟨英⟩próv-]　**州**
  - 名 C (カナダ，南アフリカなどの行政区画としての) 州，〈the -s，複数扱い〉地方，田舎
  - □ **provincial** 形 ① 州の，省の　② 地方の，田舎の，田舎くさい

- **appeal** [əpíːl]　**懇願する**
  - 自 ① 〈SV to O to do〉(人) に〜することを懇願する　② [〜を] 求める [+for]　③ [上級裁判所に／判決に対して] 上訴する [to / against]
  - 名 U 訴え　C U 《法律用語》上訴，控訴，上告　■He will appeal against the sentence. (彼はその判決が不満で上告する)

- **drought** [draut]　**干ばつ**
  - 名 C U ① 干ばつ，日照り続き　② (物の) 不足，欠乏

共産主義・社会主義

Citizens of **former socialist** and **communist regimes** say there was a lot of **red tape** involved in making any kind of **improvements**.

以前の社会主義体制あるいは共産主義体制の市民は、どのような改良を進めるにしてもそこには多くの官僚的形式主義があったと言っている.

- □ **former** [fɔ́ːrmər]　昔の
  - 形 ① (時間的に) 前の, 昔の ■in former times [days] (昔は)　② ⟨the —⟩ 前者 (⇔ latter)
  - □ **formerly** 副 以前は

- □ **socialist** [sóuʃəlist]　社会主義の
  - 形 社会主義の　名 C 社会主義者
  - □ **socialism** 名 U 社会主義

- □ **communist** [⽶ kámjunist ⽶ kɔ́m-]　共産主義の
  - 形 共産主義の　名 C 共産主義者
  - □ **communism** 名 U 共産主義

- □ **regime** [reiʒíːm, ri-]　政体
  - 名 C 政治制度 [形態], 政体

- ■ **red tape** : 不必要な官僚的な規制, 形式主義
  - ⓘ この句は公文書をしばるための「赤いテープ」に由来すると言われている.

- □ **improvement** [imprúːvmənt]　改良
  - 名 C U 改良, 向上 ■improvement of [in] health (健康の増進)　C 改良点
  - □ **improve** 他 改良する　自 良くなる

Topic 16

ゴア候補

Gore **disagreed** with the **outcome** of the poll. But **consecutive re-counts** showed no **apparent illegalities** in the **counting** and no **void ballots**.

ゴア候補は投票結果に異議を唱えた．しかし引き続いて行われた投票の数え直しでは，集計の過程でのこれといった不正行為は見当たらず，無効票もなかった．

□ **disagree** [dìsəgríː]　異論を唱える
　自 ① [人(の陳述)と／〜について] 意見が合わない，異論を唱える [+with / on, about, over, as to] (⇔ agree)　② (報告・話などが) [物・事と] 一致しない [+with]　③ (食物・気候などが) [〜に] 適さない，[〜の] 害になる [+with]
　□ **disagreement** 名 Ⓤ [人・物との／〜の間の／〜に関しての] 不一致 [+with / between / on, about, over] Ⓒ 意見の相違点，争い

□ **outcome** [áutkàm]　結果
　名 Ⓒ 〈通例 the / an —〉結果，(具体的な) 成果

□ **consecutive** [kənsékjutiv]　連続した
　形 ① (間を置かず一定順序で) 連続した　■for ten consecutive days (連続10日間)　② 直後の
　類 successive 形 連続する，継続的な，次々と起こる
　ⓘ consecutive は「一定の順序で絶え間なく続く」，successive は「連続するものの大きさや間隔に関係なく相次ぐ」こと．

□ **re-count** [riːkáunt, ríː]　再集計
　名 Ⓒ (投票の) 再集計
　□ **recount** 他 (出来事・話の筋) を述べる，述懐する

□ **apparent** [əpǽrənt, əpé(ə)rənt]　外見上の
　形 明白な，〈限定用法〉外見上の
　□ **apparently** 副 ① 見たところは〜らしい　② 明らかに (evidently, obviously)

□ **illegality** [ìliːgǽləti]　不法行為
　名 Ⓤ 違法 Ⓒ 不法行為
　□ **illegal** 形 不法な，非合法の (unlawful) (⇔ legal)

□ **count** [kaunt]　数える
　他 〜を数える，〜を勘定に入れる　自 数える，重要である
　名 Ⓒ Ⓤ 数えること，計算

- **void** [vɔid]　**無効の**
  - 形 ① 空の (empty)　② [〜を] 欠いている [+of]　③ 無効の (invalid)
  - 名 C 〈the ―〉空間, 宇宙空間, 〈通例 a ―〉空所, 割れ目, むなしさ
  - 他 ①（契約など）を無効にする　②（中身）を出す

- **ballot** [bǽlət]　（無記名）**投票用紙**
  - 名 C （無記名）投票用紙　■cast a ballot（投票する）, 投票数　CU 無記名投票

立候補者

None of the candidates can respond to all the **wants** of the people, but a good candidate can **enlist** citizens in working on problems.

人々の要求にすべて応えられる候補者などいないが,
すぐれた候補者は問題の解決にあたって市民の協力を求めることができるものだ.

- **none** [nʌn]　**いずれも〜ない**
  - 代 ① だれも〜ない　②〈― of ...〉(…のうちの) いずれも [だれも, 何も, 少しも]〜ない
  - ⓘ 〈none of ＋単数名詞〉は単数扱いだが,〈none of ＋複数名詞〉の場合には, 本来は単数扱いであるものの, 後ろの複数名詞に引かれて複数扱いとなることが多い.

- **want** [⊛ wɑnt, wɔːnt ⊛ wɔnt]　**要望**
  - 名 C 〈通例 -s〉必要なもの, 要望, 欲望　U ①〈または a ―〉欠乏 (shortage, lack)　■for want of (〜の不足のために)　② 必要　③ 貧困　他 ① 〜が欲しい　②〈+to do〉〜したいと思う　自 [〜が] 欠けている [+for]

- **enlist** [inlíst, en-]　**協力を求める**
  - 他 ① 〜を軍隊に入れる　②[〜のために／〜してくれるように] 協力を求める,（援助・賛同）を得る [+in / to do]
  - □ enlistment　名 U 入隊, 応召

住民投票

Activists are **campaigning** for a **referendum** on giving **illegal immigrants** the right to free medical **treatment**. They want it to be part of the next **metropolitan election**.

政治活動家たちは，無料診療を受けられる権利を不法移民に与えることについての住民投票を呼びかける運動を繰り広げている．彼らは，それを首都圏の次期選挙においての争点の一つに掲げたいとしている．

□ **activist** [ǽktivist]　**政治活動家**
- 名 C 政治活動家，運動員
- □ active 形 ① 活動的な ② 積極的な (⇔ passive) ③ 活動中の
- □ activism 名 U 行動主義
- □ action 名 U 行動 C 行い，動作
- □ activity 名 U 活動性 CU 活動

□ **campaign** [kæmpéin]　**運動を起こす**
- 自 ① 従軍する ② [～に賛成して/～に反対して] 運動を起こす [+for / against] ■campaign for the candidate (候補者のための選挙運動をする)
- 名 C (政治的・社会的) 運動，キャンペーン

□ **referendum** [rèfəréndəm]　**住民投票**
- 〈複 referendums, referenda〉 名 C [～についての] 国民投票，住民投票 [+on]

□ **illegal** [ilíːg(ə)l]　**不法の**
- 形 不法の，非合法の
- 反 legal 形 法律の，法律で認められた，合法の

□ **immigrant** [ímɪɡrənt]　**移民**
- 名 C (外国からの) 移民 (⇔ emigrant)，入植者

□ **treatment** [tríːtmənt]　**治療**
- 名 U 待遇，治療 C [～の] 治療法 [+for]

□ **metropolitan** [米 mètrəpɑ́lət(ə)n 英 -pɔ́l-]　**首都の**
- 形 主要都市の，首都の，大都市の　名 C 主要都市の住民
- ▶the metropolitan area: 首都圏　▶metropolitan newspapers: 中央紙
- ▶the metropolitan police: 都市警察　▶the Metropolitan Police: ロンドン警察庁
- □ metro 〈metropolitan の略〉 形 主要都市圏の
- □ metropolis 名 C 主要都市，大都市，中心地
- □ municipal 形 地方自治の，市営の

□ **election** [ilékʃən]　**選挙**
- 名 CU 選挙
- □ elect 他 ～を選ぶ，選出する
- □ electoral 形 選挙 (人) の

陳情

We try to be **democratic** in our **deliberations** on **requests** for **funding** to **spend** in local communities, but some **petitions** receive special treatment.

地方の自治体で使う資金の要請に関する審議では，われわれは平等を旨としてはいるが，特例的に扱われる陳情もある．

- □ **democratic** [dèməkrǽtik]　**平等な**
  - 形 ① 民主主義の (⇔ undemocratic)　② (人・態度などが) 民主的な, 大衆的な　③ ⟨D-⟩ ※ 民主党の ■the Democratic Party (※ 民主党)　④ 平等な
  - □ democrat 名 © 民主主義者, ⟨D-⟩ ※ 民主党員
  - □ democracy 名 Ⓤ ① 民主主義, 民主政治　② 社会的平等

- □ **deliberation** [dilìbəréiʃən]　**審議**
  - 名 Ⓤ 熟考, 慎重さ　© Ⓤ ⟨しばしば -s⟩ 審議, 協議
  - □ deliberate 他 ～を熟慮する (consider)　自 [～について] 熟慮する [+over, on, upon, about], (委員会などが) 審議する　形 ① [～の点で] 慎重な, 用心深い [+in]　② 故意の (intentional), 熟考した
  - □ deliberately 副 ① 慎重に, ゆっくりと　② 故意に, 計画的に

- □ **request** [rikwést]　**要請**
  - 名 © Ⓤ [～の／～という] 要請 [+for / that 節]　© 頼みごと, 要求書
  - 他 ① ～を [人などに] 頼む [+from, of]　② ～に […するように／…すること を] 懇願する [+to do / that 節]

- □ **funding** [fʌ́ndiŋ]　**資金提供**　→ P.31

- □ **spend** [spend]　**使う**
  - 他 ① (金額) を [物に] 使う [+on, in, for]　② (時間) を過ごす, [～するのに] (時間) を使う [+ (in / on) doing]
  - 類 waste 他 (金・時間・財産など) をむだに使う

- □ **petition** [pətíʃən]　**陳情**
  - 名 © [～を求める／～に反対する] 請願(書), 陳情 [+for / against]
  - 他 ～を請求する, (当局など) に [～を／～に反対して／～するよう] 要請する [+for / against / to do, that 節]

Topic 17

選挙の応援

The candidate's **support** group is working hard to make him the **nominee** for the **presidency**. They are trying to get important business leaders to **endorse** him.

その候補者を支持するグループは,彼が大統領に指名されるべく熱心に運動している.彼らは財界の有力者たちの支持を得ようと動いているところだ.

□ **support** [səpɔ́:rt]　支持

  名 U 支え,支持,扶養　■in support of (〜を支持して)　他 〜を支える,支持する,扶養する
  □ supporter 名 C 支持者

□ **nominee** [⊕nàməní: ⊕nɔ̀m-]　指名された人

  名 C 指名[推薦・任命]された人
  □ nominate 他 (人) を [〜に] 指名する,推薦する [+for]
  □ nomination 名 CU 指名[推薦・任命]

□ **presidency** [prézəd(ə)nsi]　大統領の地位

  名 CU ① 〈通例 the ―〉大統領[社長・学長] の地位　② 〈しばしば the P-〉米大統領の地位[任期]
  □ president 名 〈しばしば the P-〉大統領,社長,学長,総裁
  □ presidential 形 〈時に P-〉大統領(職)の,総裁[社長・学長]の
  ▶vice-president 名 C 副大統領,副社長,副総裁

□ **endorse** [indɔ́:rs]　支持する

  他 ① (書類・手形など) に裏書きする　② (人) を支持する　■endorse a political candidate (政党の候補者を推薦する), (計画など) を是認する　■endorse a proposal (提案を承認する)
  □ endorsement 名 CU 是認,支持

選挙スキャンダル

The **scandal prompted** an **investigation** into the people backing representatives of that city ward and several adjacent counties.

そのスキャンダルのせいで、その都市区と近隣の数郡の選出議員を支持する人々の調査に拍車がかかった。

□ **scandal** [skǽndl]　スキャンダル
　名 ⓒⓤ スキャンダル, 醜聞, 汚職事件
　□ scandalous 形 恥ずべき, 中傷的な
　□ scandalize 他 〜を憤慨させる

□ **prompt** [㊍ prɑmpt ㊎ prɔmpt]　駆り立てる
　他 〜を刺激する, [〜へ]駆り立てる [+to], [〜するように]促す [+to do] (prod)　■What prompted you to say that? (どうしてそんなことを言ったのか)
　形 機敏な, てきぱきした　名 ⓒ 刺激するもの, 思い出させるもの
　□ promptly 副 敏速に, 即座に

□ **investigation** [invèstəgéiʃən]　調査
　名 ⓒⓤ [〜に対する]調査, 捜査 [+into]　■under investigation (調査中の)
　□ investigate 形 自 調査する
　□ investigator 名 ⓒ 調査者, 研究者

世論

If the protests succeed in changing public opinion, **voters** may **back** the **radicals** in the next election.

もしその抗議が世論を変えることができれば、次の選挙では有権者たちは急進派を支持するかもしれない。

□ **voter** [vóutər]　有権者
　名 ⓒ 投票者, 有権者

□ **back** [bæk]　支持する
　他 ①(人・案など)を支持する (support)　②(乗り物など)を後退させる
　自 後退する, 後ずさりする　名 ⓒ ①⟨the / one's —⟩背中　②支える力, ⟨the —⟩(建物・室内・身体部位の)後部
　□ backing 名 ⓤ ① 助力, 支援, バックアップ　② 逆行, 後退

□ **radical** [rǽdik(ə)l]　急進論者
　名 ⓒ ⟨しばしば R-⟩急進論者, 過激派　形 ① 根本的な　② 過激な, 急進的な
　□ radicalism 名 ⓤ ⟨時に R-⟩急進主義

政治生命

Her political fate **hinges** on whether she can present **feasible** economic **initiatives**, **reconcile** differences between **factions**, and **renew** public **confidence**.

彼女の政治生命は，自ら経済の実現可能な独自案を打ち出し，派閥間の見解の相違をまとめ，そして国民の信頼を取り戻すことができるかどうか，にかかっている．

- □ **hinge** [híndʒ]　**次第である**
  - 自 ① ちょうつがいで動く ② [～] 次第である [+on, upon] (depend)
  - 名 C ① ちょうつがい ② 要点

- □ **feasible** [fíːzəbl]　**実行[実現]可能な**
  - 形 ① 実行[実現]可能な ②〈叙述用法〉[～に]適した [+for]
  - □ **feasibility** 名 U 実行[実現]可能性
  - ⓘ ビジネスの世界では feasibility の中心課題は採算性である．そのほか人材の確保・材料の調達などが総合的に検討される．そのような調査・研究を feasibility study (計画・商品の実行可能性の研究) と呼んで重視する．その主たる手法はシミュレーションであり，そのためのいろいろなソフトウエアが用意されている．例えばマイクロソフト社の表計算ソフト「エクセル」と言えば知らない人は少ないであろうが，そのプラグイン関数として各種のシミュレーション (シナリオ分析と呼ぶ) 用のソフトが用意されているほどなのである．

- □ **initiative** [iníʃətiv]　**提案**
  - 名 U 進取的精神，独創力，〈the —〉(状況を変えるための) 主導権 C 提案，発議
  - ⓘ 通常，法案は立法府において発議されるが，アメリカでは政府・議員個人・住民の発議によって法案が審議されることがある．緊急性がある問題を解決するためのこのような法案 (あるいは提案) を initiative と呼んでいる．

- □ **reconcile** [rékənsàil]　**調和させる**
  - 他 ① (人) を [人と] 和解させる [+with] ② (事) を [事と] 調和させる [+with]
  - ③〈通例 — oneself, be -d〉[～に] 甘んじる [+to]
  - □ **reconciliation** 名 U 和解[調和]すること，〈a —〉和解，調和

- □ **faction** [fǽkʃən]　**派閥**
  - 名 C 派閥 U 内輪もめ，派閥争い

- □ **renew** [⟨米⟩rin(j)úː ⟨英⟩-njúː]　**取り戻す**
  - 他 ① ～を再び新しくする，～を再び始める ② (元気・力など) を取り戻す
  - ③ (契約など) を更新する
  - □ **renewal** 名 U 新しくすること，更新，回復，再開

☐ **confidence** [kάnfədəns]　**信頼**

名 Ⓤ ① 信頼（trust）　② 自信，確信

①①の意味において，trust が「本能的，直感的な信頼」であるのに対し，confidence は「理性・証拠・経験に基づく信頼」を表す．

主権

It was not the **monarch** on the **throne** or the **princes** who governed the country. Rather it was **aristocrats** and **councilors** who made the **day-to-day** decisions.

国家を統治するのは王位についている君主でもなければその王子たちでもなかった．むしろ，日々の決定を下すのは貴族や議員たちだったのだ．

☐ **monarch** [⊛mάnərk ⊛mɔ́n-]　**君主**

名 Ⓒ 君主（king），皇帝（emperor）
☐ **monarchy** 名 Ⓤ 〈通例 the ―〉君主政治
☐ **monarchist** 名 Ⓒ 君主制主義者　形 君主制（主義）の
▶ royal 形 国王の，王室の（regal），素晴らしい
▶ royalty 名 Ⓤ 王位，王権　Ⓒ（本などの）印税

☐ **throne** [θroun]　**王位**

名 Ⓒ 王位，〈the ―〉君主の地位　■come to the throne（王位につく）

☐ **prince** [prins]　**王子**

名 Ⓒ ①〈しばしば P-〉王子　■the Prince of Wales（英国皇太子）　②（男子の）皇族　③ 封建諸侯
☐ **princess** 名 Ⓒ〈しばしば P-〉王女，妃殿下

☐ **aristocrat** [⊛ərístəkræt ⊛ǽris-]　**貴族**

名 Ⓒ 貴族，上流階級の人
☐ **aristocratic** 形 貴族の，上流階級の
☐ **aristocracy** 名 Ⓒ〈通例 the ―〉貴族（階級，社会）

☐ **councilor** [káunsələr]　**議員**

名 Ⓒ 評議委員，議員
☐ **council** 名 Ⓒ 会議，評議（assembly）　■be (meet) in council（会議中である（に集まる））
■ **Council of Ministers**：（アメリカの）閣議；欧州閣僚会議；内閣

☐ **day-to-day**　**日々の**

形〈限定用法〉日々の，その日暮らしの

Topic 18

首脳会議

An **international treaty** on protection of the environment will be **negotiated** during the **coming summit**.

次回の首脳会議の期間中に，環境保護に関する国際条約について協議されるだろう．

- □ **international** [ìntərnǽʃənl, -ʃnəl]　**国際的な**
  - 形 国家間の，国際的な
  - ▶international trade: 国際貿易　▶international disputes: 国際紛争
  - ▶international waters: 公海　▶international law: 国際法

- □ **treaty** [tríːti]　**条約**
  - 名 C (国家間の) 条約

- □ **negotiate** [nigóuʃièit]　**協議する**
  - 他 (条約・協定など) を [人と] 協議する，取り決める，協定する [+with]
  - 自 [人と／〜について] 交渉する [+with / about, for, on, over]
  - □ **negotiation** 名 CU 〈しばしば -s〉交渉

- □ **coming** [kʌ́miŋ]　**次の**
  - 形 〈限定用法〉来たるべき，次の　名 CU 到来，到着

- □ **summit** [sʌ́mit]　**首脳会議**
  - 名 〈the —〉頂上，頂点　C 首脳会議 (summit conference [meeting, talks])

外交

Through **discrete diplomatic** channels, the nations reached a **compromise** and avoided dangerous **reprisals** against each other.

両国は，別個の外交ルートを通じて妥協案に至り，お互いに対する危険な報復行為を回避した．

- □ **discrete** [diskríːt]　**別個の**
  - 形 ① 分離した，別個の　② 抽象的な
  - □ **discretion** 名 U ① 自由裁量　② 思慮分別

- □ **diplomatic** [dìpləmǽtik]　**外交 (上) の**
  - 形 外交 (上) の

- diplomacy 名 U 外交
- diplomat 名 C 外交官

compromise [⊛ kámprəmàiz ⊛ kɔ́m-]　妥協案

名 C U 妥協　■make [arrange] a compromise with the competitor（競合会社と妥協する）　C 妥協案　■reach [arrive at] a compromise（妥協案に至る）
自 [〜のことで／〜と] 妥協する [+on, over / with]

reprisal [ripráiz(ə)l]　報復行為

名 C U 報復，報復行為

大使の国外退去

The government felt the foreign **ambassador** was **intervening** in its **affairs** and decided to **expel** him. So now the **embassy** is empty and the only representative is a **consul**.

政府は，その外国人大使が内政に干渉しているとして，彼を国外退去させることに決定した．そのため，現在大使館は無人で，ただ一人の代理人が領事となっている．

ambassador [æmbǽsədər]　大使

名 C 〈しばしば A-〉大使　■the Japanese ambassador to the U.S.（駐米日本大使）　■the U.S. ambassador in Tokyo（東京駐在米国大使）

intervene [ìntərvíːn]　干渉する

自 ① [〜の] 仲裁をする [+in, between]　② [〜に] 干渉する [+in]　③ [2つの物事の] 間にある，起こる [+between]
- intervention 名 C U ① 介在，仲裁　② 干渉

affair [əféər]　国事

名 C ① 〈しばしば -s〉公務，業務，国事　■foreign affairs（外交）　■a man of affairs（実務家）　② スキャンダル，情事　■the Watergate Affair（ウォーターゲート事件）

expel [ikspél]　追い出す

他 〜を追い出す，〜を放出する，〜を除名する（purge）

embassy [émbəsi]　大使館

名 C 大使館

consul [⊛ káns(ə)l ⊛ kɔ́n-]　領事

名 C 領事
- consulate 名 C 領事館　U 領事の職

当選者

After achieving an **overwhelming** victory in the election, he **asserted** that he **owed** everything to his **loyal** supporters.

選挙で圧倒的な勝利を収めた後，彼はすべては熱心な支持者たちのおかげだと，強調した．

- □ **overwhelming** [òuvər(h)wélmiŋ]　　**圧倒的な**
  - 形 圧倒的な, 抵抗できない
  - □ overwhelm 他 (感情が人)を圧倒する, 参らせる

- □ **assert** [əsə́:rt]　　**力説する**
  - 他 〜を断言する, 主張する, 力説する
  - □ assertion 名 ⓒⓤ 断言, 断定, 主張

- □ **owe** [ou]　　**〜のおかげである**
  - 他 ① 〜を借りている, (人)に支払い[返済]の義務がある　② ⟨SVO₁ to O₂⟩ O₁ のあるのはO₂のおかげである
  - ⓘ owe は give などと同じく, 二重目的語をとることができる. 上記例文の that 以下は he owed his loyal supporters everything. と書き換えられる. 略式の証文で IOU $100. と記せば, I owe you $100. (100ドルお借りします)の意味.
  - □ owing 形 ⟨叙述用法⟩ 未払いになっている　■settlement of the amount still owing (未払い額の精算)
  - ■ **owing to** : 〜のせいで, 〜のために(原因)　■The final game was canceled owing to rain. (決勝戦は雨のために中止された)

- □ **loyal** [lɔ́iəl]　　**忠実な**
  - 形 忠誠な, 忠実な (⇔ disloyal)

協定

The **pact stipulates** that the two nations will settle differences through **arbitration**. They will also **adhere** to a **call** from the other nation to **convene**.

協定は両国が調停によって意見の相違を解決することを明記している。両国はまた，相互訪問をして会談することを目指すだろう。

- □ **pact** [pækt]　**協定**
  - 名 C ① 協定, 条約　② 契約, 約束

- □ **stipulate** [stípjulèit]　**明記する**
  - 他 (契約書・条項などが) 〜を規定する, 明記する

- □ **arbitration** [à:rbətréiʃən]　**調停**
  - 名 CU 仲裁, 調停, 裁定
  - □ arbitrary 形 ① 任意の, 恣意的な　② 独断的な, 専横な

- □ **adhere** [ædhíər, əd-]　**かたくなに支持する**
  - 自 ① (物が) [〜に] しっかりとくっつく, 粘着する [+to]　② (人が) [主義・計画などを] 固守する, かたくなに支持する [+to]
  - ①①の意味での名詞形は主に adhesion, 形容詞形は adhesive, ②の意味での名詞形は主に adherence, 形容詞形は adherent.
  - □ adherence 名 U 執着, 信奉, 支持
  - □ adherent 形 ① [〜に] 執着した [+to]　② 粘着性の　名 C 味方, 信奉者 (follower)
  - □ adhesive 形 粘着性の (sticky)　名 CU 接着剤, 粘着物質

- □ **call** [kɔ:l]　**訪問**
  - 名 C ① 呼び声, 叫び　② 訪問　③ [〜への] 招集, 要請 [+for, to]　U 必要性
  - 他 ① 〈SVO〉(人) に呼びかける, 電話をかける　② 〈SVOC〉(人・物) を〜と呼ぶ, 〜と考える　自 ① (大声で) 叫ぶ　② 立ち寄る

- □ **convene** [kənví:n]　**集まる**
  - 自 (会が) 開かれる, (委員などが) 集まる　他 (会議・人々) を招集する, 召喚する

Topic 19

現職の解任

In the beginning, the **constituency** felt an **affinity** with the **office-holder**, but when he **betrayed** their trust, they **renounced** him and voted him out of office.

最初，選挙民は現職の候補に親近感を感じていたが，彼が信頼を裏切った時，選挙民は彼を見限り，投票で彼の職を解いた．

- **constituency** [(米) kənstítʃuənsi (英) -títju-]　**選挙民**
  - 名 C ①〈集合的に，単数・複数扱い〉選挙民，選挙区　② 得意先，〈集合的に〉顧客，購買者層
  - constituent 形 組成[構成]の，成分たる　名 C 構成要素，成分

- **affinity** [əfínəti]　**親近感**
  - 名 C U ① 密接な関係，類似性　②〈an —〉[〜に対する] 好み，親近感 [+with, for]，[〜と〜との間の] 相性 [+between]

- **office-holder** [(米) ɔ́:fis hòuldər (英) ɔ́f-]　**現職候補**
  - 名 C 高級官僚，役職者，現職候補

- **betray** [bitréi]　**裏切る**
  - 他 ①（信頼／国家）を裏切る，（信念・原理）にそむく　②（隠れているもの）をさらけ出す
  - betrayal 名 U 裏切り，背信，密告　C 裏切り行為，背信行為

- **renounce** [rináuns]　**縁を切る**
  - 他 ① 〜を（公式に）放棄する，辞任する，宣誓して捨てる　② 〜との縁を切る
  - renunciation 名 C U 放棄，棄権，断念　U 克己，自制

連立維持策

A **spokesman** for the ruling **coalition denied** that the government would **censure** the politician over his affair. It seems the coalition wants to **stifle** criticism quickly.

連立与党のスポークスマンは，政府が噂の政治家をけん責するだろうという見方を否定した．連立側は批判を早急にもみ消したいように見える．

- **spokesman** [spóuksmən]　**スポークスマン**
  - 名 C スポークスマン，代弁者，代表者

- □ **spokeswoman** 名 C 女性のスポークスマン
- □ **spokesperson** 〈覆 -persons, -people〉 C 代弁者, 代表者
  ⓘspokesman, spokeswoman の性別を避けたいときに spokesperson 用いる.

□ **coalition** [kòuəlíʃən]　連合

名 U 連合, 合同　C (政治的な) 提携, 連立

□ **deny** [dinái]　〜を否定する

他 ① 〜を否定する, 否認する　② 〈SVO₁ to O₂〉O₂ (人) にO₁ (要求) を拒む, O₂ (人) にO₁ (与えるべきもの) を与えない
- □ **denial** 名 CU 否定, 否認, 拒否, 拒絶

□ **censure** [sénʃər]　非難する

他 (人) を非難する, とがめる　名 CU 非難, とがめ

□ **stifle** [stáifl]　もみ消す

他 ① 〜の息を止める　② 〜を抑える, もみ消す　自 息苦しくなる, 窒息する
- □ **stifling** 形 息詰まるような, 重苦しい, 窮屈な

動乱

The big **commotion** over the **rebel**'s attempt to carry out a **coup** woke the citizens from their **apathy** and the people declared strong **allegiance** to the president.

反政府軍のクーデター実行の企てをめぐる騒乱で市民は無関心から目覚め,
大統領に対する強い忠誠を宣言した.

□ **commotion** [kəmóuʃən]　動乱

名 CU 動揺, 興奮, 騒動, 動乱, 暴動

□ **rebel** [rébl]　反逆者

名 C 反逆者, 反抗者　形 反逆の　自 反対する, 反抗する

□ **coup** [ku:]　クーデター

名 C ① クーデター (coup d'état)　② 大当たり, 大成功

□ **apathy** [ǽpəθi]　無関心

名 U ① 無感動　② 無関心, 冷淡, しらけ
- □ **apathetic** 形 ① 無感情の, 無感動の　② 無関心な, 冷淡な

□ **allegiance** [əlí:dʒəns]　忠誠

名 CU 忠誠, (封建時代の) 臣従の義務, 忠義

辞任要求

Feeling that the **controversial** politician had **conceded** too much to the foreign country, citizens called him a **traitor** and **clamored** for his **resignation**. They also demanded the concessions be canceled.

物議をかもしているその政治家が外国に対して譲歩し過ぎたと感じる市民たちは，彼を裏切り者呼ばわりして辞任を求めた．市民はまた，譲歩を撤回すべきだとも求めた．

□ **controversial** [kàntrəvə́ːrʃəl kɔ̀n-]　**物議をかもす**
形 ① 論争（上）の，論争の的になる，物議をかもす　② （人が）議論好きの
□ **controversy** 名 ⓒⓤ 論争，議論

□ **concede** [kənsíːd]　**譲歩する**
自 [〜に] 譲歩する，[要求を] 受け入れる [+to]　他 ① 〜を事実と認める
② （権利・特権など）を与える　③ [相手に] （得点・論点）を許す，譲る [+to]
□ **concession** 名 ⓒⓤ 譲歩，容認　ⓒ 譲与されたもの，利権，特権

□ **traitor** [tréitər]　**裏切り者**
名 ⓒ 反逆者，裏切り者
□ **traitorous** 形 反逆（罪）の，裏切る，不忠な

□ **clamor** [klǽmər]　**要求する**
自 叫ぶ，騒ぎ立てる，[〜を] 要求する [+for]　他 （要求など）をやかましく言う，騒がしく言う　名 ⓤ〈通例 a / the —〉大きな叫び声，やかましい音

□ **resignation** [rèzignéiʃən]　**辞任**
名 ⓤ 辞職，辞任　ⓒ〈通例 one's —〉辞表
□ **resign** 他 〜を辞職する

禁輸措置

The nations **imposed sanctions** on Iraq's trade, then imposed a complete **embargo**. Some critics say it is hard to **justify penalizing** the common people by doing that.

イラク貿易に対して各国は制裁措置を課し，その後は完全禁輸措置を発動した．一般市民をそのような行動で罰することについて，識者の中にはそれを妥当とすることはできないと言う人もいる．

□ **impose** [impóuz]　**課す**
他〈SVO₁ on O₂〉O₂（人・物）に O₁（義務・仕事・罰金・税）を課す，負わす

- **sanction** [sǽŋkʃən]　**制裁措置**
    - 名〈通例 -s〉制裁措置, 処罰　⓾（法令などによる）裁可, 認可, 承認　他 ～を認可[是認, 正当化]する

- **embargo** [imbáːrgou, em-]　**禁輸**
    - 名 ⓒ ①（船舶の）抑留, 出[入]港禁止 ② 通商停止, 禁輸 ③ 禁止, 禁制
    - 他 ～に出[入]港禁止を命ずる,（通商）を停止する

- **justify** [dʒʌ́stəfài]　**妥当とする**
    - 他〈SVO [doing]〉O（信念）[～すること] を妥当とする, O（行動・決定）について弁明する ②〈SVO (in) doing〉O（人）が～するのを正当化する ③〈SVO〉S（事）がOの根拠となる　■The successful sale justified the cost.（販売が好調だったのでその経費は妥当ということになった）　自 満足な理由を示す

- **penalize** [米英 píːnəlàiz 英 pén-]　**罰する**
    - 他 ①（ある行為・人）を有罪と宣告する, 罰する ② ～を不利な立場にやる
    - □ **penal** 形 ① 刑罰の, 刑事上の, 刑法の ② 過酷な
    - □ **penalty** 名 ⓒ⓾ ①[～に対する] 刑罰, 処罰 [+for] ② 罰, 報い, 不利

廃案

Before the **Congressional** committee voted on whether to **consent** to a proposal to **repeal** the tax law, the chairman called a short **recess**.

議会の委員会が税法の廃案に同意するか否かの投票をする前に, 議長は短い休憩を求めた.

- **congressional** [kəŋgréʃənl]　**議会の**
    - 形 ① 会議の ②〈C-〉米 議会の

- **consent** [kənsént]　**同意する**
    - 自[～に／～することに]同意する, 承諾する [+to / to do]　名[～に対する／～する] 同意, 承諾 [+to / to do]　■by mutual consent（相互承諾により）　■by common consent（満場一致で）
    - □ **consensual** 形（契約などが）合意（上）の

- **repeal** [ripíːl]　**（法律など）を廃止する**
    - 他（法律など）を廃止する, 撤回する　■repeal the tax law（税法を廃止する）
    - 名 ⓤ（法律などの）廃止　■repeal of laws（法律の廃止）

- **recess** [ríːses, risés]　**休憩**
    - 名 ⓒ⓾ 休憩, 米（授業間の）休憩時間（英 break）ⓒ（議会などの）休会（期間）, 米 休廷
    - ⓘ「昼休み」は lunch time, lunch hour, noon recess.「劇場での休憩時間」は 米 intermission, 英 interval.

Topic 20

独裁国家

In the **realm** of the **supreme** leader, news is **diffused** only by the government, dissent is crushed and everyone **aligns** themselves with official policy.

その絶対的権力者の支配地においては，ニュースは政府によってのみ流され，反対意見は黙殺され，だれもが国家の政策に迎合している．

- □ **realm** [relm]　王国
  - 名 C ① 王国 (kingdom)，領土　②〈しばしば -s, 単数扱い〉領域 (sphere)，(学問などの) 分野 (field)

- □ **supreme** [suprí:m]　最高位の
  - 形 ① (地位・権力などが) 最高の，最高位の　■supreme power (最高権力)
    ② (程度・重要性などが) 最高の
  - □ **supremely** 副 最高に，この上なく
  - □ **supremacy** 名 C U ① 最高，最高位　② 優位　③ 主権，支配権

- □ **diffuse** [difjú:z]　広める
  - 他 ① (ガス・液体など) を放散する (spread)　② (知識など) を広める，普及させる (spread)
  - □ **diffusion** 名 C ① 放散　② 普及

- □ **align** [əláin]　同調する
  - 他 ① 〜を一直線に並べる　②〈— oneself〉[団体・党・国家などと] 提携 [同調・同盟・連合] する [+with]
  - □ **alignment** 名 U (一列の) 整列　■in [out of] alignment (一列に並んで [並ばずに])　C U 提携，連合，同盟

失脚

Politicians come in all **hues**, from those who are **crooked** to those who adhere to the highest ideals. But those with no sense of **integrity invariably** meet their **downfall**.

政治家は，志のゆがんだ人から高邁な理想を固守する人までさまざまである．しかし，誠実味のない人は必ず失脚の憂き目に遭う．

- □ **hue** [hju:]　特色
  - 名 C ① 色　② 色調 (tint)　■a warm hue (暖かい色調)　③ (考えなどの) 特色，傾向

- **crooked** [krúkid]　不正の
    - 形 ① 曲がった, ねじれた ② ひねくれた, 不正の
    - □ crook 名 © ① 曲がった物, 湾曲(部) ② いかさま師

- **integrity** [intégrəti]　誠実
    - 名 Ⓤ ① 誠実, 高潔 ② 完全, 無欠の状態 (completeness)

- **invariably** [invéəriəbli]　いつもきまって
    - 副 一定不変に; いつもきまって (⇔ variably)
    - □ invariable 形 ① 不変の, 変えられない ② 一定の, 定数の

- **downfall** [dáunfɔ̀ːl]　失脚
    - 名 ©Ⓤ ① 〈通例 a, one's, the —〉転落, 失脚 ② (急な)落下, 〈a —〉豪雨[雪]
    - □ downfallen 形 ① 落下した ② 没落した

軍事問題

The voters are **wavering** on whether to **rally behind** the president or continue their **dissent** regarding the military action. At the moment, the people are **leaning** toward **affirming** his actions.

有権者は大統領を支持するか, それとも軍事行動に関して異議を唱え続けるか迷っている. 現時点で, 人々は彼の行動の容認に傾いている.

- **waver** [wéivər]　迷う
    - 自 ① (炎などが)揺れる (flicker) ② (信念などが)揺らぐ, 迷う

- **rally behind 〜**: 〜のもとに結集する, 〜支持のために集まる
    - 反 rally against 〜: 〜に反対して集まる

- **dissent** [disént]　異議
    - 名 Ⓤ 不同意, 意見の相違, (政治的・宗教的な)異議　自 [体制・常識に]異議を述べる [+from]
    - □ dissension 名 Ⓤ 意見の相違[衝突]

- **lean** [liːn]　傾く
    - 自 ① 上体を曲げる, もたれる ② [〜に]頼る [+on, upon] ③ [〜に]傾く, 傾斜する [+toward, to]　他 [〜に]もたせかける [+against, on]

- **affirm** [əfə́ːrm]　肯定する
    - 他 ① 〜を断言する, 確言する ② 〜を肯定する
    - □ affirmation 名 ©Ⓤ ① 断言, 確言 ② 肯定
    - □ affirmative 形 ① 断定的な ② 肯定的な　名 © 肯定(語)

ある指導者

The leader became **conceited** and **vile**, taking no **heed** of his **constituent**s' **entreaties** and showing no **compulsion** to consider their **welfare**.

その指導者は慢心して堕落するようになり，選挙民の願いを気にかけず，また彼らの幸福を考えようという意欲を見せることもなかった．

□ **conceited** [kənsíːtid]　慢心した
- 形 うぬぼれの強い，思い上がった，慢心した (⇔ modest)
- ⓘ 類語には vain があるが，conceited が「自己の能力・学識・才芸を過大に評価して慢心した」に対して，vain は「他人に評価されたいという過度の願望を持った，虚栄心の強い」の意味になる．
- □ conceit 名 U うぬぼれ
- □ conceitedly 副 うぬぼれて

□ **vile** [vail]　堕落した
- 形 ① (人・性格・言行などが) 下劣[下品]な，恥ずべき，堕落した　② (天気・品物・食物などが) ひどく悪い
- □ vilely 副 下劣に，不快に，実に悪く
- □ vileness 名 U 下劣，不快，ひどく悪いこと

□ **heed** [hiːd]　留意
- 名 U 注意，留意　他 〜に注意を払う
- ■ take heed of : 〜を心に留める (pay [give] heed to)
- □ heedful 形 [〜に] 注意深い [+of] (careful)
- □ heedfully 副 注意深く
- □ heedless 形 [〜に] 不注意な [+of] (careless)

□ **constituent** [⊛ kənstítʃuənt ⊕ -títju-]　選挙有権者
- 名 C ① 構成要素，成分　② 選挙有権者　形 ① (物を基本的成分として) 構成する　② 選挙権のある

□ **entreaty** [intríːti, en-]　懇願
- 名 CU 懇願，嘆願 (earnest request)
- □ entreat 他 〜を請う，懇願する; 〜に懇願する

□ **compulsion** [kəmpʌ́lʃən]　意欲
- 名 U 強制，意欲，衝動　■under compulsion (強いられて)　■by compulsion (強制的に)
- □ compulsive 形 強制的な，(心理的に) やむにやまれぬ
- □ compulsory 形 ① 強制的な，無理強いの (⇔ voluntary)　② 必修の (⇔ optional)

- **welfare** [wélfèər]　幸福
    - 名 ⓤ ① 幸福, 福利 (well-being)　■social welfare (社会福祉)　② 福祉事業　③ 生活保護

指導者の追放

By a **unanimous** decision, the council **banished** the former leader who had **oppressed** the people. Even in **exile**, he tried to **manipulate** the political scene through his **proxies**.

評議会は, 人民を圧迫した前指導者を満場一致で追放した. 彼は追放生活においても, 自分の代理人を通して政界を操ろうと画策した.

- **unanimous** [junǽnəməs, juː-]　満場一致の
    - 形 ① 満場一致の　■by a unanimous vote (満場一致の票決で)　② 〈叙述用法〉(意見が) 全員一致した
    - □ **unanimously** 副 満場一致で

- **banish** [bǽniʃ]　追放する
    - 他 ① [国などから／～の罪で] ～を追放する [+from, out of / for]　② (恐怖・心配など) を払いのける
    - ▶expatriate 他 ～を国外に追放する　▶deport 他 (不法滞在・犯罪などを理由に) 外国人を国外に追放する
    - □ **banishment** 名 ⓤ 追放, 流刑
    - ▶ban 名 〈通例 a —〉 禁止 (令)　他 ～を禁止する

- **oppress** [əprés]　圧迫する
    - 他 ① (人・事) を圧迫する, 服従させる　② 〈通例 be -ed〉[～で] 重圧を感じる [+by, with]
    - □ **oppression** 名 ⓒⓤ 圧迫　ⓤ 憂うつ

- **exile** [éksail, éɡz-]　追放
    - 名 ⓤ 〈時に an —〉 (母国・故郷からの) 追放, 亡命, (長期の) 国外 [異郷] 生活
    - 他 〈通例 be -d〉 (亡命または追放で母国・故郷から) 追放される (be banished)

- **manipulate** [mənípjulèit]　操る
    - 他 ① (機械など) を巧みに扱う, (問題) をうまく処理する　② (人・世論など) を操る　■manipulate public opinion (世論を巧みに操る)　③ (市場・市価など) を操作する
    - □ **manipulation** 名 ⓒⓤ 巧みな操作, 市場操作

- **proxy** [米 práksi 英 prɔ́k-]　代理人
    - 名 ⓤ 代理　■be [stand] proxy for (～の代理を務める)　■by proxy (代理で)
    - ⓒ 代理人, 代用品

「イギリス」はポルトガル語！？

　戦後間もない時期まで日本の地図帳には「イタリー」という国名が用いられていた。これが「イタリア」に改められたのは国名・地名の現地音表記という方針が定められたからだ。かの現地では *Italia* と綴るので「イタリア」と書くのである。現在の学校の教科書で学ぶ国名・地名は英語音と異なることが少なくない。

　ベニス（Venice）は昔の言い方で、現在の日本語ではヴェネチア（*Venezia*）と呼ぶ。フローレンス（Florence）は英語流の言い方で、現地ではフィレンツェ（*Firenze*）だ。

　-iaはラテン語源の地名を表す接尾辞であるから、ギリシャ・ローマを含む古代地中海にはこの形の地名が多い。ギリシャ（*Graecia*, 英名Greece）、シチリア（*Sicilia*, Sicily）などがそれだ。古代ローマ人は北はブリテン島（*Britannia*, Britain）、東はドナウ川までを支配下に置いた。アルプス山脈の北の大陸はガリア（*Gallia*, Gaul）、ドナウ川の先はダキア（*Dacia*）と呼んだ。ダキアは現在ではルーマニア（Rumania）と呼ばれるが、この国は Romania とも綴るように、「ローマ人の地」という意味である。

　ドナウ川のように長大な河川ともなると、通過する国々によって現地の呼称はさまざまである。黒海に流れ込むこの川の上流はドイツの領土だからドナウ（*Donau*）、下流はロシアを通過するからドゥーナイ。全体を英語では ダニューブ（Danube）と呼ぶ。

　ベルギー（*Belgie*）の呼称は現地音と言ってもフラマン語系住民のもので、そこにワロン語系（フランス語の一方言）が同居しているので事情は複雑だ。ワロン語系住民は母国をベルジク（*Belgique*）と呼ぶ。英語名は Belgium。その北部の港町アントワープ（Antwerp）の表記は英語式であり、現地のフラマン語系の人はアントヴェルペン、ワロン語系はアンベルと呼ぶ。

　かんじんの英国だが、まず3つのカテゴリーを覚えよう。England は歴史的にはブリテン諸島の南を占める一王国に過ぎなかった。今でも EnglandとWales を併せた England という行政区分が存在する。しかし広義には主にブリテン島の地理的な広がり全体を England と言って差しつかえない。第2に Great Britain、これは「大ブリテン島」の地理的な呼称である。第3に the United Kingdom (of Great Britain and Northern Ireland)〈®UK〉、これは「連合王国」と訳される。地方としてイングランド、スコットランド、北アイルランド、ウェールズを含む。今では実際的な意味を失ったが、かつての大英帝国（the British Empire）に属していた独立国がthe Common Wealth of Nations（英連邦）を構成している。その50あまりの国より、所属していない国を見た方が興味深い。アメリカ合衆国、アイルランド、ミャンマー、イラク、エジプトなどがそれである。「イギリス」の読みはポルトガル語（*Inglez*）経由で移入した日本独特の呼称である。

2 紛争・戦争
Conflict・War

Topic 21

部族間紛争

As **fate** would have it, the **boundaries** between **tribal** areas are often the **setting** for **confrontations**.

起こるべくして,部族エリア間の境界線はしばしば対決の舞台となる.

- **fate** [feit]　**運命の力**
  - 名 Ⓤ〈しばしば F-〉運命の力 Ⓒ〈one's —〉(人間・事物の) 命運, 運
  - ■ as fate would have it : 運悪く, 起こるべくして
  - □ fateful 形 重大な, 致命的な, 運命に支配された

- **boundary** [báund(ə)ri]　**境界線**
  - 名 Ⓒ 境界線, 接点

- **tribal** [tráib(ə)l]　**部族の**
  - 形 種族の, 部族の
  - □ tribe 名 Ⓒ 部族, 集団

- **setting** [sétiŋ]　**背景**
  - 名 Ⓒ 背景, 環境, 舞台 Ⓤ 日没
  - □ set 他 ～を置く, 据え付ける, (目盛りなど) を設定する 自 (月・太陽が) 沈む, (ある状態に) 定着する ■The adhesive set quickly. (その接着剤はすぐに固まった)

- **confrontation** [㊍ kànfrəntéiʃən ㊇ kɔ̀n-]　**対決**
  - 名 ⒸⓊ 対決, 直面; 争い, 戦闘

迫害

The religious sect was **persecuted** because they refused to **assimilate** with the **native** population. When **discord** broke out, they had to **flee** and seek **asylum** abroad.

その宗派の人々は土着の住民に同化することを拒んできたために迫害された.
不和が勃発したとき,彼らは国外に脱出し,亡命を求めなければならなかった.

- **persecute** [pə́ːrsikjùːt]　**迫害する**
  - 他 ①(宗教・主義・信仰などの理由で人)を迫害する, 虐げる ② (人) をうるさく悩ます, 困らせる
  - □ persecution 名 ⒸⓊ 迫害

- □ **assimilate** [əsíməlèit]　**同化する**
  - 自 [～と] 同化する [+to, into, with]　他 ① (食物)を吸収する, 消化する ② (知識)を吸収する, 理解する ③ ～を同化する
  - □ assimilation　名 U 消化, 同化, 同化作用, 融合

- □ **native** [néitiv]　**土着の**
  - 形 ① 出生地の, 自国の ② その土地固有の, 土着の

- □ **discord** [dískɔːrd]　**不和**
  - 名 U 不一致, 不和, 仲たがい　C U 不協和音　自 一致しない, 不和である

- □ **flee** [fliː]　〈—, fled, fled〉　**逃走する**
  - 自 ① 逃げる, 逃走する ② 消えうせる, (時間)が急速に過ぎていく, 速く経過する　他 ～から逃げる, ～を避ける

- □ **asylum** [əsáiləm]　**亡命**
  - 名 U 避難, 亡命, 保護　C (障害者・孤児・生活困窮者の)保護施設, (亡命者・政治犯の)仮収容所

国境侵攻

After massing **formidable armed forces** on the border, the nation launched a **military invasion** on its neighbor.

国境に強力な戦力を集結させ, 同国は隣国に軍事侵攻を開始した.

- □ **formidable** [fɔ́ːrmədəbl]　**手ごわい**
  - 形 ① (不安を引き起こすような)恐るべき ② 手に負えそうもない, 手ごわい ③ 膨大な, 非常にすぐれた, 格別の

- ■ **armed force**：戦力
  - 戦力, 〈the -s〉(陸・海・空の)軍隊
  - □ armed　形 武装した
  - □ arm　名 〈-s〉兵器, 武器
  - ▶arms control：軍備管理

- □ **military** [⊛ mílətèri ⊛ -t(ə)ri]　**軍事上の**
  - 形 ① 軍の, 軍隊の, 軍事上の ② 陸軍の
  - □ militant　形 闘争的な, 戦闘的な　名 C 闘争的な人, 闘士

- □ **invasion** [invéiʒən]　**侵入**
  - 名 C U ① 侵入, 侵略 ② (権利などの)侵害
  - □ invade　他 ① (他国)を侵略する ② (権利など)を侵害する
  - □ invasive　形 ① 侵入する, 侵略的な ② 侵害の

不法入国

Migrants who cross **borders** illegally not only face **bias** but are **liable** to be suddenly **deported** at any moment.

国境を越えて不法入国する移住者は，偏見に直面するだけでなく，いつ何時でも突然国外追放される可能性がある．

□ **migrant** [máigrənt]　　移住者

　名 C 移住者，渡り鳥　形 移住性の
　□ immigrant　名 C （永住目的の外国からの）移民
　■ migrant (farm) worker：出稼ぎ（農業）労働者
　□ migration　名 CU 移住，（鳥・魚の）移動
　□ migrate　自 ［～から／～へ］移住する [+from / to]
　□ emigrate　動 ［自国から／他国へ］移住する [+from / to]（⇔ immigrate）
　□ emigration　名 CU （他国への）移住（⇔ immigration）

□ **border** [bɔ́:rdər]　　国境（線）

　名 C ① へり，縁（edge）　② 境界（線），国境（線）　■ over the borders（国境を越えて）
　他 ① ～と境界を接する　② ～の縁に並ぶ　■ Tropical flowers bordered the white sand beach.（熱帯植物の花々が白砂の浜辺に連なっていた）

□ **bias** [báiəs]　　偏見

　名 CU 先入観，偏見　■ political bias（政治的な偏見）　C ⟨a ―⟩才能，関心
　　■ The course had a practical bias.（その講座は実践的な関心に方向付けられていた）
　他 （人）を偏向させる
　□ biased　形 偏った

□ **liable** [láiəbl]　　～しそうな

　形 ① ［～に対して／～する］法的責任がある [+for / to do]　② ⟨be ― to do⟩～しがちな，～しそうな（likely）
　ⓘ likely は「～しそうな」の意味で一般的に用いられるが，liable はその可能性が好ましくないことに用いられる．
　□ liability　名 U 責任，義務　■ product liability（製造物責任）　C ⟨通例 -ies⟩負債

□ **deport** [dipɔ́:rt]　　国外に追放する

　他 （外国人など）を国外に追放する
　□ deportation　名 CU 国外追放

難民

The **majority** of the **refugees** live in simple **shacks**. They are **segregated** and **excluded** from all **interaction** with the **indigenous** people.

難民の大多数は質素なバラックに住んでいる．
彼らは現地の人たちとの交流から完全に隔離され，締め出されている．

□ **majority** [⊛ mədʒɔ́ːrəti ⊛ -dʒɑ́r-]　**大多数**
　　名 ⓒⓤ〈the / a ―，単数・複数扱い〉大多数，大部分 ⓒ〈a / the ―，単数扱い〉（投票の）過半数，⊛ 絶対多数；多数派

□ **refugee** [rèfjudʒíː]　**難民**
　　名 ⓒ（国外への）避難者，難民，亡命者，逃亡者 形 難民の
　　□ refuge 名 ⓤ（危険からの）避難，逃避 ⓒ 避難所，逃げ場

□ **shack** [ʃæk]　**バラック**
　　名 ⓒ 掘っ建て小屋，バラック，仮設住宅

□ **segregate** [ségrigèit]　**隔離する**
　　他（人・団体）を［～から］分離する，隔離する［+from］ 自 分離する，分離政策を取る
　　□ segregation 名 ⓤ 分離，隔離，人種的［性別］分離
　　ⓘ segregation という語はアメリカ史の上で特別の意味を持つ．アメリカ社会の中で黒人は伝統的に身分的な差別を受けてきたが，「隔離」とはレストラン，交通機関，バスなどの公共的な場所，あるいは居住地域で，白人と黒人を空間的に隔離することを指す．

□ **exclude** [iksklúːd]　**締め出す**
　　他 ①（外部のもの）を［場所・組織から］締め出す［+from］，遮断する ② ～を除く，除外する
　　□ exclusion 名 ⓤ 除外，排除
　　□ exclusive 形 ① 他人を入れない，排他的な，閉鎖的な ② 高級な

□ **interaction** [ìntərǽkʃən]　**相互作用**
　　名 ⓒⓤ［～の間の／～との］相互作用，相互の影響，触れ合い［+between / with］
　　□ interact 自 相互に作用する，互いに影響し合う

□ **indigenous** [indídʒənəs]　**土着の**
　　形 ①（ある土地・国に）土着の，原産の，国産の ② 生まれながらの，生来の

Topic 22

偏見

In a **homogeneous** society there can be **friction** between groups, even though they share **identical** backgrounds. One group may not be **tolerant** and may be **prejudiced** toward certain **subgroups**.

同質の社会においては,等しい社会的背景を共有していたとしても,グループ間で摩擦が生じることがある。集団によっては寛容さを持ち合わさず,特定の下位集団に対して偏見を持つこともある。

□ **homogeneous** [hòumədʒíːniəs]　**同質の**
　形 同質の, 同種の (similar), 均質の
　□ homogeneity 名 Ⓤ 同種, 同質, 均質性

□ **friction** [fríkʃən]　**摩擦**
　名 Ⓤ 摩擦　ⒸⓊ 不和, いさかい
　■ trade friction：貿易摩擦

□ **identical** [aidéntik(ə)l]　**(あらゆる点で) 等しい**
　形 ①〈限定用法〉〈the ―〉同一の　■a room identical to the one in which I lived during my childhood (私が子供時代に住んでいた部屋とそっくりの部屋)　②〔～と〕(あらゆる点で) 等しい, 似ている [+with, to]

□ **tolerant** [⸺táləərənt ⸺tól-]　**寛大な**
　形〔～に対して〕寛大な, 〔～を〕容認する [+toward, of]
　□ tolerance 名 ⒸⓊ 忍耐(力), 我慢　Ⓤ 寛容
　□ tolerate 他 ～を許容する, 大目に見る, ～を我慢する

□ **prejudiced** [prédʒudist]　**偏見を持った**
　形 (けなして)〔人・グループに対して〕偏見を持った, 不公平な [+toward]
　□ prejudice 他〈SVO₁ against [in favor of] O₂〉O₂ (人・物・事) に対してO₁ (人) に偏見を持たせる [えこひいきさせる]

□ **subgroup** [sʌ́bgrùːp]　**下位集団**
　名 Ⓒ 下位 [従属] 集団

暴力の歴史

There is a history of **violence** between the **obstinate clans**, and at any moment the current **fragile** peace could **shatter**. As mediators we work to keep **acrimonious** feelings from **degenerating** into open conflict.

その頑固な氏族間には暴力の歴史があり，現在のもろい平和はいつ壊れてもおかしくない．われわれは，とげとげしい感情が表立った紛争に悪化しないように，調停者として働いている．

□ **violence** [váiələns]　暴力

　　名 Ⓤ ① (自然現象・行為の) 激しさ ■the violence of a storm (嵐の猛威)
　　② (感情・言葉の) 激しさ　③ 暴力 ■domestic violence (家庭内暴力)
　□ violent 形 激しい，乱暴な
　□ violently 副 激しく，乱暴に

□ **obstinate** [❋ábstənət ❋ɔ́b-]　頑固な

　　形 ① 頑固な，強情な，執拗な　② (病気が) しつこい
　□ obstinately 副 ① しつこく，強情に　② (病気が) 慢性気味で

□ **clan** [klæn]　氏族

　　名 Ⓒ 一門，一族，(特にスコットランドの) 氏族
　ⓘ tribe (部族) より小規模．一族の「親密性」「土着性」を強調するときにこの語が好まれる．排他的な白人至上主義者の集団 Ku Klux Klan の名はこの語の音を取ったと見られる．また「大家族」のことをユーモラスに clan と言い表すことがある．
　□ clannish 形 ① 氏族の　② 党派的な，排他的な

□ **fragile** [❋frǽdʒəl ❋-dʒail]　もろい

　　形 ① 壊れ [割れ] やすい，もろい，❋虚弱な　② はかない，つかの間の
　□ fragility 名 Ⓤ 壊れやすさ，虚弱，はかなさ Ⓒ 壊れやすい物

□ **shatter** [ʃǽtər]　粉々になる　　　　　　　　　　　　　　　　　　　→ P.225

　　自 粉々になる 他 (ガラスなど) を粉々に割る，(夢・希望) を打ち砕く

□ **acrimonious** [ækrəmóuniəs]　とげとげしい

　　形 きつい，辛辣な，とげとげしい
　□ acrimony 名 Ⓤ (気質・言葉などの) 厳しさ，辛辣さ

□ **degenerate** [didʒénərèit]　悪化する

　　自 [〜から／〜へ] 退化 [退歩，悪化] する，堕落する [+from / into]
　□ degeneration 名 Ⓤ 堕落，退化，退歩

宗教紛争

Civilians were **displaced** by religious **strife** in the **region**. They were **compelled** to leave their **homelands** and **undergo** terrible **ordeals** everywhere they went.

地域内の宗教紛争により，一般市民は退去させられた．
彼らは無理やり祖国を離れさせられ，そしてどこへ行っても恐ろしい試練に遭った．

□ **civilian** [⊛ səvíljən ⊛-liən]　一般市民
　名 C（軍人・警察官・消防署員に対して）一般市民，民間人

□ **displace** [displéis]　立ち退かせる
　他（人）を [故郷・国などから] 立ち退かせる，[通常の場所から] 移す [+from]
　□ **displacement** 名 U ① 置き換え，転置　② 解雇
　類 dislocate 他 ① ～の場所を移す，位置をずらす　② ～の関節を外す，脱臼させる　■I dislocated my shoulder in the game.（試合で肩を脱臼した）
　□ **dislocation** 名 CU ① 位置を変えること　② 脱臼

□ **strife** [straif]　争い
　名 CU 争い，紛争（conflict）　■be at strife（争っている）

□ **region** [ríːdʒən]　地域
　名 C 地域，地方

□ **compel** [kəmpél]　無理に～させる
　他 ① 〈SVO₁ to do〉O₁（人）に無理に～させる（force, oblige, impel）　② 〈SVO₁ to O₂〉O₁（人）にO₂（行為・状態）を強いる　■compel a person to submission（屈服させる）
　□ **compelling** 形 強制的な

□ **homeland** [hóumlænd, -lənd]　故国
　名 C 母国，故国（native land），（ある民族にとっての）祖国

□ **undergo** [ʌ̀ndərgóu]　（苦難）に遭う
　他 ①（苦しいこと）を経験する，（変化・検査・経験）を受ける　■undergo surgery（手術を受ける）　②（苦難・いやな目）に遭う，を被る（suffer）　■undergo trials（試練を受ける）

□ **ordeal** [ɔːrdíːl, -díːəl]　厳しい試練
　名 C 厳しい試練，苦難　■go through a formidable ordeal（恐ろしい試練を切り抜ける）

移民

A **subsequent census** showed the immigrants had **dispersed** throughout the American **colonies**. They moved into lands **inhabited** by naturally **hostile** Indians, creating considerable **antagonism**.

*Indian = Native American

その後の人口調査で，移民はアメリカ人居留地の至る所に分散していたことが分かった．彼らは，もともと敵意を抱いているネイティブ・アメリカンが住んでいた土地に移住し，そこで大きな対立を生み出した．

□ **subsequent** [sʌ́bsikwənt]　続いて起こる
- 形 ①（時間的に）続いて起こる ■subsequent events（続いて起こった出来事）②〈名詞の後に置いて〉[〜の] 後の [+to] ■on the day subsequent to his birth（彼が生まれた次の日に）③（位置・順序が）次の
- □ **subsequently** 副 後で，[〜の] 後に [+to]

□ **census** [sénsəs]　人口調査
- 名 Ⓒ 人口調査，国勢調査

□ **disperse** [dispə́ːrs]　散らばる　→ P.142
- 自 ①（群衆などが）散らばる ②（雲・霧などが）消散する
- 他 ①（群衆など）を四方に散らす，分散させる ②（苦痛など）を追い払う，（疑い）を晴らす ③（知識・うわさなど）を広める
- □ **dispersion** 名 Ⓤ ① 散布，散乱，離散 ②（光の）分散

□ **colony** [🇺🇸kɑ́ləni 🇬🇧kɔ́l-]　居留地
- 名 Ⓤ〈集合的に〉植民，移民団 Ⓒ 植民地，居留地
- □ **colonial** 形 植民地の，植民地風の
- □ **colonize** 他 ① 〜に植民地を建設する ②（移民）を植民地に移住させる
- □ **colonization** 名 Ⓤ 植民地化，植民（地）状態

□ **inhabit** [inhǽbit]　住んでいる
- 他（人・動物の集団が）（ある場所）に住んでいる，生息する
- □ **inhabitant** 名 Ⓒ 住民，居住者

□ **hostile** [🇺🇸hɑ́stl 🇬🇧hɔ́stail]　敵意のある
- 形 ① 敵の ② 敵意のある，反感を持った
- □ **hostility** 名 Ⓤ 敵意 ■have [feel, show] hostility to [toward]（〜に敵意を抱く[感じる, 示す]）

□ **antagonism** [æntǽgənìzm]　対立
- 名 ⒸⓊ 反目，敵対，対立 ■feel a strong antagonism toward him（彼に激しい敵意を持つ）
- □ **antagonize** 他 〜に反感[敵意]を持たせる，〜を敵に回す
- □ **antagonistic** 形 [〜に] 対抗する，[〜と] 対立する [+to, toward]

Topic 23

ゲリラ戦

After a **decade** of **skirmishes** and **guerrilla warfare** the **group surrendered** to the government.

10年に及ぶ小ぜり合いやゲリラ戦の末に，その集団は政府に降伏した．

- □ **decade** [dékeid]　**10年間**
  　名 C 10年間，⟨-s⟩ 長年

- □ **skirmish** [skə́ːrmiʃ]　**小ぜり合い**
  　名 C 小ぜり合い，小論争　自 [～と] 小ぜり合いをする [+with]

- □ **guerrilla** [gərílə]　**ゲリラ兵**
  　名 C ゲリラ兵，遊撃兵　■guerrilla warfare（ゲリラ戦）

- □ **warfare** [wɔ́ːrfèər]　**武力衝突**
  　名 U [～との] 戦争 [+against, on]，武力衝突
  □ **war** 名 U 戦争（⇔ peace）C [～との] 戦争 [+against, on, with]

- □ **group** [gruːp]　**集団**
  　名 C ① 集団，グループ　②⟨a group of + 複数名詞，単数・複数扱い⟩一団の
  　他 ① ～を集団にする，1ヵ所にまとめる（together）　② ～を [～に] 分類する [+into]　自 [～の周りに] 群がる [+around]，1ヵ所にまとまる

- □ **surrender** [səréndər]　**降伏する**
  　自 [敵に] 降伏する [+to]（give in）他 ① ～を引き渡す　②⟨— oneself⟩自首する，降伏する，[感情などに] おぼれる [+to]　名 C U 引き渡し，降伏，（保険の）解約

航空母艦

Off in the **distance** we could see the **fleet at anchor** and in the center was the enormous **carrier**.

遠く沖合に停泊中の艦隊が見え，その中心には巨大な航空母艦の姿があった．

- □ **distance** [díst(ə)ns]　**遠距離**
  　名 U ⟨具体的な場合には C⟩ ① [～の間の／～までの／～からの] 距離，道のり，間隔 [+between / to / from]　② 遠距離，隔たり

- □ **distant** 形 ①（距離的に）遠い, 遠隔の ②（時間的に）遠い ③ 放心した
  ⓘ distant は距離的に「非常に遠方である」. far は「距離・時間・関係などが非常に離れている」. remote は単に物理的な隔たりだけでなく「心理的に離れている」ことを示す.
- □ **distantly** 副 遠く離れて, 冷淡に, ぼんやりと ■The boy heard the news of his father's death distantly.（少年は父親の死のニュースを放心したように聞いていた）

□ **fleet** [fliːt]　艦隊
　名 C ① 艦隊 ② 船隊, 船団

■ **at anchor**：停泊して
- □ **anchor** 名 C ① 錨, アンカー ② 支え, よりどころ　他 ①（船など）を錨で留める, 停泊させる ② ～を固定する, 据えつける
- ■ **drop [cast] anchor**：錨を下ろす
- ⓘ 上記2つの熟語例では無冠詞になることに注意.

□ **carrier** [kǽriər]　航空母艦
　名 C ① 運搬人, ⽶郵便配達員, 新聞配達員 ② 運送車, 運送機, 運送船 ③ 航空母艦（aircraft carrier）
　▶ cruiser 名 C 巡洋艦　▶ battleship 名 C 戦艦　▶ destroyer 名 C 駆逐艦

潜水艦

When the **submarine** reached **port** and they opened the **hatches**, the men came on **deck** for the first time in weeks.

潜水艦が港に着き, 昇降口のふたが開いた時, 水兵たちは数週間ぶりに甲板に上がった.

□ **submarine** [sʌ́bməriːn, ーーー́]　潜水艦
　名 C ① 潜水艦 ② 海底動［植］物

□ **port** [pɔːrt]　港
　名 CU 港, 港町

□ **hatch** [hætʃ]　昇降口のふた
　名 C ①（船の甲板の）昇降口のふた, ハッチ ② 孵化, ひとかえり（のひな）
　他 ① ～をかえす, 孵化させる ②（陰謀など）をたくらむ, もくろむ ■hatch a conspiracy（陰謀をたくらむ）
- □ **hatchery** 名 C （魚・鶏の卵の）孵化場

□ **deck** [dek]　甲板
　名 C （船の）デッキ, 甲板；（バスの）床, 階　他 ⽶俗（人）を殴り倒す

進攻軍

During the invasion our troops were **alert** to the possibility of an **ambush** and moved very **cautiously**.

進攻を続けている間，われわれの部隊は，敵の待ち伏せ攻撃を警戒して，とても用心深く移動した．

- □ **alert** [ələ́:rt]　用心深い
  - 形 ① [〜に] 用心深い，油断のない [+to, for]　② [〜の点で] 機敏な，抜け目のない [+in]
  - 他 〜に警戒させる，〜に警報を出す　名 C 空襲 [警戒] 警報，警報発令期間

- □ **ambush** [ǽmbuʃ]　待ち伏せ
  - 名 C U 待ち伏せ (して奇襲すること)，待ち伏せ場所
  - 他 〜を待ち伏せする　自 (敵を) 待ち伏せする

- □ **cautiously** [kɔ́:ʃəsli]　用心して
  - 副 用心して，警戒して
  - □ **cautious** 形 ① (人が) [〜について／〜することに] 注意深い，慎重である [+of / about, with]　② (〜しないよう) 用心している ■be cautious of telling secrets = be cautious not to tell secrets (秘密を漏らさないよう用心している)
  - □ **caution** 名 U 用心，警戒　C 警告，注意 (warning)
    - 他 (人) に [〜のことで] 警告を与える [+against, about]
  - □ **cautionary** 形 注意を促す，警告的な

白兵戦

From the **bulwarks**, **warriors** dropped **boulders** on their **foes** at the **bottom**, **inflicting** considerable damage on them.

兵士たちは，底にいる敵をめがけて土塁から巨岩を落とし，彼らに相当な被害を与えた．

- □ **bulwark** [búlwərk]　土塁
  - 名 C 土塁，城壁，防波堤 (となる人・物)

- □ **warrior** [米 wɔ́:riər 英 wɔ́r-]　戦士
  - 名 C 戦士，勇士

- □ **boulder** [bóuldər]　巨岩
  - 名 C 丸い巨岩

- **foe** [fou] 敵
  - 名 C 敵, 敵対者 (enemy) ■friend(s) and foe(s)（敵味方）
  - ⓘ foe は主に文語で用いられる語だが, friend(s) and foe(s) は日常的に用いられる.

- **bottom** [米 bάtəm 英 bɔ́t-] 底
  - 名 C〈通例 the —〉底, 最下部 ■at [on] the bottom of the sea（海底に）
  - ■drink a cup to the bottom（カップを飲み干す）　自（船底が）海底に触れる
  - ■ **bottom out** : 最低ライン[最悪の事態]を脱する, 底をつく

- **inflict** [inflíkt] 損害を与える
  - 他（打撃・損害・苦痛など）を[人・場所に]与える [+on, upon]
  - ■inflict an injury on a person（人に危害を加える）
  - ■ **inflict -self on** : ～の存在が…に迷惑をかける　■I'm sorry for inflicting myself on you again.（またまた, おじゃましてごめんなさいね）

空軍

It was his dream to join the **air force** and win a **medal** for **valor** in **combat**.

空軍に入り, 戦闘で武勲を立てるのが彼の夢だった.

- ■ **air force** :〈米 AF〉空軍
  - ▶army 名 C 陸軍　▶navy 名 C 海軍　▶marines 名 C 海兵隊

- **medal** [médl] 勲章
  - 名 C メダル, 勲章

- **valor** [vǽlər] 武勇
  - 名 U（特に戦闘での）勇気, 武勇

- **combat** [米 kάmbæt 英 kɔ́m-] 戦闘
  - 名 C U 戦闘　他 ～と戦う,（不快・有害なものを）をやめる
  - □ **combative** 形 好戦的な

Topic 24

南北戦争

My hobby is collecting **authentic weapons** from **cavalry** of the **Civil War**. I have several **period firearms** and also **swords** and **daggers**.

私の趣味は，南北戦争の騎兵が使用した本物の武器を収集することだ．
いくつかの時代物の小火器と剣や短剣も持っている．

□ **authentic** [ɔːθéntik]　**本物の**
　形 真正の，本物の，(本・報告などが) 信頼できる (reliable)　■an authentic antique (本物の古美術品)　■an authentic report on poverty in African countries (アフリカ諸国の貧困についての信頼できる報告)
　□ authentically　副 真正に，確実に，正式に
　□ authenticity　名 Ⓤ 真正であること，確実性，信ぴょう性

□ **weapon** [wépən]　**武器**
　名 Ⓒ 武器　■nuclear weapons (核兵器)

□ **cavalry** [kǽv(ə)lri]　**騎兵隊**
　名 Ⓤ 騎兵隊，戦車隊
　ⓘ アメリカの戦車部隊は今日でも cavalry の名を使っている．これはアメリカ先住民と戦った伝統を引き継ぐものだ．もちろん騎馬兵を主戦力とするような部隊は存在しないのだが，日本の専門誌などは「騎兵師団」のような訳語を当てているので紛らわしい．ヨーロッパでは armored (装甲の) や mechanized (機械化された) のような形容詞を冠することで，その部隊の特徴を示す．

■ **civil war :　南北戦争**
　① 内戦　② 〈the C- W-〉南北戦争

□ **period** [píəriəd]　**時代物の**
　形 時代物の，昔風の　■a period play (時代劇)
　名 Ⓒ ① 期間，時代；(授業の) 時限　② ※ 終止符

□ **firearm** [fáiərɑːrm]　**小火器**
　名 Ⓒ 小火器 (ライフル，ピストルなど)
　▶pistol 名 Ⓒ ピストル　▶rifle 名 Ⓒ ライフル銃　▶ammunition 名 Ⓤ 弾薬
　▶bullet 名 Ⓒ 弾丸　▶shot 名 ⒸⓊ 弾丸　Ⓤ 散弾

□ **sword** [sɔːrd]　**剣**
　名 Ⓒ 剣，刀

□ **dagger** [dǽgər]　**短剣**
　名 Ⓒ 短剣，短刀

ネイティブ・アメリカンの軍隊

Native Americans surrounded the **troops** in the **fort** and laid **siege**. The **soldiers** inside fired **cannons** to **repel** them but **to no avail**. They were **annihilated**.

アメリカ先住民はとりでの軍隊を取り囲み、包囲攻撃をした。
中の兵士たちは彼らを撃退するために大砲を放ったが、それは無駄に終わった。彼らは全滅した。

□ **troop** [tru:p]　**軍隊**
　名 C 〈集合的に、単数・複数扱い〉群れ、一団、大勢;〈-s, 複数扱い〉軍隊

□ **fort** [fɔ:rt]　**とりで**
　名 C とりで、要塞
　□ **fortify** 他 [〜に対して] 〜を要塞化する、〜の防備を強化する [+against]

□ **siege** [si:dʒ]　**包囲攻撃**
　名 C U 包囲攻撃　■lay siege to 〜 (〜を包囲攻撃する)　他 包囲(攻撃)する

□ **soldier** [sóuldʒər]　**兵士**
　名 C 軍人、兵士
　ⓘ 陸軍の無階級の兵卒を指す。士官や海軍の兵(sailor)を含まない。

□ **cannon** [kǽnən]　**大砲**
　名 C 大砲、カノン砲、高射砲

□ **repel** [ripél]　**撃退する**
　他 (敵・誘惑など) を追い払う、撃退する
　□ **repellent, repellant** 形 ① 嫌悪感を起こさせる　②〈しばしば複合語で〉寄せ付けない　■water-repellent fabric (防水布)

■ **to no avail**：〈しばしば but の後で〉**無益に**、甲斐なく

□ **annihilate** [ənáiəlèit]　**全滅させる**
　他 〜を全滅[全壊]させる、(ゲームで) 〜を徹底的に負かす

国境

The two nations **assented** to an **accord** regarding the residents in the **disputed territories**. To **appease** the other side, one nation will have to **evict** all **squatters**.

両国は，紛争地域の住民に関する協定に合意した．
相手国に譲歩するために，一方の国はすべての不法占拠民を立ち退かせなければならないだろう．

□ **assent** [əsént]　同意する
　自 [提案・意見などに／〜することに] 同意する (agree) [+to / to do(ing)] (⇔ dissent)　名 Ⓤ [〜に対する] 同意 (agreement) [+to]　■in assent (同意して)　■by common assent = with one assent (満場一致で)

□ **accord** [əkɔ́ːrd]　協定
　名 Ⓤ [〜との] 一致 [+with]　■reach (an) accord (合意する)　Ⓒ 協定，協約
　自 [〜と] 一致する [+with]　他 (許可など) を与える，(要求など) を許す (grant)
　□ **accordance**　名 Ⓤ 一致，調和　■in accordance with 〜 (〜に従って，〜に一致して)

□ **dispute** [dispjúːt]　争う
　他 (問題) を議論する；(物・土地) を [人と] 争う [+with]

□ **territory** [⊛térətɔ̀ːri ⊛-t(ə)ri]　領土
　名 Ⓒ 領土；(活動・関心の) 領域

□ **appease** [əpíːz]　譲歩する
　他 (相手・感情など) をなだめる (calm)，(相手) に譲歩する，〜の言う通りに […] する [+by]
　□ **appeasement**　名 ⒸⓊ 妥協，譲歩

□ **evict** [ivíkt]　立ち退かせる
　他 〜を (法的手段によって) 立ち退かせる (make — leave)，〜を追い払う
　□ **eviction**　名 ⒸⓊ 立ち退かせること，追い立て　■eviction order (立ち退き命令)

□ **squatter** [⊛skwátər ⊛skwɔ́tər]　不法定住者
　名 Ⓒ うずくまる人 [動物]，不法定住者
　自 しゃがむ (crouch)；[〜に] 無断で定住する [+in]
　名 Ⓒ 不法建築，〈a —〉しゃがんだ姿勢
　ⓘ 重量挙げの姿勢の一つに squat がある．バーベルを肩にかついで立ち，しゃがんでから再び立ち上がる．

飛行艇の英雄

The **pilot** guided the **seaplane** to the **pier**, **hopped** out and **saluted** the **multitude** that came to greet the **record-breaking** hero.

パイロットは飛行艇を桟橋に着け,ひょいととび降りて,新記録を達成したヒーローを出迎えるために集まった群衆に向かってあいさつをした.

- □ **pilot** [páilət]　パイロット
  - 名 C ① パイロット,操縦士 ② 水先案内人,案内人　他 ①（船）の水先案内をする,（船・飛行機）を操縦する ② ～を導く,案内する

- □ **seaplane** [sí:plèin]　飛行艇
  - 名 C 水上飛行機,飛行艇

- □ **pier** [piər]　桟橋
  - 名 C 桟橋

- □ **hop** [米 hɑp 英 hɔp]　ぴょんと跳ぶ
  - 自 ぴょんと跳ぶ,跳ねる　■hop into a car（車にとび乗る）■hop out of bed（ベッドからとび出る）
  - □ **hopper** 名 C ぴょんぴょん跳ぶ虫,跳ぶもの　■grasshopper（キリギリス）

- □ **salute** [səlú:t]　あいさつする
  - 他 ①（お辞儀をしたり帽子を上げたりして）～にあいさつする,会釈する ② 敬礼する
  - □ **salutation** 名 CU（言葉・身振りによる）あいさつ C（手紙や演説の出だしの）あいさつの文句

- □ **multitude** [米 mʌltət(j)ù:d 英 -tju:d]　群衆
  - 名 CU 多数,〈a — / -s of ～〉多くの～　C〈しばしば a —〉群衆,〈the —(s)〉庶民
  - □ **multitudinous** 形 非常に多くの,多様な

- □ **record-breaking**　新記録を達成した
  - 形 新記録を達成した,空前の,記録破りの

-ize と -ise, どちらが正しい？

　基本的なこの違いはアメリカ英語とイギリス英語の差と考えている人が多いのではないか。

　realize（実現する）の場合はイギリスでは realise の形をしばしば使う。しかし、-ize の接尾辞そのものは形容詞や名詞から作る動詞の造語要素として、6世紀ごろまでにイギリスで定着していた。もともとギリシャ語の不定詞形 - *dzein* に由来する。

　5世紀、西ローマ帝国の衰退にともなって、ローマからやって来てその後ろ盾を失った各地のキリスト教の宣教師たちはアイルランドに避難していた。民族大移動の末にブリテン島に定住していたアングロ・サクソン人はアイルランドの宣教師たちが発信するラテン的教養から言語的な影響を受けていた。それはラテン語化されたギリシャ語の言語だった。例えば baptize（洗礼を授ける）というような宗教色の濃い言葉はこの時期のものである。

　その後1066年に、フランスにいた「ノルマン人によるイングランド征服」（Norman Conquest）が起こり、300年間続く。ギリシャ語源の動詞が -ize の形で表記されていたところに、フランス経由の造語要素である -ise が入ってきたわけである。

　17～18世紀の啓蒙思想の時代、イギリスでは表記についての統一を求める気運が高まり、ギリシャ語に由来する語は従来どおり -ize、フランス・ラテン語経由の語は -ise とすることになった。

　こうしてイギリス人は -ize と -ise を使い分けなければならなくなったが、アメリカ人はこの発想にとらわれることなく -ize を好んで用い続けるようになった。

　もっとも、prize、revise などはギリシャ、ラテンの起源ではないので、これらの語に英米の区別はなく、同じ形で使う。また surmise（憶測する）、compromise（妥協する）などは16世紀以降、フランスから入ってきた語なのでフランス流の -ise の形が生きている。

■ **両方ある動詞**（英国ではしばしばカッコ内の語形を使う）

　synthesize(-se)、memorize(-se)、vaporize(-se)、patronize(-se)、
　organize(-se)、recognize(-se)、modernize(-se)、
　analyze(-se)、paralyze(-se)

■ **-iseのみの動詞**

　supervise、devise、revise、advertise、surprise、compromise、comprise

第3部
社会
Society

1 社会
Society

Topic 25

バブル

The **shocking greed** of the 1980s ended with declining **revenues** and decreased **budgets** for **speculation**.

80年代のすさまじいどん欲さは，収益の低下と，投機のための予算の減少とともに終息した．

- □ **shocking** [⊛ ʃákiŋ ⊛ ʃɔ́k-] 衝撃的な
  - 形 衝撃的な，いやな，ひどく悪い
  - □ shock 名 C 衝撃，激しい震動 CU（精神的な）打撃，ショック 他 ぎょっとさせる，憤慨させる
  - □ shocked 形 [〜に] びっくりした，ショックを受けた [+at, by]

- □ **greed** [griːd] どん欲
  - 名 U どん欲，欲張り [+for]
  - □ greedy 形 食い意地の張った；[〜に] どん欲な [+for]；[〜することを] 切望する [+to do]

- □ **revenue** [⊛ révən(j)ùː ⊛ -njùː] （会社の）総利益
  - 名 U ① 歳入 (⇔ expenditure)，収入 (income) ■revenue stamp（収入印紙）
  - ②〈通例 -s, 単数扱い〉（会社の）総利益

- □ **budget** [bʌ́dʒit] 予算
  - 名 C 経費，予算 自 予算を立てる [+for] 他 （時間・金額）を割り当てる [+for]

- □ **speculation** [spèkjuléiʃən] 投機
  - 名 CU ① 投機 ② 推測 ■pure speculation（憶測，根拠のない推測） ③ [〜への] 投機 [+in]

麻薬

It's a **rough**, **run-down** neighborhood and the **blight originated** with the arrival of **illicit** drug use.

そのあたりは暴力に満ちた荒廃した地域であり，違法薬物の使用とともにスラム化が始まった．

- □ **rough** [rʌf] 暴力的な → P. 200, 243
  - 形 ① でこぼこした，ざらざらした ②（言動が）粗野な，乱暴な ③（町が）暴力的な，無法の
  - □ roughly 副 手荒く，雑に

□ **run-down** [rʌ́n dáun]　荒廃した
　形 ① (建物が) 荒廃した, (ビジネスが) すたれた　② 〈叙述用法〉(人が) 疲れ果てた
　□ **rundown** 名 C 〈a —〉概要説明書

□ **blight** [blait]　スラム化
　名 U (植物の) 疫病, スラム化　C 暗影, (都市の) 病根　他 (植物) を枯らす, (人) を荒廃させる

□ **originate** [ərídʒənèit]　起こる
　自 [場所・物・事から] 起こる, 始まる [+from, in, with]
　□ **origin** 名 CU 起源, 由来, 出身地
　□ **original** 形 原始の, 本来の　名 〈the —〉(複製に対して) 原物　CU 起源
　□ **originally** 副 もとは, 初めは

□ **illicit** [ilísit]　違法の
　形 不正な, 違法の

ルーズソックス

High school girls went through a **phase** where they wore long white socks and used **glue** to keep their socks halfway up their legs. It was a **widespread phenomenon**.

女子高生が長い白のソックスをはき, のりを使ってソックスを脚の途中で留めておくという, そんな一時期を彼女たちは過ごした. それは大流行だった.

□ **phase** [feiz]　時期
　名 C ① (変化する物・状態の) 一つの姿, 面　② (発達・変化の) 段階, 時期

□ **glue** [glu:]　のり
　名 U 接着剤, のり

□ **widespread** [wáidsprèd, -´-]　広く行きわたった
　形 ① 広く行きわたった　② (翼などを) 大きく広げた

□ **phenomenon** [🅰 fənámənàn 🅱 -nɔ́m-]　現象
　名 〈複 phenomena〉 C ① 現象, 事象　■a natural phenomenon (自然現象)
　② 〈通常 a —〉非凡な人, 大成功
　□ **phenomenal** 形 ① 自然現象に関する　② 驚くべき, 並外れた

商業使節団

The **commercial delegation** maintained a **hectic** schedule visiting businesses, and **rarely** had a **spare** moment for sightseeing.

その商業使節団は殺人的なスケジュールで企業を視察し，観光のための空き時間はほとんどなかった．

- □ **commercial** [kəmə́ːrʃəl]　　商業（上）の
    - 形 ① 商業（上）の，通商［貿易］の　② 営利的な，営業用の　③（放送の）広告用の，民間放送の
    - □ commerce 名 Ⓤ 商業，通商，貿易　■a Chamber of Commerce（商工会議所）

- □ **delegation** [dèləgéiʃən]　　代表団
    - 名 Ⓒ〈集合的に，単数・複数扱い〉代表団，使節団　Ⓤ 代表の派遣，任命，［～への］委任［+to］
    - □ delegate 名 Ⓒ 代表，使節，代理人　他 人を［～へ］代表として派遣する［+to］　② ～を［人に］委任する［+to］

- □ **hectic** [héktik]　　たいへん忙しい
    - 形 ① たいへん忙しい，大騒ぎの　②（熱のため）紅潮した，消耗性の　■I had a hectic day.（今日は一日中てんてこまいだった）

- □ **rarely** [réərli]　　めったに～ない
    - 副 ① めったに～ない　② 珍しいほどに，みごとに，とても　■She rarely goes to the movies.（彼女はめったに映画に行かない）
    - ⓘ 主として scarcely（ほとんど～ない）は「頻度・程度」，barely（かろうじて～する）は「程度」を表す．語形・語義が似ているので注意しよう．
    - □ rare 形 ① まれな，珍しい，めったにない　② 素晴らしい，すぐれた

- □ **spare** [spέər]　　（時間が）空いた
    - 形 ① 余分の，予備の　■a spare part（車の予備部品）　②（時間が）空いた，手すきの
    - 名 Ⓒ ① 予備品　②〈米〉（ボーリングの）スペア（の得点）
    - 他 ① ～をなしですます，（時間・お金）を［～のために］割く［+for］，与える　②〈SVO₁O₂〉O₁（人）にO₂（苦労）をかけない　■Can you spare me a few minutes?（少しお時間をいただけますか）
    - □ sparing 形 質素な，［～を］節約する［+of, with, in］

反逆者

The **rebels** felt under no **constraint** to obey the government **decrees**, halt **sabotage**, or **abide** by a proposed **cease-fire**.

暴徒たちは，政府の命令に従うこと，妨害行為を止めること，また停戦の提案に従うことなどを全く意に介していなかった．

□ **rebel** [rébl]　反逆者　　　　　　　　　　　　　　　　　　　　　　→ P.105

□ **constraint** [kənstréint]　抑制
- 名 Ⓤ 抑制, 制限 [拘束, 圧迫] する [される] こと ■under [in] constraint（強制されて）Ⓒ [経済的・法的・社会的活動に対する] 制約条件 (restriction) [+on], 拘束感
- □ constrain 他 (服従など) を強いる,〈通例 be -ed to do〉~せざるを得ない
- □ constrained 形 (服従などが) 強いられた, 不自然な, ぎこちない

□ **decree** [dikríː]　命令
- 名 ⒸⓊ (政府・教会などの) 法令, 制令 Ⓒ ⽶ (裁判所の) 判決, (政府の) 命令
- 他 ~を (法令で) 命ずる, 布告する

□ **sabotage** [sǽbətɑ̀ːʒ]　妨害行為
- 名 Ⓤ ① サボタージュ, 破壊工作 ② 妨害行為
- ⓘ 日本語の「さぼる」の語源と考えられている. この語は労働関係の文脈の中では「生産手段の破壊」,「故意の生産遅滞」を指す. ヨーロッパでは第2次大戦中の抗独運動でパルチザンたちが工場だけでなく, 橋, 道路などに対して盛んに破壊工作をし, この語も生きた言葉だったのである.

□ **abide** [əbáid]　(決定などに) 従う
- 自 ① [決定などに] 従う ② [規則などを] 忠実に守る [+by]　■ abide by the rules（規則を守る）
- 他〈否定文〉~を嫌う　■I can't abide the thought of being near him.（私は彼が近くにいると考えるだけでぞっとする）
- □ abiding 形 不変の, 永遠の

□ **cease-fire** [síːsfáiər]　停戦
- 名 Ⓒ 停戦, 休戦, 戦闘中止
- ⓘ Cease fire! は「撃ち方やめ！」という砲兵隊長の命令文. cease は「やめる, 停止する」, fire は「砲撃」である. この2語が複合されて名詞となった.

Topic 26

核

I try to be **open-minded** about things, but the **serious menace** of **nuclear** weapons **overshadows** their **potential** use in **pacifying** rogue nations.

私は物事に対して偏見を持たないようにしているが，核兵器の深刻な脅威によって，ならず者国家を無力化する際に核兵器を使用するという道は，かえって狭くなっている．

□ **open-minded** [óup(ə)nmáindid]　偏見のない
　形 心の広い，偏見のない

□ **serious** [sí(ə)riəs]　重大な
　形 ① 生まじめな，考え込んだ ② 本気の ③ 重大な，危険をはらんだ
　□ serious-minded 形 まじめな，本気の，真剣な
　□ seriously 副 まじめに，本気で，深刻に，重く

□ **menace** [ménəs]　脅威
　名 ⒞⒰ 脅威，[〜に対する]危険 [+to] ⒞ 厄介者，迷惑をかける人
　他 [〜で]脅威を与える，危うくする [+with]
　□ menacing 形 脅迫的な，脅すような (threatening)

□ **nuclear** [⑱ n(j)úːkliər ⑱ njúː-]　核兵器の
　形 原子核の，原子力の，核兵器の ■Nuclear Nonproliferation Treaty (略 NNT: 核拡散防止条約)
　□ nucleus 名〈複 nuclei〉⒞ ①〈通例 the —〉中心 ② 原子核，細胞核

□ **overshadow** [òuvərʃǽdou]　〜を陰らせる
　他 ① 〜の重要性[展望]を陰らせる ② 〜のめでたさに暗雲を投げかける
　③ (建物・山が)〜に影を落とす ■The scandal overshadowed the awarding ceremony. (そのスキャンダルは授賞式の華やかさに水を差した)

□ **potential** [pəténʃəl]　可能な
　形 ① 可能な，潜在的な ② 起こりうる 名 ⒰ [〜の]可能性，潜在(能)力 [+for]
　□ potent 形 ① 力強い，有力な ② 効力[効き目]がある

□ **pacify** [pǽsəfài]　制圧する
　他 ① 〜を平和な状態に戻す，〜を制圧する ② 〜をなだめる，(興奮・怒りなど)を静める
　□ pacifier 名 ⒞ ① なだめる人，調停者 ② ⑱ (赤ん坊の)おしゃぶり
　□ pacification 名 ⒰ 和解，鎮圧 ⒞ 平和[講和]条約

化学廃棄物

Because industries **repeatedly flushed untreated** chemical **waste** into the **stream**, it is now **contaminated** and covered with **foam**.

工場が繰り返し未処理の化学物質の廃液を川にたれ流したせいで，川は今や汚染され，泡だらけになっている．

- □ **repeatedly** [ripí:tidli]　繰り返して
  - 副 繰り返して，再三再四
  - □ repeat 他 繰り返す，繰り返して言う，復唱する
  - □ repeated 形 繰り返した，たびたびの
  - □ repetition 名 C U 繰り返し，反復 U 復唱，暗唱

- □ **flush** [flʌʃ]　流す
  - 他 ① (顔) を紅潮させる，(場所) を明るくする ② (勢いよく液体) を流す (+out)
  - 名 C ① 赤面 ② (水洗トイレの) 水流 U 興奮，発熱
  - ■ flush out : (人・動物) を追い出す ■flush out the angry mob (怒った暴徒を追い出す)

- □ **untreated** [ʌntrí:tid]　化学処理していない
  - 形 (患者・患部が) 未処置の，(廃液が) 化学処理していない

- □ **waste** [weist]　廃(棄)物
  - 名 U 浪費 C U 〈しばしば -s〉(生産過程で生じる) 廃(棄)物 C 荒地

- □ **stream** [stri:m]　川
  - 名 C 流れ，川；〈通例単数形で the —〉(時・思想の) 流れ，傾向
  - 自 流れる，流れ出る

- □ **contaminate** [kəntǽmənèit]　汚染する
  - 他 ① ～を汚染する，汚す ② (人・心など) を悪に染まらせる，堕落させる
  - □ contamination 名 U 汚染，汚濁 C 汚濁物

- □ **foam** [foum]　泡
  - 名 U 泡，泡沫，あぶく 自 泡立つ
  - □ foamy 形 泡の，泡立つ，泡だらけの

住宅事情

Middle-class suburb residents often feel **alienated** from their neighbors, but they try to **suppress** this feeling of **emptiness**.

郊外に住む中産階級の人たちは，近隣から疎外感を味わうことがよくあるが，彼らはこの空虚な気持ちを努めて抑えようとする．

- **middle-class** [mídlklǽs, -klɑ́ːs]　中産階級の
    - 形 中産階級の
    - ■ the Middle Class：中産階級
    - ⓘ the Upper Class（上流階級）と the Lower Class（下層階級）の間．wage（時間給，日当）でなく salary（俸給）を得る人たち．日本の社会の「中の上」の感じで用いることが多い．

- **alienate** [éiljənèit]　遠ざける
    - 他 ①（言葉・態度が親密さ・意欲）を損ねる　②［集団から］（人を）遠ざける［+ from］，疎外する
    - □ alienation 名 Ⓤ 疎外（すること）
    - □ alien 名 Ⓒ 外国人，在留外人　形 外国（人）の　■alien registration（外国人登録）
    - ⓘ foreign / foreigner より堅い，法律上の語．

- **suppress** [səprés]　抑える
    - 他 ① 鎮圧する，抑圧する　②（感情など）を抑える
    - □ suppression 名 Ⓤ 鎮圧，抑えること

- **emptiness** [émptinəs]　空虚
    - 名 Ⓤ 空虚，から
    - □ empty 形 からの（⇔ full），空虚な　他 からにする　自 からになる

愛国者

The **folk** of the town **banded** together in **fraternal** associations and regularly participated in **patriotic** assemblies to celebrate their **liberty**.

町の人々は友愛的な団体に結集し，自分たちの自由を祝うための愛国的な集会に定期的に参加した．

- **folk** [fouk]　人々
    - 名 ※〈複数扱い，しばしば -s〉（生活様式を共にする）人々　Ⓒ 国民，民族
    - □ folklore 名 Ⓤ 民間伝承，民俗学
    - □ folkway 名 Ⓒ〈通例 -s〉習俗

□ **band** [bænd]　団結する
　　自 [～と／～に反対して] 団結する (+together) [+with / against]
　　他 ひもで縛る, (人) を団結させる　名 © ひも, 帯

□ **fraternal** [frətə́ːrnl]　友愛の
　　形 兄弟の (ような) (brotherly), 友愛の
　　□ fraternity 名 Ⓤ 兄弟関係, 兄弟愛　© ㊍ (男子大学生の) 社交クラブ
　　▶ sorority 名 © ㊍ 女子学生社交クラブ
　　□ fraternally 副 兄弟のように, 友愛的に

□ **patriotic** [㊍ pèitriátik ㊍ pæ̀triɔ́t-]　愛国的な
　　形 愛国的な　■patriotic songs (愛国唱歌)
　　□ patriot 名 © 愛国者
　　□ patriotism 名 Ⓤ 愛国心, 愛国主義

□ **liberty** [líbərti]　自由
　　名 Ⓤ (束縛・規制からの) 自由
　　□ liberate 他 解放する
　　□ liberation 名 Ⓤ 解放, 釈放,〈㊍ lib〉女性解放運動

飢饉

Due to the potato blight, the people **subsisted** on a minimum of food. They **scoured** the countryside for edible plants, struggled to **feed** their families, and **implored** the government for assistance.

ジャガイモがだめになったせいで人々は最低限の食糧で生きながらえた．
彼らは田舎で食用植物を探し回り, 懸命に家族を養い, そして政府に救援を請願した．

□ **subsist** [səbsíst]　生きながらえる
　　自 生存する, [～で] 生計を立てる [+by], [～で] 生きながらえる [+on]
　　□ subsistence 名 Ⓤ 生存の条件, 生存の糧

□ **scour** [skɔːr]　探し回る
　　他 ① (地域) をくまなく探し回る　② ～から汚れをこすり落とす (+out)

□ **feed** [fiːd]　養う
　　他 ① (生き物・家族) を養う, 食べさせる　② (養分・エネルギー・情報) を供給する　名 Ⓤ 食事, えさ
　　□ feedback 名 Ⓤ ① フィードバック (情報の一部を発信源に還流すること)
　　② 情報, 意見, 感想

□ **implore** [implɔ́ːr]　請願する
　　他〈SVO₁ for O₂〉O₁ (人) にO₂ (物) を請願する

Topic 27

被災地の救援

He **inaugurated** a program that **facilitates** sending emergency workers to disaster sites. It's now possible to **dispatch** teams that can **disperse** food, water, **antibiotics**, and other medicine.

彼は,被災地に緊急用の労働者を送ることを円滑にするプログラムを開始した.
今や,食料,水,抗生物質などの薬を配布できるチームを派遣することが可能になった.

- **inaugurate** [inɔ́ːgjurèit]　正式に開始する
  - 他 ①〈通例 be -d〉[〜に] 就任する [+as] ②(新事業・政策など)を正式に開始する ③(出来事が〜の新時代)を開く
  - inauguration 名 ⓒⓤ ① 就任 ② 正式開始,起業 ⓒ 就任式,落成式

- **facilitate** [fəsílətèit]　容易にする
  - 他 (工程・活動)を容易にする,楽にする,促進する

- **dispatch** [dispǽtʃ]　派遣する
  - 他 ①(集団)を派遣する,(人間)を特派する,(物)を発送する ②(相手)を打ち負かす ■completely dispatch his opponent (彼の相手を完膚なきまで負かす) ③(食事・仕事)をさっさと済ます　名 ⓤ 急送,発送,特派,派遣

- **disperse** [dispə́ːrs]　配布する　　　　　　　　　　　　　　→ P.121
  - 他 ①(人々)を四方に散らす,(集会)を解散させる ②(物)を配布する,(知識など)を普及させる,(液)をまく
  - dispersal 名 ⓤ 散布,分散,錯乱,離散 (dispersion)

- **antibiotic** [æ̀nt(ə)ibaiɑ́tik æ̀ntibaiɔ́t-]　抗生物質
  - 名 ⓒ 〈通常 -s〉抗生物質　形 抗生物質の

コピー商品

It is becoming **exceedingly** difficult to distinguish between authentic and **counterfeit** brand items. Furthermore, customers are **lured** by the **fakes** because they are so cheap.

ブランド品が本物か偽物かを見分けるのは非常に困難になってきている.
そして客は,大変安いということで偽物に魅かれる.

- **exceedingly** [iksí:diŋli]　非常に
    - 副 非常に (very)，極端に (extremely)
    - □ **exceeding** 形 非常な，過度の，異常な
    - □ **exceed** 他 ① [数量・技能などで] 〜を超える，〜に勝る [+in]　▪exceed a person in beauty（美しさで人に勝る）　② (限度・制限など)を超過する　▪exceed the speed limit（制限速度を超える）

- **counterfeit** [káuntərfit]　偽造の
    - 形 ① 偽造の，模造の　② 見せかけの　名 C 偽造[模造]品 (fake)，偽物
    - 他 〜を偽造[模造]する

- **lure** [🇺🇸 luər 🇬🇧 ljuər]　誘惑する
    - 他 [〜に] 誘惑する (+on) [+into, to]，[〜から] おびき出す (+away, out) [+from]

- **fake** [feik]　偽物
    - 名 C 偽物，偽造品　他 ① (作り話)をでっち上げる，(芸術作品など)を偽造[模造]する　▪fake one's signature（人の署名をまねる）　② 〜を装う

カン違い

Nowadays a majority of young people have some **undergraduate** education. We are **apt** to think that a person is "**deprived**" if he or she hasn't been to college.

最近では，大多数の若者が大学に進む．
われわれは，大学に行っていないとその人は「恵まれない」人なのだと思ってしまいがちだ．

- **undergraduate** [ʌ̀ndərgrǽdʒuət]　学部学生の
    - 形 (大学の)学部学生の　名 C 学部学生
    - □ **graduate** 名 C ① (大学の)卒業生，学士　② 🇺🇸 (各種学校の)卒業生，大学院生 (postgraduate)　▪graduate student（大学院生）　▪graduate school（大学院）

- **apt** [æpt]　〜しがちである
    - 形 ⟨be — to do⟩ 〜する傾向がある，〜しがちである
    - ⓘ 人の生まれつき・習慣的な傾向について，通例好ましくないことに用いる．

- **deprived** [dipráivd]　恵まれない
    - 形 恵まれない，貧しい
    - □ **deprive** 他 ⟨SVO$_1$ of O$_2$⟩ O$_1$ (人)からO$_2$ (物・可能性・喜び)を奪う
    - □ **deprivation** 名 C U はく奪

税金逃れ

Many Americans participate in the new **barter** market. Barbers trade haircuts for cigarettes. **Attorneys** provide professional advice in exchange for bouquets from **florists**. The government sees all this as a way of **evading** taxes.

新手の物々交換の市場に参入するアメリカ人は多い．理髪店は散髪代をたばこと取り引きし，弁護士は花屋から花束をもらう代わりに専門的な助言をする．政府はこのようなことすべてを脱税の一形態と見ている．

□ **barter** [bɑ́ːrtər]　物々交換
　　名 Ⓤ 物々交換，バーター(制) Ⓒ 物々交換の品物
　　自 物々交換する，交易する　他 (物)を[物と]交換する [+for]

□ **attorney** [ətə́ːrni]　弁護士
　　名 Ⓒ ※ 弁護士 (lawyer)
　　ⓘ lawyer は「法律家」を表す一般的な用語で，solicitor (事務弁護士)，barrister (法廷弁護士) などの総称．attorney はアメリカでは lawyer のフォーマルな呼称で，書簡などの肩書きとして用いられる．職務として法律的助言，法的書類の作成，法廷活動などで依頼人の代理人となる．イギリスでは，lawyer は法廷活動のできる「弁護士」の意味になる．

□ **florist** [※ flɔ́ːrist ※ flɑ́r-]　花屋
　　名 Ⓒ 花屋 (の主人)

□ **evade** [ivéid]　逃れる
　　他 (追跡・攻撃・追及など)を(巧みに)逃れる，(義務など)を回避する　■evade the law (法の目をくぐる)　■evade paying taxes (脱税する)
　　□ **evasion** 名 Ⓤ 逃れること ⒸⓊ 回避，言い逃れ　■tax evasion (脱税)

都市生活

To **naïve** country people, there is an **allure** in bright city lights. But the **indifference** common in the cities takes a **toll** on **humble** people.

純真な田舎の人にとっては，都会のまばゆいライトは魅力がある．しかし，都会では普通の無関心さは，つつましやかな人を傷つけてしまう．

□ **naïve** [nɑːíːv]　純真な
　　形 ① 無邪気な，純真な　② 単純な，世間知らずの
　　□ **naïvety** 名 Ⓤ 純真さ，素朴 Ⓒ〈通例 -s〉純真な言動

- **allure** [⊛⊕əlúər ⊛əljúər]　魅力
  - 名 ⓒⓤ 魅惑, 秘密めいた魅力　他 〜を魅惑する (attract), 〜を誘い込む (tempt)
  - alluring 形 誘惑する, 魅力的な

- **indifference** [indíf(ə)rəns]　無関心
  - 名 ⓤ 無関心, 無頓着
  - indifferent 形 無関心な, 無頓着な (unconcerned)

- **toll** [toul]　代価
  - 名 ⓒ ① 通行料　②〈通例 the / a ―〉(事故・災害などの) 代価, 犠牲
  - ■ take a [its] toll on 〜：〜に大きな被害[打撃]を与える

- **humble** [⊛⊕hʌ́mbl ⊛ʌ́mbl]　つつましやかな
  - 形 ① つつましやかな, 謙虚な　②〈限定用法〉(身分が) 低い, 卑しい
  - humility 名 ⓤ 謙遜, 卑下 (⇔ arrogance)
  - humiliate 他 〜に恥をかかせる (shame)

爆弾魔

The **rise** in the number of **bomb** threats is a great **nuisance**, and people who are **guilty** of such **prank** calls should be severely punished.

爆破予告の件数は増加しており、それは大変迷惑なことだ。そのようないたずら電話をかける罪を犯した人は厳しく罰せられるべきである。

- **rise** [raiz]　増加
  - 名 ⓒⓤ 上昇　ⓒ 昇進, 向上, 増加(量)　自 ① 立ち上がる, 起きる　②(太陽・星が) 昇る, (煙・幕が) 上がる　③(数・量・程度などが) 増す, 出世する

- **bomb** [⊛bɑm ⊛bɔm]　爆弾
  - 名 ⓒ ① 爆弾　②(映画・演劇などの) 興行的な失敗
  - bombing 名 ⓒⓤ 爆撃　■ a bombing plane (爆撃機) (bomber)
  - bomber 名 ⓒ 爆撃機, 爆撃兵, 爆破犯人　■ a suicide bomber (自爆者)

- **nuisance** [⊛n(j)úːsns ⊛njúː]　迷惑になること
  - 名 ⓒ 迷惑行為, (不法)妨害,〈a ―〉いやな[はた迷惑な]人

- **guilty** [gílti]　罪を犯した
  - 形 [〜で] 有罪の, [〜の] 罪を犯した [+of]
  - guilt 名 ⓤ 罪, 有罪 (⇔ innocence)

- **prank** [præŋk]　いたずら
  - 名 ⓒ いたずら, 悪ふざけ　■ a prank call (いたずら電話)

Topic 28

台風被害

A **bulletin** from the Environmental Agency warns that in the **aftermath** of the **hurricane** there will be piles of **debris** that could be **hazardous** to transportation and health.

環境庁の公報は，ハリケーンの通りすぎた跡に，交通や健康に危険をもたらす可能性のあるがれきが山のように残るだろうと警告している．

□ **bulletin** [⊛búlətn ⊛-tin] （官公庁の）**公報**
   名 C ① （官公庁の）公報 ② （新聞・テレビ・ラジオの）短いニュース
   ■ weather bulletins（天気情報） ■ a news bulletin（ニュース速報）

□ **aftermath** [⊛ǽftərmæθ ⊛ɑ́:f-] （災害・戦争などの）**余波**
   名 C （災害・戦争などの）余波, 結果

□ **hurricane** [⊛hə́:rikèin ⊛hʌ́rikən] **ハリケーン**
   名 C ハリケーン
   □ typhoon 名 C 台風

□ **debris** [⊛dəbrí: ⊛débri:] **がれき**
   名 U （破壊物の）破片, がれき, がらくた

□ **hazardous** [hǽzərdəs] **危険を伴う**
   形 危険を伴う, 有害な
   □ hazard 名 C 危険, 危険要素

---

hurricane

大西洋西部で発生する熱帯性低気圧で風速約33メートル以上のものを言う．暴風を伴う熱帯性低気圧には，発生する地域によって，ほかに typhoon（台風：太平洋の熱帯地方で発生），cyclone（サイクロン：インド洋で発生）などがある．日本では台風を1号，2号などと命名するが，米国ではそれぞれのハリケーンを人名で呼ぶならわしになっている．1979年までは Jane, Elena など女性名がつけられていたが，現在では男性名も使われている．

語源としては，その強風が西インド諸島で「サトウキビの収穫を急がせた」(hurry the cane)ことをもって，hurricane になったとする説がある．19世紀の知識人はこの説を信じていたようだが，今日では，滅亡したバハマ，大アンティル諸島の先住民タイノ族の単語 hurakan（嵐の神）に由来すると考えられている．

噴火

The volcano **erupted** and for days **fumes** rose from the caldera. There was an awful **stink** that **hampered** efforts by scientists to investigate.

火山が噴火し, カルデラからは何日間もガスが吹き上がった. 調査に乗り出す科学者の取り組みを阻むひどい悪臭がした.

- □ **erupt** [irʌ́pt]　噴火する
  - 自 ① 噴火する, 噴出する ② (感情が) ほとばしり出る
  - □ eruption 名 ＣＵ 噴火, 噴出, (感情の) 爆発 Ｃ 噴出物

- □ **fume** [fju:m]　煙
  - 名 Ｃ 〈通例 -s〉(物質から発散される, 臭気あるいは有毒成分を含む) ガス, 煙

- □ **stink** [stiŋk]　悪臭
  - 名 Ｃ 悪臭　自 悪臭を放つ
  - □ stinking 形 ① 悪臭を放つ ② 実にいやな (stinky)

- □ **hamper** [hǽmpər]　邪魔をする
  - 他 (動作・運動・完成) の邪魔をする, 阻止する (prevent, hinder, impede)

衝撃音

I was **terrified** when I heard that big **bang**, but it was just a sonic boom from a plane flying at low **altitude**.

大きな爆発音が聞こえてぞっとしたが, それは低高度で飛んでいる飛行機からの衝撃波の音にすぎなかった.

- □ **terrified** [térəfàid]　ぞっとする
  - 形 [〜に] ぞっとする, おびえる [+at, of, that 節] ▪be terrified at the thought of eating eels (ウナギを食べることを考えるだけでぞっとする)
  - □ terrify 他 ぞっとさせる, ひどく怖がらせる
  - □ terrifying 形 恐ろしい, すごい

- □ **bang** [bæŋ]　衝撃音
  - 名 Ｃ 衝撃音, バン [ドスン] という音　他自 強い音を立ててたたく

- □ **altitude** [⊛ǽltət(j)ù:d ⊛-tjù:d]　飛行高度
  - 名 Ｃ 高度, 標高 Ｕ 飛行高度 ▪fly at high altitude (高高度で飛ぶ)

洪水

Overnight the **downpour** filled the **reservoir** and flowed over the dam. People along the river had to **evacuate** their houses until the high waters **receded**.

一夜にして,どしゃ降りの雨で貯水池があふれ,ダムを越えてしまった.
川沿いの人々は,水が引くまで家から避難しなくてはならなかった.

□ **overnight** [òuvərnáit]　一夜にして
　　副 夜通し,一晩中 ② 一夜にして,突然に　形 ① 夜通しの,宵越しの ② 突然の

□ **downpour** [dáunpɔ̀ːr]　どしゃ降り
　　名 C どしゃ降り

□ **reservoir** [rézərvwàːr]　貯水池
　　名 C ① 貯水池,給水器,水槽 ②(知識・事実などの)貯蔵,蓄積,宝庫

□ **evacuate** [ivǽkjuèit]　立ち退く
　　他 ①(軍隊)を引きあげる,撤退させる ②(場所・家など)から立ち退く,(人)を[場所から]避難させる,疎開させる [+from]
　　□ **evacuation** 名 CU ① 撤退,明け渡し,退避 ② 排泄,排出

□ **recede** [risíːd]　後退する
　　自 ① 退く,後退する,遠ざかる ②(価値などが)減ずる,落ちる,低下する

壁

The walls are supposed to **muffle** the sounds of traffic, but there is a **defect** in the design that **vexes** local residents.

その壁は交通音を遮断することになっているものの,地域住民を悩ませる設計上の欠陥がある.

□ **muffle** [mʌ́fl]　(音を)消す
　　他 ① くるむ(wrap) ②(音)を消す,鈍くする
　　□ **muffled** 形(音・声が)くぐもった
　　□ **muffler** 名 C ① マフラー ② 消音装置

□ **defect** [díːfekt, difékt]　欠陥
　　名 C [〜の]欠点,欠陥 [+in]　■a defect in a machine (機械の欠陥)
　　□ **defective** 形 欠点[欠陥]のある

□ **vex** [veks]　悩ませる
　　他 いらだたせる, 悩ませる
　　類 annoy 他 いらいらさせる, 悩ませる
　　類 irritate 他 (人)をじらす, (体の部分)を刺激する
　　□ **vexation** 名 Ⓤ いらだたせること, 腹立たしさ
　　□ **vexatious** 形 いらだたしい

共生

Exploiting natural resources is one thing, but driving species to **extinction** is another. We need to maintain an **equilibrium** between **extracting** reasonable amounts for use by human society and protecting plenty for other **creatures**.

自然資源を利用することはいいとしても, 生物種を絶滅に追い込むとなると話は別である. 人間社会での利用のために適量を取り出すこととほかの生物のために十分な量を保全することとの間で, バランスをとる必要がある.

□ **exploit¹** [⊛éksplɔit ⊛iksplɔ́it]　利用する
　　他 ①(資源)を利用する, 開発する ②(人)を搾取する ③宣伝する
　　□ **exploit²** 名 Ⓒ 〈通例 -s〉偉業, 離れ技
　　□ **exploitation** 名 Ⓤ 開発, 利用
　　□ **exploitative** 形 搾取的な, 私物化された ■an exploitative trade practice (裏取引の慣行)

□ **extinction** [ikstíŋkʃən]　絶滅
　　名 Ⓤ 絶滅, 消火, 消灯
　　□ **extinct** 形 (灯火が)消えた, (種族・系統が)絶えた, (制度が)すたれた

□ **equilibrium** [ìːkwəlíbriəm]　平衡
　　名 Ⓤ〈しばしば an —〉釣り合い, 平衡

□ **extract** [ikstrǽkt]　産出する
　　他 ①[〜から](言葉)を抜粋する[+from] ②[〜から](物質)を抽出する, 取り出す[+from] ③引き出す
　　□ **extraction** 名 Ⓤ 引き出すこと, 抽出 Ⓒ 抜粋(文), エキス

□ **creature** [kríːtʃər]　生き物
　　名 Ⓒ 生き物, 創造の産物; 〈形容詞を伴って〉〜な奴 ■a poor creature (かわいそうな奴)
　　■ **a creature of 〜**: 〜に支配される人, 〜の申し子 ■a creature of Silicon Valley (シリコンバレーの申し子, コンピュータ業界の才人)
　　□ **creatural** 形 生物の, 動物的な

Topic 29

汚染源

The **source** of the pollution was a **shallow** pit used to hold the **residue** from **boilers** in the factory. The protective **layer** of plastic cracked, and it leaked into the river.

汚染源は、かつて工場内のボイラーの残留物を保管するための浅い穴だった。プラスチック製の保護膜に亀裂が入り、川に漏れ出していたのだ。

- □ **source** [sɔːrs]　源
  - 名 C ① 源, 根源, 産地, 水源　② (本・人・文書などの) 情報源
  - □ **resource** 名 C 〈通例 -s〉資源, 手段, 頼みの綱　U 臨機応変の才
  - □ **outsourcing** 名 U 部品を外部調達すること, 業務の外部委託

- □ **shallow** [ʃǽlou]　浅い
  - 形 ① 浅い (⇔ deep)　② 浅はかな　■a shallow argument (浅薄な議論)

- □ **residue** [⊕rézəd(j)ùː ⊛-djùː]　残留物
  - 名 C 〈a / the ―〉残留物, (化学処理の) 残渣
  - □ **residual** 形 残りの (remaining)　名 C 残り, 残部

- □ **boiler** [bɔ́ilər]　ボイラー
  - 名 C (工場・ビルの) ボイラー (係), (家庭の) 給湯器
  - □ **boil** 他 (液体) を沸騰させる, (食物) をゆでる

- □ **layer** [léiər, lέər]　層
  - 名 C 層, 地層, (社会の) 階層　■the ozone layer (オゾン層)　他 積み重ねる
  - □ **-layered** 形 〜の層を成す　■multi-layered (多層の)

環境破壊

Biologists **criticized** builders for **stripping** the **terrain** and allowing the land to **erode**.

生物学者たちは、建築業者がその地域の植生を奪い、土地を侵食されるがままにしたことを非難した。

- □ **criticize** [krítəsàiz]　非難する
  - 他 ① 非難する, 酷評する　② 批評する, 評論する
  - □ **criticism** 名 C U 批判, 非難　U 批評, 評論　C 批評文 [書]
  - □ **critic** 名 C 批評家, 評論家, 鑑定家, 批判する人
  - □ **critical** 形 ① 批評の, 批判的な　② 危機の, 危ない

- **strip¹** [strip]　**奪う**

  他 ① (建物・土地) を丸裸にする　② 〈SV O₁ of O₂〉O₁ (場所) から O₂ (物) を取り除く　■strip the land of trees (土地から樹木を絶やす)　③ (被膜) をはがす
  ■strip the skin off a banana (バナナの皮をむく)
  - **strip²** 名 C 細長い土地, (布・紙の) 一片 [+of]

- **terrain** [teréin, téirein]　**地勢**

  名 C U (自然的特徴からみた) 地域, 地勢, 地形
  ■ **ATV** 〈all-trainの略〉: 全地形万能車

- **erode** [iróud]　**侵食される**

  自 侵食 [腐食] される, むしばまれる [+away]　他 (風雨が土地など) を侵食する [+away]
  - **erosion** 名 U 侵食　■wind erosion (風食作用)

未来のため

Either we will have to forgo driving private cars or reduce **exhaust** pollution, because the environment is becoming more **vulnerable** and we are **jeopardizing** our very future.

私用車の運転をやめるか, 排気による大気汚染を減らすか, われわれはいずれかを選ばなければならなくなるだろう. 環境はより影響を受けやすくなっているし, われわれはほかならぬ自身の未来を危険にさらしているからだ.

- **exhaust** [igzɔ́:st]　**排気**

  名 U 排気, 排出　他 疲労困ぱいさせる (tire out), (国・制度) を疲弊させる, (蓄え) を使い果たす
  - **exhaustion** 名 U 極度の疲労, 使い尽くすこと, 枯渇 [+of]
  - **exhausted** 形 消耗した, 枯渇した, (水・資源が) 涸れた
  - **exhausting** 形 疲れさせる, 骨の折れる　■an exhausting job (骨の折れる仕事)
  - **exhaustive** 形 徹底した　■an exhaustive investigation (徹底的な調査 [捜査])

- **vulnerable** [vʌ́ln(ə)rəbl]　**傷つきやすい**

  形 傷つきやすい, [攻撃に] もろい [+to]　■Tomatoes are vulnerable to sudden cold weather. (トマトは突然の寒気にいたみやすい)

- **jeopardize** [dʒépərdàiz]　**危険にさらす**

  他 (生命・財産) を危険にさらす (endanger)
  - **jeopardy** 名 U 危険性　■She's ill but her life is not in jeopardy. (彼女は病気だが, 生命の危険にさらされているというほどではない)

省略語

　最近の日本語では、パーソナルコンピュータのことをパソコン、コンビニエンスストアのことをコンビニ、携帯電話のことをケータイなどと、単語を省略して言うことが多く、現在一般的に使われている省略語は数えきれないほどある。これらは、2つの名詞の頭の仮名文字を2つずつを取ってそれらを合成し、4つの仮名文字にすることによって作られることが多い(パソコン、コンビニ、デジカメ、留守電など)。また、時には名詞の頭の数文字を取って作られることもある(ケータイ、ロケなど)。

　それに比して、英語の場合は、語句を構成する単語(名詞に限らない)の頭のアルファベットを組み合わせて用いることが多い。1つの単語の場合は頭の数文字であったり、頭と真ん中と最後であったりする。単なるアルファベットの組み合わせが1語のように発音されるものを acronym (頭字語)と呼び、単なる頭文字の組み合わせによるものを abbreviation (略語)と呼ぶ。以下は、ビジネス生活に使う後者の例である。

■ 一般編

i.e.: *id est* (= that is すなわち)
e.g.: *exempli gratia* (= for example 例えば)
vs.: versus (〜対〜)
approx.: approximately (およそ)
VIP: Very Important Person (最重要人物)
FW: Forward (転送する)
Co.: Company (会社)
Ltd.: Limited (英(会社名の後に付記して)株式会社)
Inc.: Incorporated (米(会社名の後に付記して)株式会社)
Dept.: Department (〜課)
Govt.: Government (政府)
Bldg.: building (ビル)
Ph. D.: Doctor of Philosophy (博士号)
M. A.: Master of Arts (修士号)
B. A.: Bachelor of Arts (学士号)

■ 手紙編

R.S.V.P.: *respondez s'il vous plaît* (= reply, if you please (招待状などで)「お返事ください」)
NRN: No Response Needed (返事はいりません)
ASAP: As Soon As Possible (出来るだけ早く)
TIA: Thanks In Advance (お世話になります)
PS: Postscript (追伸)
Attn: Attention (〜宛て)

■ オフィス編

NR: No Return (直帰します)
IMO: In My Opinion (私の意見では)
IOU: I Owe You (あなたから借用します→「借用書」)
FAQ: Frequently Asked Question (よく尋ねられる質問:製品マニュアルなどに関してユーザーがしそうな想定質疑)

■ 経済編

FY: Fiscal Year (会計年度)
CY: Calendar Year (暦年)
NYSE: New York Stock Exchange (ニューヨーク証券取引所)
BS: Balance Sheet (貸借対照表)
COLA: Cost Of Living Adjustment (物価スライドによる調整)
mdse.: merchandise (商品)
COD: Cash On Delivery (商品の着払い)
CEO: Chief Executive Officer (最高経営責任者)
VP: Vice President (副社長)

2 法・犯罪
Law・Crime

Topic 30

夫婦別姓

The **plaintiff** charged the government should not force **spouses** to take the husband's **surname**. The **courtroom** was packed when the final **verdict** was read.

原告は,夫の姓を名乗ることを行政は配偶者に強制すべきではないと訴えた.
最終評決が読み上げられた時,法廷は満員だった.

- □ **plaintiff** [pléintif]　原告
  - 名 C 原告 (⇔ defendant)

- □ **spouse** [spaus, spauz]　配偶者
  - 名 C 配偶者

- □ **surname** [sə́ːrnèim]　姓
  - 名 C 姓 (last name, family name)
  - ▶given name：(姓に対して) 名 (first name)　▶maiden name：(既婚女性の) 旧姓

- □ **courtroom** [kɔ́ːrtrùːm]　法廷
  - 名 C 法廷
  - □ courthouse 名 C 裁判所

- □ **verdict** [və́ːrdikt]　評決
  - 名 C 評決
  - ⓘ 米英では通例,jury (陪審) の verdict (評決) に基づいて judge (裁判官) が judgment (判決) を下し sentence (宣告,判決) を言い渡す.verdict を覆す judgment もありうる.

セクハラ裁判

The boss made **vulgar** comments and **harassed** her, so she **sued** him. Fortunately, the jury was not **lenient** and found for the **prosecution**.

卑わいな言葉やいやがらせを受けていたので,彼女は上司を訴えた.
幸いなことに,陪審は厳しい判断をし,原告の訴えを認めた.

- □ **vulgar** [vʌ́lgər]　卑わいな
  - 形 下品な,粗野な,卑わいな
  - □ vulgarity 名 U 下品,低俗 C〈しばしば -ies〉下品な行為

- **harass** [® hərǽs, hǽrəs ⊛ hǽrəs]　（繰り返し）**悩ます**
  - 他 ～を(絶えず)困らせる，～を(繰り返し)悩ます
  - □ **harassment** 名 Ⓤ 悩ますこと　■sexual harassment（性的嫌がらせ）

- **sue** [® su: ⊛ sju:]　**訴える**
  - 他 (人)を[～で]訴える，(人)に[～を求めて]賠償訴訟を起こす [+for]
    - ■sue a person for damages（人に対し損害賠償訴訟を起こす）

- **lenient** [líːniənt]　**寛大な**
  - 形 [人・事に]寛大な，厳しくない [+with, to, toward, on / about]　■take a lenient attitude toward one's friend（友達に寛大な態度を取る）　■a lenient punishment（軽い罰）
  - □ **leniency** 名 Ⓤ 寛大さ

- **prosecution** [® pràsikjúːʃən ⊛ pròs-]　**起訴**
  - 名 ⒸⓊ 起訴(手続き)，訴追，遂行; ⟨the —, 集合的に⟩検事当局
  - □ **prosecute** 他 ① ～を遂行する ② ～を[罪状などで]起訴する [+for]
  - □ **prosecutor** 名 Ⓒ 検事

容疑者写真

Each alleged **criminal** was **summoned**, made to **pose** for a photo, then **returned** to his cell.

容疑者が一人ずつ呼ばれ，写真撮影のためにポーズをとらされ，独房に戻された．

- **criminal** [krímənl]　**犯人**
  - 名 Ⓒ 犯人　形 犯罪の，刑事上の
  - □ **crime** 名 Ⓒ (法律上の)罪，犯罪　■commit a crime（罪を犯す）

- **summon** [sʌ́mən]　**呼び出す**
  - 他 ～を呼び出す，～を召喚する，(会議など)を招集する

- **pose** [pouz]　**ポーズをとる**
  - 自 [絵・写真などのために]ポーズをとる [+for]，[～の]ふりをする [+as]
  - 他 ① (人)に[絵・写真の]ポーズをとらせる [+for] ② (権利・要求など)を主張する　名 Ⓒ ポーズ，姿勢，見せかけ

- **return** [ritə́ːrn]　**戻す**
  - 他 ～を戻す，～と答える(reply)　自 戻る，復帰する　名 ⒸⓊ 戻ること，復帰　Ⓤ 返すこと，返却　Ⓒ [～の]お返し [+for]，⟨しばしば -s⟩ 利益，収益

法廷

Prospects for successfully mediating the dispute **out of court** seem dim. On all **pertinent** points, the sides **contradict** each other. To succeed, mediators will have to **manifest** extreme **prudence**.

紛争の調停を首尾よく示談に持ち込める可能性は低く見える．関連するすべての論点で双方は互いに反論し合っている．成功するには，調停人は際立った賢明さを示さなければならなくなるだろう．

- □ **prospect** [⊛práspekt ⊛prɔ́s-]　**可能性**
  - 名 CU〈通例 -s〉見込み，可能性 C〈通例 a — / the —〉眺め (view)

- ■ **out of court**：法廷外で，示談で

- □ **pertinent** [pə́ːrtənənt]　**直接に関連する**
  - 形 直接に関連する (relevant)，適切な ■the skills pertinent to the new position（新しい職責に関連する技能）

- □ **contradict** [⊛kɑ̀ntrədíkt ⊛kɔ̀n-]　**反論する**
  - 他 ①（人）に反論する ②〈— oneself〉矛盾する
  - □ **contradiction** 名 CU 否定，矛盾

- □ **manifest** [mǽnəfèst]　**示す**
  - 他（考え・感情・性質）を明らかにする，示す，〈— itself〉明らかになる (appear)
  - 形 明らかな，わかりきった (obvious, patient)
  - □ **manifesto** 名 C 声明文，政策
  - □ **manifestation** 名 C（考え・感情の）体現，現れ ■a clear manifestation of the social unrest（社会不安の現れ）

- □ **prudence** [prúːd(ə)ns]　**賢明さ**
  - 名 U 賢明さ，慎重さ，
  - □ **prudent** 形 賢明な，慎重な

犯罪者

Whether it is **treason** or just **treachery**, the **culprit** deserves our **contempt**. Many **noble** citizens suffered from what this **coward** did.

それが反逆罪であろうが，単なる裏切りであろうが，容疑者はわれわれの軽べつを受けなければならない．この臆病者がしたことで，多くの気高い市民が迷惑を被ったのだ．

- **treason** [tríːzn]　反逆(罪)
  - 名 Ⓤ 反逆(罪)

- **treachery** [trétʃ(ə)ri]　裏切り
  - 名 Ⓤ 裏切り, 背信　Ⓒ〈通例 -ies〉裏切り行為
  - **treacherous** 形 ① 裏切りの, 不誠実な　②（自然条件が）当てにならない, 危険な

- **culprit** [kʌ́lprit]　容疑者
  - 名 Ⓒ 罪人, 容疑者, 刑事被告人

- **contempt** [kəntémpt]　軽べつ
  - 名 Ⓤ 軽べつ, 恥辱
  - **contemptuous** 形 軽べつした, さげすんだ

- **noble** [nóubl]　気高い
  - 形 気高い, 高潔な　名 Ⓒ〈通例 -s〉貴族

- **coward** [káuərd]　臆病者
  - 名 Ⓒ 臆病者　形 臆病な
  - **cowardly** 形 臆病な

陪審員

After hearing the **witness's testimony**, the jury **acquitted** the defendant of all charges of **blackmailing** the company.

証人の証言を聞いた後, 陪審団はその会社を恐喝したとのすべての容疑について, 被告の無罪を宣告した.

- **witness** [wítnəs]　証人
  - 名 Ⓒ 目撃者, 証人　■witness-stand（証人席 ® witness-box）

- **testimony** [⊛ téstəmòuni ® -məni]　証言
  - 名 Ⓤ（宣誓）証言, [〜の／〜という] 証拠 [+of / that 節]
  - **testify** 自 証言する,（物事が）[〜を] 示す [+to]

- **acquit** [əkwít]　無罪を宣告する
  - 他（人）に [容疑について] 無罪を宣告する [+of]
  - **acquittal** 名 ⒸⓊ 無罪評決, 無罪判決

- **blackmail** [blǽkmèil]　恐喝する
  - 他（人）を恐喝する, [〜するように] ゆする [+into doing]　名 Ⓤ 恐喝, ゆすり
  - ⓘ この mail は郵便に直接関係ない. 16世紀にスカンジナビアの部族長が「保護」の名目で民に課した税の一種に由来する.

Topic 31

法の執行

By **enforcing** the laws governing communications, the government is bringing to **justice** any **entity** that attempts to **defraud** customers using the Internet.

通信を管理する法律を執行することによって,
政府はインターネットを使う顧客から詐取しようとする法人を裁判にかけようとしている.

- □ **enforce** [infɔ́ːrs, en-]　　執行する
  - 他 ① (法律・規則) を施行する, 執行する ② (規則の順守・行動) を強要する
  - □ enforcement 名 Ⓤ (法の) 執行, 強要

- □ **justice** [dʒʌ́stis]　　裁判
  - 名 Ⓤ 正義, 司法, 裁判　■bring ~ to justice (~を裁判にかける) Ⓒ 判事, 判事官
  - ■ justice of the peace : 〈⑱ J.P.〉 名 Ⓒ 治安判事
    - ⓘ 軽微な民事および刑事事件を扱う判事. 正式の法律教育を受けた judge とは区別される. 下級裁判所で予備審問を行うこともある.
  - ■ justice of the Supreme Court : (連邦あるいは州の) 最高裁判所判事

- □ **entity** [éntəti]　　法人
  - 名 Ⓒ 統一体, (法的な) 組織, 法人

- □ **defraud** [difrɔ́ːd]　　だまし取る
  - 他 ~から [金・権利を] だまし取る [+of]
  - □ fraud 名 ⒸⓊ 詐欺(罪), ペテン師, 偽物
  - □ fraudulent 形 詐欺の, 不正な

被告の訴え

At the first **judicial** hearing, the defendant **pleaded** innocent and was released on **bail**. In the coming **trial**, he will try to **refute** all the evidence against him.

最初の審理で被告人は無罪を申し立て, 保釈金を積んで釈放された.
次の裁判では, 彼は不利な証拠すべてに対して反証を試みるだろう.

- □ **judicial** [dʒuːdíʃəl]　　裁判の
  - 形 裁判の

- □ **plead** [pli:d]　申し立てをする
  - 自 ① [〜を] 嘆願する [+for]　②《法律用語》〈SVC〉(有罪・無罪の) 申し立てをする　■plead guilty (有罪・責任を認める)
  - □ **plea** 名 C 嘆願,《法律用語》〈通例 a —〉抗弁　■make a plea of not guilty (無罪の申し立てをする) (plead not guilty)

- □ **bail** [beil]　保釈金
  - 名 U 保釈金　■be released on bail (保釈される)

- □ **trial** [tráiəl]　裁判
  - 名 CU 試み, 裁判　C 予選試合

- □ **refute** [rifjú:t]　間違いを証明する
  - 他 (人・主張) の間違いを証明する, (人) を論破する
  - □ **refutation** 名 CU 反証, 論破

連行

The **marshal** and his **deputies** took the **abominable** man away in **handcuffs**. He'll probably spend the rest of his **lifetime** in jail.

保安官と警務保安官は, 悪人に手錠をかけ連れて行った.
彼はおそらく残りの人生を刑務所で過ごすことになるだろう.

- □ **marshal** [má:rʃəl]　保安官
  - 名 C ① (陸・空軍の) 司令官　② ※ 市警察署長, 保安官, 消防署長
  - ⓘ U.S. marshal (連邦保安官) は令状の執行, 裁判所の警護・管理を任務とする. 全国94の管轄地域に1名ずつ任命される. 特別に指定された市には marshal が任命される. 地方の郡では同様の性格の sheriff が公選によって選ばれる.

- □ **deputy** [dépjuti]　警務保安官
  - 名 C ① 代理人, 代表者　② 副官, 補佐官, ※ 警務保安官, 保安官代理
  - □ **deputize** 他 ※ (人) を代理に任命する　自 [人の] 代理を努める [+for]

- □ **abominable** [※ əbámənəbl ※ əbóm-]　嫌悪感を引き起こす
  - 形 [人に] 嫌悪感を引き起こす [+to]　■abominable weather (不愉快な天候)
  - □ **abomination** 名 U 嫌悪　C 嫌悪感を起こすもの

- □ **handcuff** [hændkʌf]　手錠
  - 名 C ① 〈-s, ※ cuffs〉手錠, 手かせ　② 制止, 拘束　他 〜に手錠をかける

- □ **lifetime** [láiftàim]　一生
  - 名 C ① 一生, 生涯, 終生　■lifetime membership (終身会員)　② (物の) 寿命, 存続期間

家宅捜査

Police are **seeking** several suspects who **occupied** the apartment where they **seized** a large **quantity** of **narcotics** in a **raid**.

警察はそのアパートを急襲して，大量の麻薬を押収したが，部屋に住んでいた数人の容疑者をなおも捜している．

□ **seek** [siːk]　捜し求める
　他 ①（人が物・場所など）を捜し求める　②（〜しようと）努める　自 [内面的な物を] 捜す，求める [+for, after]
　□ seeker 名 C 捜索者

□ **occupy** [⽶ ákjupài ⽶ ɔ́k-]　住む
　他 ①（人が土地・家など）に住む，を占有する，使用する　②（場所・地位など）を占める　■ "occupied"（浴室・トイレなどの掲示で「使用中」）
　□ occupation 名 U〈通例 the −〉占有，居住　C 職業，仕事

□ **seize** [siːz]　押収する
　他 ①〜を急にぐいとつかむ　②（犯人）を捕らえる　③〜を押収する　自〈SV on O〉O（物）をつかむ，O（機会）をとらえる
　□ seizure 名 U つかむこと　C（病気などの）発作，卒中

□ **quantity** [⽶ kwántəti ⽶ kwɔ́n-]　数量
　名 U 量，総量　C [〜の] 分量，数量 [+of]

□ **narcotic** [⽶ nɑːrkátik ⽶ -kɔ́t-]　麻薬　→ P.249
　名 C〈しばしば -s〉麻薬，麻酔薬　形 麻酔の，麻薬の
　□ narc 名 C ⽶ 〈連邦〉麻薬捜査官（narcotics agent）
　□ narcissism 名 U 自己愛，ナルシシズム

□ **raid** [reid]　（警察などの）手入れ
　名 C ① 襲撃，急襲，侵入，侵略　②（警察などの）手入れ，踏み込み
　他 〜を急襲する，（警察が）〜を手入れする
　□ raider 名 C 侵入者 [機，船]

監視カメラ

Alert police recently used **surveillance** cameras to record proof that the men **committed fraud**.

その男たちが詐欺を働く証拠を記録するために，用心深い警察は，このほど監視カメラを使用した．

- □ **surveillance** [sərvéiləns]　監視
  - 名 Ⓤ (囚人・容疑者などの) 監視, 見張り
  - □ surveillant 形 監視する 名 Ⓒ 監視者, 監督者

- □ **commit** [kəmít]　(罪・過失など) を犯す
  - 他 ① (罪・過失など) を犯す ② ⟨SVO₁ to O₂⟩ O₁ (人・物) に O₂ (事) を約束させる　■Despite the peace talks, the rebels did not commit to a ceasefire. (和平交渉をしても暴徒は休戦を約束しなかった)

- □ **fraud** [frɔːd]　詐欺
  - 名 Ⓤ 詐欺, 欺瞞 Ⓒ 詐欺行為, 詐欺師, ペテン師
  - □ fraudulent 形 詐欺の, 不正の

遺産相続

The **deceased bestowed** his house and half of his fortune on his **widow**. The other **heirs** will **inherit** equal portions of the remainder of his **estate**.

故人は, 家と財産の半分を未亡人に贈った. 他の相続人たちは, 残りの財産を公平に相続するだろう.

- □ **deceased** [disíːst]　故人
  - 名 ⟨the —, 単数・複数扱い⟩ 死者, 故人

- □ **bestow** [bistóu]　贈る
  - 他 (名誉・称号など) を [人に] 授ける, 贈る [+on]

- □ **widow** [wídou]　未亡人
  - 名 Ⓒ 未亡人, 寡婦
  - □ widower 名 Ⓒ 男やもめ

- □ **heir** [ɛər]　相続人
  - 名 Ⓒ 相続人, 後継者, 継承者
  - □ heirloom 名 Ⓒ 先祖伝来の家財, 家宝

- □ **inherit** [inhérət]　相続する
  - 他 ① (財産・権利など) を相続する, 〜の後を継ぐ ② (性質・体質など) を受け継いでいる, 引き継ぐ
  - □ inheritance 名 Ⓤ 相続 Ⓒ 相続財産, 遺産

- □ **estate** [istéit, es-]　(ある人のすべての) 財産
  - 名 Ⓒ (邸宅のある広大な) 地所, 土地, 屋敷 ⒸⓊ 《法律用語》(ある個人のすべての) 財産, 財産権

Topic 32

誘拐強盗

Police are trying to **link** the suspect with a group that **assaulted** a man, **forced** him to take money from an ATM, and kept him **hostage**.

ある男性に暴行を加えた上で、ATMから現金を引き出させ、その男性を人質にとったグループとその容疑者とを、警察は関連づけようとしている。

- □ **link** [liŋk]　連結する　→ P.45
  - 他 (人・物) を [～に] 連結する、つなぐ [+to, with]　名 ⓒ ① (鎖の) 輪、環　② 関連を示す人 [物]、きずな　■a missing link (問題解決の決め手)
  - □ linked 形 連鎖した、連関した
  - □ linkage 名 Ⓤ 結合 ⓒ 連鎖、連関、つながり

- □ **assault** [əsɔ́ːlt]　暴行を働く
  - 他 ～を激しく襲撃 [非難] する、～に暴行を働く　名 ⓒ 激しい襲撃、攻撃、非難　ⓒⓊ (婦女) 暴行

- □ **force** [fɔːrs]　強制する
  - 他〈SVO to do〉(人・事) が (人) に～することを強制する　名 Ⓤ (物理的な) 力、強さ、勢い　ⓒⓊ 支配力、影響力

- □ **hostage** [⽶ hɑ́stidʒ ⽶ hɔ́s-]　人質の状態
  - 名 ⓒ 人質 Ⓤ 人質の状態　■take [hold, keep] him hostage (彼を人質にとる [とっておく])

強盗

The **ringleader** of the gang was an **outlaw** who **incited** his **accomplices** to steal watches and jewelry from **victims** on the street.

その一味のリーダーは、仲間をそそのかして、通りを行き交うターゲットから時計や宝石を盗ませるやくざ者だった。

- □ **ringleader** [ríŋlìːdər]　(暴動・不法行為などの) リーダー
  - 名 ⓒ (暴動・不法行為などの) リーダー、首謀者

- □ **outlaw** [áutlɔ̀ː]　無法者
  - 名 ⓒ 常習的犯罪者、無法者、やくざ者　他 ～を社会から追放する、～を非合法化する

- □ **incite** [insáit]　扇動して[…]させる
  - 他 〜を刺激する(stimulate), 〜を扇動して[…]させる(agitate) [+to, to do]
  - □ **incitement** 名 CU 刺激, 扇動, [〜の]動機 [+to]

- □ **accomplice** [米əkámplis 英əkɔ́m-]　共犯者
  - 名 C [〜の]共犯者, ぐる [+in, to]

- □ **victim** [víktim]　被害者
  - 名 C 犠牲者, (悪意・詐欺などの)被害者, (神への)いけにえ　■fall (a) victim to ... (〜の犠牲となる)
  - □ **victimize** 他 〜を犠牲にする, 〜をだます

常習犯

The man they **apprehended** had been in **jail** before for **theft** and **arson**. This time he was trying to **rob** a convenience store.

逮捕されたその男は, 以前窃盗と放火の罪で服役していたことがある. 今回はコンビニ強盗を働こうとしたのだ.

- □ **apprehend** [æprihénd]　逮捕する
  - 他 ① 〜を逮捕する(arrest)　② (意味など)を理解する
  - □ **apprehension** 名 CU〈しばしば -s〉懸念, 気づかい U〈時に an —〉理解(力) (understanding)

- □ **jail** [dʒeil]　服役
  - 名 C 刑務所(prison), 米 拘置所 U 拘置, 服役, 監禁　■put 〜 in jail (〜を拘置する)
  - ⓘ 建物を指すときは the —, 機関を指すときは無冠詞. この関係は school, prison でも同様である.

- □ **theft** [θeft]　窃盗
  - 名 CU 盗み, 窃盗, [〜を]盗むこと [+of]
  - □ **thief** 〈複 thieves〉 名 C 泥棒, こそどろ

- □ **arson** [áːrsn]　放火
  - 名 U 放火(罪)
  - □ **arsonist** 名 C 放火犯人

- □ **rob** [米rɑb 英rɔb]　(場所など)襲う
  - 他 ①〈SVO$_1$ of O$_2$〉O$_1$ (人・場所)からO$_2$ (金・物)を奪う　② (家・場所・人など)から金品を盗む, 奪う, (場所など)を襲う
  - □ **robber** 名 C 強盗, 盗賊
  - □ **robbery** 名 CU 強盗 U 強盗罪

麻薬密輸

The criminal was first **detained** when customs officers at the airport **detected** a false bottom in his suitcase. He was taken into **custody** for trying to **smuggle** drugs and is now in **prison**.

その犯人は，空港の税関職員がスーツケースの底の部分に細工がしてあるのに気がついたところで，まず身柄を拘束された．彼は麻薬を密輸しようとしたとして逮捕され，現在服役中である．

□ **detain** [ditéin]　引き留める
　他 ① (人)を引き留める　②《法律用語》(人)を留置[拘留，監禁]する

□ **detect** [ditékt]　見つける
　他 (人の悪事など)を見つける，(人)が[〜しているのを]発見する[+doing]
　□ detection 名 Ⓤ 発見，発覚

□ **custody** [kʌ́stədi]　拘置
　名 Ⓤ ① 管理，保護　② 監禁，拘置　■take 〜 into custody (〜を逮捕する)

□ **smuggle** [smʌ́gl]　密輸する
　他 〜を密輸する(+in, out)，〜をこっそり持ち込む[出す]　自 密輸する
　□ smuggler 名 Ⓒ 密輸業者，密輸船

□ **prison** [prízn]　拘置
　名 Ⓒ 刑務所，拘置所 Ⓤ 投獄，拘置　■in prison (拘留[服役]中で)
　□ prisoner 名 Ⓒ 囚人 ⒸⓊ 捕虜，[〜の]虜[+to]　■be taken prisoner (捕虜になる)

暴力団抗争

One **gangster stabbed** a rival gang member and a **brawl** started. The situation turned into a **massacre** and a large number were **murdered**.

一人の暴力団員が対立する組の組員を刺したことから大掛かりな抗争が始まった．状況は大殺りくの場と化し，多くの人が殺害された．

□ **gangster** [gǽŋstər]　暴力団員
　名 Ⓒ ギャング(の一員)，暴力団員，やくざ
　□ gang 名 Ⓒ (悪漢などの)一味，ギャング，暴力団

- □ **stab** [stæb]　刺す
  - 他 (人・物) を [とがった物で] 刺す [+with]　名 C 刺し傷
  - □ **stabbing**　名 U 刺すこと　形 刺さる, ずきずきする, 辛辣な

- □ **brawl** [brɔːl]　けんか
  - 名 C 騒々しいけんか, 米 俗 乱ちきパーティー　自 騒々しくけんかする

- □ **massacre** [mǽsəkər]　大虐殺
  - 名 C (無防備の人・物の) 大量虐殺　他 〜を大虐殺する, 〜を完敗させる

- □ **murder** [mə́ːrdər]　殺す
  - 他 (人) を (意図的に) 殺す　名 U (計画的な故意の) 殺人　C 殺人事件
  - □ **murderer**　名 C 殺人者, 人殺し

収賄

Suspecting something was **amiss**, **detectives** investigated a politician and found he had received illegal funds. He was indicted for **graft** and accepting **bribes**, and the government **confiscated** some of his property.

どこか怪しいとの疑いを持って刑事たちが一人の政治家を取り調べたところ, 不正な資金を受け取っていたことがわかった. 彼は汚職と収賄のかどで起訴され, 政府は彼の財産の一部を押収した.

- □ **amiss** [əmís]　誤った
  - 形 誤った, 不都合な, 故障した (wrong)　副 間違って, 不適当に

- □ **detective** [ditéktiv]　刑事
  - 名 C 探偵, 刑事　形 探偵の, 探知用の

- □ **graft** [米 græft 英 grɑːft]　汚職
  - 名 CU 米 俗 汚職, 収賄　他 〜を汚職して得る　自 汚職する, 収賄する

- □ **bribe** [braib]　賄賂
  - 名 C 賄賂, (いやなことをさせるための) えさ
  - □ **bribery**　名 U 贈賄 [収賄] 行為

- □ **confiscate** [kánfiskèit, kɔ́nfiskèit]　押収する
  - 他 〜を没収 [押収] する　形 没収 [押収] された

Topic 33

脱獄

After several **ghastly** cases of **abduction** and **torture** came to light, a man was captured as he **trespassed** in an apartment complex. He had been convicted of **homicide** once and was a **fugitive** from a nearby prison.

誘拐や暴行などのいくつかの凶悪な事件が明るみになった後で,
一人の男が団地の一室に侵入したところを逮捕された.
その男はかつて殺人の有罪判決を受けており, 近くの刑務所からの脱獄者だった.

□ **ghastly** [⽶ gǽstli ⽶ gάːst-]　ぞっとする
　形 ① 死人のように青ざめた (pale)　② ぞっとするほど恐ろしい (horrible)

□ **abduction** [æbdʌ́kʃən]　誘拐
　名 CU 誘拐
　□ **abduct** 他 ～を誘拐する, かどわかす (kidnap)

□ **torture** [tɔ́ːrtʃər]　残虐行為
　名 U 苦痛を与えること, 拷問, 残虐行為　CU 苦痛, 苦悩　他 ～を拷問にかける, (人) を [～で] ひどく苦しめる [+with, by]
　□ **torment** 名 U 〈時に -s〉苦痛, 苦悩　■a girl in sexual torment (性的な悩みを抱える少女)　C 〈しばしば a ―〉厄介者, 悩みの種

□ **trespass** [tréspəs]　不法侵入する
　自 ① [土地などに] 不法侵入する [+on, upon]　② 侵害する, じゃまする
　名 CU (財産・権利への) 不法侵害, (他人の時間・生活への) 侵害, じゃま
　■No Trespassing (立ち入り禁止)

□ **homicide** [⽶ hάməsàid ⽶ hɔ́m-]　殺人
　名 U 殺人　C 殺人犯, 殺人行為
　ⓘ -cide という接尾辞には2つの意味がある. ①「殺す人, あるいは物」 insecticide (殺虫剤), ②「殺人」 suicide (自殺), genocide (大量虐殺). その形容詞形はそれぞれ -cidal の形をとる.

□ **fugitive** [fjúːdʒətiv]　逃亡者
　名 C 逃亡者, 避難民, 亡命者　形 〈修飾用法〉① 逃亡中の　② 変わりやすい, つかの間の

> 盗賊一味

A gang of **bandits prowled** the countryside stealing from isolated **clusters** of farmers. Finally, a **brigade** of soldiers from the nearby army **barracks** captured the gang and put them in jail.

盗賊の一味がその地方をうろついては，孤立した農家の集落で盗みを働いていた．ついに，近隣の兵営から兵士の一団がやって来てその一味を捕らえ，投獄した．

- **bandit** [bǽndit]　盗賊
  - 名 C 盗賊，おいはぎ
  - □ **banditry** 名 U 強盗，〈集合的に〉盗賊団

- **prowl** [praul]　うろつく
  - 他 (場所)をうろつく ■prowl the streets for a taxi (タクシーを探して通りをうろつく)
  - 自 ① (動物がえさを求めて) こそこそうろつく，(人が盗みをしようと) うろつく
  - 名 〈a / the ―〉うろつくこと，獲物探し
  - ■a prowl car : パトロールカー (a squad car)

- **cluster** [klʌ́stər]　一団
  - 名 C ① (花などの) 房 ② 群れ，一団　自 群れをなして [～の周りに] 集まる [+around]
  - ■a cluster bomb : クラスター爆弾（多数の小爆弾を放出する爆弾）

- **brigade** [brigéid]　(軍隊式編制の) 隊
  - 名 C ① 旅団　② (軍隊式編制の) 団体，隊，組

- **barrack(s)** [bǽrək]　兵舎
  - 名 C ① 〈通例，複数扱い・しばしば単数扱い〉兵舎，兵営　② バラック，小屋
  - ⓘ -s を除いた形 barrack は動詞として「兵士に[テントを]供給する」(barrack soldiers with tents)という意味がある．また barrack square と言えば，「(兵営に近い) 練兵場」という意味．したがって形容詞用法では -s なしの形になる．イギリス英語では動詞として「(演説者・芸人・プレーヤー)をやじる」，オーストラリア英語では「～を大声で激励する」という意味がある．

「悪」のイメージで強調する

物事は極端に言わないと通じない場合がある。そのため、場合によって「誇張」したり「攻撃的な意図」を込めたりするが、以下のように「悪」のイメージを活用する場合がある。

■ go to the devil

これは命令形で使うと「あっちへ行け」「自分のハエでも追ってろ」というような乱暴な言い方になる。つきまとう相手を追い払うような場合に使う。同様の表現にgo to hell (in a handbasket)がある。いずれの場合も第2の意味として「ひどく悪化する」があり、こちらには特に「ののしり」や攻撃的な意図は含まれない。

> With all businesses going bankrupt, the economy is going to hell in a handbasket. (それぞれの事業はほとんど破産状態で、経済はすっかり冷え込もうとしている)

■ have the devil to pay 「トラブルを抱え込む」

> If you fail to make money in time, you'll have the devil to pay.
> (期限までに金策がつかないと、君はとんでもないトラブルに巻き込まれるよ)

■ Oh hell, …

hell(地獄)という語は名詞用法も、副詞的な用法もあるが、この場合は間投詞である。

> Oh hell, I've missed the train. (まいったなぁ。列車に乗りそこなっちゃった)

もちろん、この語は「ののしり語」(swear word)であるから、人前でやたらに発発していいようなものではない。Jesus! で同じようなニュアンスを伝えたからといって、「きれいな言い方」になるものではなく、「神の名を冒とくする」という罪が加わる。

> Where the hell have you been?
> (いったいアンタはどこに行ってたのよ!/いったいテメーはどこにしけ込んでやがったんだ)

訳文もいささかハードボイルドになってこざるをえないが、これは強調のための副詞用法で、この用法では the ~ の形を取る。

■ do something like mad 「大急ぎでする」

> I ate breakfast like mad and dashed to his car.
> (ぼくは大急ぎで昼食をすませ、彼の車に駆けつけた)

■ get mad props

このフレーズはヒップホップの文脈の中で使われて「大人気を博する」という意味。mad という語は黒人英語に多くの用例がある。you mad bastard… と相手に話しかければほめ言葉で「イカしたおニイさんよ」(俗語)ということ。一般に強調の形容詞として使われる。第2に「ムチャクチャたくさんの」という形容詞の用法。props は「ふさわしい(proper)尊敬・賞賛」の俗語表現。通常はミュージシャン・芸人・司会者が「喝采」を受ける、というような文脈で使われる。

■ crazy like a fox

「賢い; ずるい」。これも一種の強調・誇張のたぐいに属する。

> I don't trust that salesperson. She's crazy like a fox.
> (私はあの販売員が信用できないの。彼女はとてもずる賢いわ)

3 科学
Science

Topic 34

宇宙科学

Scientists want to send several **probes** into **outer space** to **measure** the size of Mercury and **analyze** the planet's components.

科学者たちは，水星の大きさを測定し，その惑星の組成を分析するために，大気圏外の宇宙空間に数機の無人探査機を打ち上げたいと考えている．

□ **probe** [proub]　**無人探査機**
- 名 C 無人探査機, (医者の)探り針; 《新聞用語》徹底捜査[取材]
- 他 (医者が) 〜を(探り針で)調べる
- 自 (マスコミが)[私事・秘密を] 徹底取材する [+into]　■The media probed into her past. (マスコミは彼女の過去を調べ上げた)

■ **outer space**：(大気圏外の) **宇宙空間**
- □ outer 形 ① 外側の (⇔ inner) ② 大気圏外の ③ 客観的な, 肉体の

□ **measure** [méʒər]　**測る**
- 他 (寸法・大きさ・量など)を測る (+up) 自 〜の寸法がある
- 名 U 〈時に a —〉寸法 C 測定器具
- □ measurement 名 U 測定すること, 〈通例 -s〉寸法, 大きさ

□ **analyze** [ǽnəlàiz]　**分析する**
- 他 〜を分析する, 分解する (⇔ synthesize)
- □ analysis 名 CU 分析, 分解 (⇔ synthesis)

日食観測

Scientists **converged** on Antarctica with **instruments** and other **apparatus** to observe the **eclipse** of the sun. The live TV coverage was absolutely remarkable!

科学者たちは日食を観測するために計器やその他の器具を携えて南極大陸に結集した．テレビの生中継は本当に注目に値するものだった．

□ **converge** [kənvə́ːrdʒ]　**集まる**
- 自 (線・道・関心などが一点に) 集まる, (人が)[〜の周りに] 群がる [+on]
- □ convergence 名 U 一点への集中, 収れん

□ **Antarctica** [æntáːrktikə]　**南極大陸**
- 名 南極大陸 (⇔ Arctic)
- □ antarctic 形〈しばしば A-〉南極(地方)の (⇔ arctic) 名〈the —〉南極地方

- □ **instrument** [ínstrəmənt]　**計器**
  - 名 C ① 道具, 器具, 計器 ② 楽器 ③ [〜の] 手段, 方法 [+for]
  - ①tool より精密な学術的研究に用いられるものに使う.
  - □ **instrumental** 形 [〜(するの)に／〜に] 役に立つ [+in (doing) / to]

- □ **apparatus** [㋐ æpərǽtəs, -réit- ㋑ -réit-]　**器具**
  - 〈複 apparatus または apparatuses〉 名 CU〈集合的に〉器具一式

- □ **eclipse** [iklíps]　（太陽・月の）食
  - 名 C (太陽・月の)食　CU (名声などの)失墜, 没落

新素材

This **artificial fabric** can be used to **reinforce** the **interior** walls of a house by covering them with an **adhesive compound**. It also **seals** the surface, making it **waterproof**.

この人工織布は接着剤で貼れば, 家の内壁を補強することができる. また表面の裂け目をふさぎ, 防水性も備えることになる.

- □ **artificial** [à:rtəfíʃəl]　**人工の**
  - 形 人工の, 人造の (⇔ natural)　■an artificial leg (義足)
  - □ **artificially** 副 人工的に, 不自然に

- □ **fabric** [fǽbrik]　**布地**
  - 名 CU 布地, 織物　U (建物・社会などの)構造, 骨組み

- □ **reinforce** [rì:infɔ́:rs]　**強化する**
  - 他 〜を補強する, 強化する
  - □ **reinforcement** 名 U 補強, 強化

- □ **interior** [intí(ə)riər]　**内部の**
  - 形 内部の, 内側の (⇔ exterior)

- □ **adhesive** [ædhí:siv]　**粘着性の**　→ P.103

- □ **compound** [名㋐㋑ kámpaund, -́-㋑ kɔ́mpaund 形㋐ kámpaund ㋑ kɔm-]　**化合物**
  - 名 C 混合物, 合成物, 化合物　形 合成の, 混合の

- □ **seal** [si:l]　**ふさぐ**
  - 他 〜に封をする; (割れ目など)をふさぐ　名 C 印, 封印, ㋐ 装飾用シール
  - □ **sealant** 名 CU 密封剤, 防水剤

- □ **waterproof** [wɔ́:tərprù:f]　**防水性の**
  - 形 水を通さない, 防水性の　他 〜に防水加工をする

釉薬（ゆうやく）

By **submerging** the clay pieces in solution, then removing them and letting the liquid **evaporate**, a **transparent** coating is left. It makes the pieces less **brittle** and **retards** discoloring during use.

その粘土の焼き物を溶液中に沈めてから取り出して，付着した液を蒸発させれば透明な被膜ができる．そうすることでその焼き物は割れにくくなり，使っている間に変色するのを防ぐことができる．

□ **submerge** [səbmə́ːrdʒ]　沈める
　他 ① ～を沈める (sink)　② ～を覆い隠す (cover)　自 (潜水艦が) 潜水する
　□ submergence 名 U 潜水, 浸水

□ **evaporate** [ivǽpərèit]　蒸発する
　自 気化する, 蒸発する　他 ～を蒸発させる
　□ evaporation 名 U 蒸発 (作用)

□ **transparent** [trænspέ(ə)rənt]　透明な
　形 透明な, 明白な
　▶translucent 形 半透明の, 分かりやすい

□ **brittle** [brítl]　もろい
　形 もろい (fragile), はかない, 不安定な

□ **retard** [ritάːrd]　妨げる
　他 ～を遅らせる (delay), ～を妨げる (prevent)　名 CU 遅れ, 妨害
　□ retardation 名 U 遅延　CU 妨害 (物)
　□ retarded 形 知能の遅れた

試験管の物質

When we **agitate** the test tube, we speed up the **dissolution** of the materials in the solution which have **subdivided** into various **strata**.

試験管をよく振れば，多層に分離していた溶液中の物質の溶解を加速することになる．

□ **agitate** [ǽdʒətèit]　勢いよく振る
　他 ① ～を激しく振る, かき回す　② (感情など) をかき乱す, (群衆) を扇動する
　□ agitated 形 動揺した ■His rebuke made the student agitated. (彼の叱責は学生を動揺させた)
　□ agitation 名 U ① (人心の) 動揺　② 激しい揺れ, 撹拌(かくはん)

- □ **dissolution** [dìsəlúːʃən]　溶解
  - 名 ⒸⓊ 溶解, (契約, 結婚などの) 解消, 解約
  - □ dissolve 他 ① ～を溶かす ② ～を解散する, 解消する

- □ **subdivide** [sÀbdəváid]　細分する
  - 自 細分する 他 ～を […に] 細分する, 解体する [+into]
  - □ subdivision 名 ⒸⓊ ⽶ 土地分譲, 分譲地 Ⓤ 再分割, 解体

- □ **stratum** [⽶ stréitəm, strǽt- ⽶ stráːt-]　層
  - 〈複 strata〉名 Ⓒ (水平に重なった) 層 (layer), (社会的な) 階層
  - □ stratified 形 層になった, 階層化した

水の結晶

Early studies said the **configurations** of water crystals seemed **amorphous**, but recent **rigorous** research shows there are a **finite** number of configurations which result from **magnetic** fields.

初期の研究によれば, 水の結晶の配列には一定の定まったものはないように見えるとのことであった. しかし最近の厳密な研究では, 磁場に起因する限定された配列があることが明らかになっている.

- □ **configuration** [kənfìgjuréiʃən]　配列
  - 名 Ⓒ 形状, (部分・要素などの) 配列, 星座, (原子の) 配列
  - □ configure 他 (部品) を (システムとして) 構成する, 設計する

- □ **amorphous** [əmɔ́ːrfəs]　無定形の
  - 形 決まった形のない, 無定形の, あいまいな
  - □ morphology 名 Ⓤ 形態論, 形態, 組織

- □ **rigorous** [ríg(ə)rəs]　厳密な
  - 形 ① (人・規則などが) 厳格な, 厳しい (strict) ② 〈叙述用法〉厳密な, 正確な
  - □ rigor 名 Ⓤ 厳格 Ⓒ 厳しい行為; 〈時に -s〉(気候などの) 厳しさ, (生活などの) 苦しさ
  - □ rigorously 副 厳しく, 厳密に ■The military regime rigorously controlled the press. (軍事政権は報道機関を厳しく統制した)

- □ **finite** [fáinait]〈発音注意〉　有限の
  - 形 ① 限定された, 有限の (⇔ infinite) ② (数が) 数えられる ■a finite decimal (有限小数)

- □ **magnetic** [mæɡnétik]　磁石の
  - 形 ① 磁石の, 磁気を帯びた ■magnetic field (磁場) ② 人を引きつける, 魅力的な
  - □ magnetically 副 磁気作用によって

Topic 35

タンパク質の組成

To see whether our **hypothesis** about **protein** formation is **false** or not, we will carry out a **sequence** of experiments to gain **empirical** evidence.

タンパク質の組成についてのわれわれの仮説が誤りであるかどうかを見極めるため，われわれは実験証拠を得るための一連の実験を行うつもりです．

□ **hypothesis** [(米) haipάθəsis (英) -pɔ́θəsis]　　仮説
　　〈(複) hypotheses〉 名 C 仮説, 前提, 仮定
　　□ **hypothetical** 形 仮定上の, 空想の (⇔ actual)

□ **protein** [próuti:n]　　タンパク質
　　名 C U タンパク質

□ **false** [fɔ:ls]　　誤った
　　形 ① 誤った, 事実に反する (⇔ true) ② 人造の, にせの
　　副 不誠実に, 裏切って
　　① 「～というのは正しくない」は, It is false for O to do ... とは言わず, It is false that ... の形で表す.
　　□ **falsify** 他 ①（書類など）を偽造する ②（事実など）を曲げて伝える
　　▶ fallacy 名 C [～という] 誤った考え [+that 節] U 当てにならないこと
　　▶ fallacious 形 ① 誤った推論に基づく ② 当てにならない
　　▶ fallible 形 誤りに陥りがちな, 必ずしも正確でない

□ **sequence** [sí:kwəns]　　連続するもの
　　名 U ① 連続 ■in sequence（次々と, 順番に） ②［～に伴う］結果［+of, to］
　　C（規則的・論理的順序で）連続するもの（series）
　　■ a sequence of ～：一連の～
　　□ **sequential** 形 ①（規則的に）連続して起こる ② 結果として生ずる
　　□ **sequent** 形 ①（時間的に）続いて起こる ② 結果として生ずる

□ **empirical** [impírik(ə)l, em-]　　実験による
　　形 実験 [経験] による
　　□ **empiricism** 名 U 経験主義
　　□ **empirically** 副 経験によって, 経験上

研究室の停電

Due to the power **outage**, the **compressors** and **condensers** stopped working, so we had to halt our chemistry experiment. In the **physics** lab, the **lasers** could not be used, so they also had to **forgo** their work.

停電により，コンプレッサーとコンデンサーが作動しなくなってしまったので化学実験を中断しなくてはならなかった．物理実験室では，レーザー装置が働かなくなったので，そこでも作業をやめなくてはならなくなった．

□ **outage** [áutidʒ]　　停電

　　名 CU ①（電力・ガス・水道などの）供給停止，停電　②　減量，目減り

□ **compressor** [kəmprésər]　　コンプレッサー

　　名 C 圧縮装置，コンプレッサー
　　□ compress 他 ①（空気・ガス）を圧縮する（press），〜を[…に]詰め込む [+into]　②（思想・文章）を[〜に]縮める [+into]
　　□ compression 名 U ① 圧縮（状態）（pressure）　■data compression（デジタルデータの圧縮）　②（思想などの）要約

□ **condenser** [kəndénsər]　　コンデンサー

　　名 C（気体・液体などの）濃縮器，液化装置，コンデンサー
　　□ condense 他 ①（気体・液体）を濃くする，[〜に]濃縮する [+into]　②（本・思想など）を要約する　自 ①（液体・気体などが）濃くなる　② 短縮する
　　□ condensation 名 U（気体の）凝縮，（液体の）濃縮　CU（物語などの）要約

□ **physics** [fíziks]　　物理学

　　名 U〈単数扱い〉物理学
　　□ physic 名 CU 薬　U 医業
　　□ physical 形 ① 身体の　② 物理学の

□ **laser** [léizər]　　レーザー装置

　　名 C レーザー装置　■a laser beam（レーザー光線）

□ **forgo** [**forego**[1]] [fɔːrgóu]　〈—, forwent, forgone〉　やめる

　　他（楽しみなど）を差し控える，〜なしで済ませる（⇔ do without），やめる
　　□ forego[2] 他 〜の先に行く，〜に先行する　自 先ぶれをする
　　□ foregoing 形 ①〈通例限定用法〉先行の，前述の（⇔ following）　■in the foregoing paragraph（前の段落で）　②〈名詞的に，the —〉前述のこと

危険物取扱

As a **precaution** our technicians always wear a mask when they are **exposed** to **corrosive fluids**.

予防策として，当方の技術者たちは腐食性の液体を扱うときは，常に防護用マスクを着用します．

□ **precaution** [prikɔ́ːʃən]　予防策
　名 C U [〜に対する／〜する] 用心, 警戒, 予防策 [+against / to do]　■take precautions against ... (〜の用心をする)
　□ **precautionary** 形 用心の, 予防の

□ **expose** [ikspóuz]　さらす
　他 ① (人) を [危害・攻撃・非難などに] さらす, 触れさせる [+to]　② 〜を [風雨・日光などに] さらす [+to]
　□ **exposé** 名 C (醜聞などの) 暴露 (記事), すっぱ抜き
　□ **exposed** 形 (場所などが) 風雨 [危険・攻撃など] にさらされた

□ **corrosive** [kəróusiv]　腐食性の
　形 ① 腐食性の　② (社会などを) むしばむ　名 C 腐食させるもの, 腐食剤
　□ **corrode** 他 ① 〜を腐食させる (+away)　② 〜をむしばむ　自 (金属が) さびつく

□ **fluid** [flúːid]　液体
　名 C U 液体, 流動体 (⇔ solid) 形 ① 流動体の (⇔ solid)　② (約束・状況・計画などが) 変わりやすい, 不安定な
　ⓘ 液体 (liquid), 気体 (gas) の総称として用いられる．
　□ **fluidity** 名 U 変わりやすいこと, 流動 (性) (solidity)

ミイラ

Doctors examined the **corpse** of the ancient mummy and **inferred** from various observations that the man was **crippled** and **afflicted** with **malaria**.

医師たちは古代のミイラとなった亡き骸を調べ，さまざまな鑑定からその男性が手足が不自由でマラリアにかかっていたと推測した．

□ **corpse** [kɔːrps]　死体
　名 C (人間の) 死体, 死骸
　ⓘ 遠回しな表現は body, remains. 「動物の死骸」は carcass と言う．

- □ **infer** [inféːr]　推察する
    - 他 ① ～を [証拠・事実などから] 推察する, 推論する [+from]　② ～を暗示する (imply)　自 [～から] 推測する [+from]
    - □ **inference** 名 Ⓤ 推論, 推理　Ⓒ (推論による) 結論

- □ **cripple** [krípl]　(人) の手足を不自由にする
    - 他 ① (人) の手足を不自由にする　② ～をそこなう, だめにする

- □ **afflict** [əflíkt]　苦しめる
    - 他 ① (病気・困難で人) を苦しめる　② 〈通例 be -ed〉 (人・国などが) [～で] 苦しむ [+with, by, at]　■be afflicted with rheumatism (リューマチで苦しむ)
    - □ **affliction** 名 Ⓒ Ⓤ (心身の) 苦痛　Ⓒ [～にとっての] 苦しみの種 [+to]

- □ **malaria** [məlé(ə)riə]　マラリア
    - 名 Ⓤ マラリア

先天・後天

Within **mankind**, it is debated to what extent **masculinity** results from **heredity**—whether it is mostly **inherent** and **innate**, or whether it is mostly learned from culture.

人類においては男性らしさのどの程度が遺伝によるものなのか,
つまりその大部分が生まれつき備わった先天的なものなのか,
それとも主に文化から習得されたものなのかということが論じられている.

- □ **mankind** [mǽnkáind]　人類
    - 名 Ⓤ 〈集合的に, 通例単数扱い〉 人類, 人間

- □ **masculinity** [mæ̀skjulínəti]　男らしさ
    - 名 Ⓤ 男らしさ (⇔ femininity)
    - □ **masculine** 形 男の, 男らしい
    - ▶homosexuality 名 Ⓤ 同性愛, ホモ　▶homosexual 形 同性愛の, ホモの　名 Ⓒ 同性愛の人

- □ **heredity** [hərédəti]　遺伝
    - 名 Ⓤ 遺伝 (形質), 遺伝傾向
    - □ **hereditary** 形 遺伝性の, 代々の　■a hereditary ability (先天的能力)

- □ **inherent** [inhí(ə)rənt]　生まれつき備わっている
    - 形 (性質, 権利などが) [～に] 本来備わっている, 生まれつき存在する [+in]

- □ **innate** [inéit, ´-´]　先天的な
    - 形 ① (性格が) 生まれつきの, 生来の (⇔ acquired)　② 固有の, 本質的な

「青いバラ」は「不可能な品種」?

　「赤字」とは、帳簿に赤色で不足額を示すことから、収入より支出が多いことを意味する。「赤字」は a deficit、「赤字になる」は go into the red と言う。このようにある特定の事実が元となって、比喩から一般語に転じた例はこのほかにもたくさんある。例えば色にまつわる表現で言えば、blue rose あるいは blue dahlia は、青いバラやダリアが従来、品種改良によっても育種が困難とされてきたことから「不可能なこと、得られぬもの」を意味してきた。

　ウディ・アレン監督の映画に *The Purple Rose in Cairo*『カイロの紫のバラ』(1985) があった。ミア・ファロー演ずる女主人公が映画を見ているシーンでは、スクリーン上の考古学者が、いきなり彼女に話しかけ、スクリーンから飛び出してくる。この「不可能性」をタイトルの purple rose の句で表象しようとしたのか？ 作者は語っていない。ちなみに blue、purple には「高貴な」の意味もある。

　一方、その着用する服の色から blue-collar が「肉体労働者」を、white-collar が「サラリーマン、知的労働者」を意味するようになったのはよく知られているところだが、カトリック教会では、深紅色 (= cardinal) の帽子と衣をまとうところから「枢機卿」のことを cardinal と呼ぶ (183ページ参照)。ベトナム戦争で Green Beret「(米国の) 陸軍特殊部隊員」は緑色のベレー帽とともに有名になった。また、大統領をはじめとする高い地位の人のために赤いじゅうたんを敷くのが慣例であることから、the red carpet は「丁重な歓待」、red-carpet で形容詞として He gave the guest the red-carpet treatment. (彼はその客を丁重にもてなした) のようにも使う。

　日本語と同様、英語の場合にも当然、色にはそれぞれのイメージが存在する。white は「潔白」、red は「情熱・危険・怒り」などを表すのは日本語でのイメージとほぼ一致するが、これに対して日本語では「青」と結びつく「未熟な」というイメージは英語では green のものであり、「彼は全くの青二才だ」は He is as green as grass. と表現する。

　「ピンク」は日本語では何かとエロチックなものを連想させがちだが、英語の pink にはそういった意味合いはなく、赤ん坊の肌のイメージから「健康・若さ・新鮮さ」を象徴する。トークショー、タブロイド紙が例示するようなインフォーマルな場面では、red (赤; 共産主義的な) に限りなく近いという意味で pink (左翼がかった) が使われたり、pink-collar で「女性労働者の」を示したりする。「わいせつな」というイメージがあるのは blue で、日本語の「ピンク映画」は英語では blue films/movies となる。

　black humor (不吉で気味の悪いユーモア)、black list (要注意人物表) など伝統的に black にとかく悪いイメージがあったが、60年代の黒人解放運動の "Black is beautiful." というスローガンに象徴されるように、今や black という語は人種的誇りを込めて用いられるようになっている。このことは黒人問題を無視しては語ることのできない米国文化の一端を、言語を通じてかいま見ることができるという点で、興味深い。

4 宗教
Religion

Topic 36

司祭

The Catholic priest kneeled in prayer in front of the altar while the congregation sang a hymn.

カトリック教会の司祭は、会衆が賛美歌を歌っている間、祭壇の前でひざまずいて祈りを捧げた。

- □ **Catholic** [kǽθ(ə)lik]　カトリック教会の
    - 形 カトリック教会の　名 C カトリック教徒
    - ▶ Protestant 形 プロテスタントの　名 C プロテスタント、新教徒
    - □ Catholicism 名 U カトリック教会の教義・信仰

- □ **priest** [pri:st]　司祭
    - 名 C 聖職者、司祭、牧師、僧侶　他〈通例 be -ed〉(人が)聖職者になる

- □ **prayer** [prɛər]　祈り
    - 名 CU 祈り、祈願

- □ **altar** [ɔ́:ltər]　祭壇
    - 名 C (宗教儀礼の)祭壇、供物台、聖餐台

- □ **congregation** [⊕kàŋgrigéiʃən ⊕kɔ̀ŋ-]　会衆
    - 名 C ①〈集合名詞〉(教会の)会衆 ②(特に宗教的な)集会 ③(人々の)集合
    - □ congregate 自 集合する

- □ **hymn** [him] 〈発音注意〉　賛美歌
    - 名 C 賛美歌、聖歌
    - □ hymnal 名 C 賛美歌集

宣教師

Missionaries propagate their creed and religious principles because they believe God wants them to do so.

宣教師たちは、神がそうすることを望むと信じているがゆえに、その教義や宗教的原理を伝え広める。

- □ **missionary** [⊕míʃənèri ⊕-nəri]　宣教師
    - 名 C 宣教師; 宣伝者　形 伝道の
    - □ mission 名 C (外国に派遣される)使節団

- **propagate** [⊛ prápəgèit ⊕ prɔ́p-]　**伝え広める**
  - 他 ① (動植物・菌など)を繁殖させる　② (思想・信仰)を伝え広める, 普及させる　自 繁殖する, 普及する
  - **propagation** 名 U ① (動植物の)繁殖; (病気の)まん延　② 布教事業

- **creed** [kri:d]　**教義**
  - 名 C (宗教上の)信条, 教義, 主義

- **principle** [prínsəpl]　**原理**
  - 名 C U ① (自然・論理などの)原理　② (道徳・政治などの)主義, 信条

- **god** [⊛ gɑd ⊕ gɔd]　**神**
  - 名 U 〈G-〉(一神教の)神, 造物主　C 神像, 偶像

修道院

Certain training **precedes** a **nun**'s formal entrance into a **convent**.

修道女が修道院に正式に入る前には, ある種の訓練が課せられる.

- **precede** [prisí:d]　**〜の前にある**
  - 他 ① [〜の点で] 〜に先立つ, (時間的に)先行する [+in], (空間的に)〜の前にある　② 〜に優先する, 〜より上位にある　③ 〜の前に [〜を] 置く [+with, by]　■The report is preceded by a short comment. (その報告書の冒頭に短い添え書きがある)
  - **precedent** 名 C U (確実で有効な)前例, 慣例, 判例　形 前の, [〜に] 先行する [+to]
  - **preceding** 形 〈通例 the —〉(すぐ)前の, 先立つ, 前述の　■the years preceding their marriage (二人の結婚前の年月)

- **nun** [nʌn]　**修道女**
  - 名 C 修道女, 尼, 尼僧
  - **nunnery** 名 C 女子修道院[会], 尼僧院, 尼寺

- **convent** [⊛ kánvent ⊕ kɔ́nv(ə)nt]　**女子の修道院**
  - 名 C 修道団[会], (女子の)修道院　■go into [enter] a convent (修道院に入る)
  - ⓘ 現在では nunnery よりも convent の方がよく使われている. 「男子の修道院」は monastery.

> ミサ

After **repenting** their **sins** and **praying** for **salvation**, the congregation followed the **choir** in singing hymns.

罪を悔い改め，魂の救済を願った後で，会衆は聖歌隊の後について賛美歌を歌った．

- □ **repent** [ripént]　(罪)**を悔い改める**
  - 他 ～を後悔する，(罪)を悔い改める　自 [行為を] 後悔する，ざんげする [+of, for]

- □ **sin** [sin]　**罪**
  - 名 Ⓤ (宗教・道徳上の) 罪　自 (道徳・宗教上の) 罪を犯す
  - ⓘ具体的な罪・罪業を言う場合には可算名詞の扱い．法律上の罪は crime．
  - □ **sinful** 形 ① 罪深い ② 恥ずべき
  - □ **sinner** 名 Ⓒ (宗教・道徳上の) 罪人，不信心者

- □ **pray** [prei]　**祈る**
  - 自 [人のために] 祈る，[～を] 強く願い求める [+for]
  - 他 (神・人) に [～を求めて] 祈る [+for]
  - □ **prayer** 名 ⒸⓊ [～を求める／～に対する] 祈り [+for / to]，〈しばしば -s〉祈りの言葉

- □ **salvation** [sælvéiʃən]　**魂の救済**
  - 名 Ⓤ ① (罪業(sin)からの) 魂の救済　② (損害・失敗からの) 救済，保護

- □ **choir** [kwáiər]　〈発音注意〉　**聖歌隊**
  - 名 Ⓒ〈the ―，集合的に，単数・複数扱い〉聖歌隊，合唱団
  - □ **chorus** 名 Ⓒ ①〈the ―，集合的に，単数・複数扱い〉合唱団　② 合唱(曲)

カトリック

In the Catholic **hierarchy** of leadership, the **Pope** is at the top, followed by the **cardinals**, **bishops**, and priests.

カトリックの指導者の位階制度では，ローマ教皇を頂点として，その後に枢機卿，司教，司祭という順で続いている．

- **hierarchy** [hái(ə)rɑ̀ːrki]　位階制度
  - 名 C U 階層制度，(教団聖職者の) 位階制度

- **pope** [poup]　ローマ教皇
  - 名 C〈しばしば the P-〉ローマ教皇 [法皇]

- **cardinal** [káːrdənl]　枢機卿
  - 名 C〈時に C-〉枢機卿　U 深紅色，緋色　形 ① 非常に重要な　② 深紅色の，緋色の
  - ⓘ 枢機卿はローマ教皇の最高顧問職．「深紅色」の衣と帽子を法衣として着用する．

- **bishop** [bíʃəp]　司教
  - 名 C〈しばしば B-〉《カトリック》司教,《プロテスタント》主教,《仏教》僧正

Catholic, Protestant, Orthodox Church

キリスト教信者は大きく3つの系統に分かれる．Roman Catholic Church（カトリック），Protestant（プロテスタント），そして Orthodox Church（正教会）である．英国国教会の信者は自分を Protestant だと認識していない．彼らは自らを Non-conformist と呼ぶ．あるいは Roman Catholic から分かれた Western Christian Church に属すると信じている．それぞれの系統では聖職者の呼称は違っている．大まかな傾向しかここでは述べられないが，カトリック及び正教会の司祭，つまり礼拝を司る人は priest（司祭），プロテスタント派は pastor（牧師）である．教会は建物と司祭だけで成り立っているわけではない．教会を中心とする地域の信者に対して宗教上の指導と助言を与える．その範囲を教区（parish）と呼ぶ．

　カトリックには Pope（ローマ教皇）を頂点とする教会の国際的な組織があり，地域ごとに司教区（diocese）が定められている．教区の責任者・指導者を Bishop（司教）と呼んでいる．最高位の Bishop を Archbishop（大司教）と呼ぶ．カトリック派ではこの2つは Pope の指令で選ばれる．これら地域の階層とは別に Cardinal（枢機卿）が全世界で百数十人いる．彼らは Pope に助言をする立場にある．

Topic 37

禅

Zen does not **propagate** particular **doctrines** or **ideologies**, but promotes **contemplation** as a way of understanding phenomena.

禅は特定の教義やイデオロギーを普及させるようなものではないが、事象を理解するための手段として思索を深める。

- **propagate** [prápəgèit / prɔ́p-]　普及させる　→ P.181

- **doctrine** [dáktrən / dɔ́k-]　教義
  - 名 CU (宗教上・政治思想上の)教義, ⟨D-⟩(政策上の)主義 ■the Monroe Doctrine (モンロー主義. 第5代米国大統領モンローによって発表された米欧間の相互不干渉主義の政策)
  - doctrinal　形 教義上の, 学説上の

- **ideology** [àidiálədʒi, ìdi- / -ɔ́l-]　イデオロギー
  - 名 C イデオロギー, 観念形態　U 空論, 空理
  - ideological　形 イデオロギーの, (人が)イデオロギーを吹聴する

- **contemplation** [kàntəmpléiʃən / kɔ̀n-]　思索
  - 名 U ① 凝視すること(stare)　② じっくり考えること, 思索　③ 意図, もくろみ
  - contemplate　他 ① 〜を凝視する(stare at)　② 〜をじっくり考える(consider)

預言者

Prophets admonished the non-believers to **exalt** the **Lord** and **vow** to follow his teachings.

預言者は無信仰の人々に、神を敬いその教えに従うよう諭した。

- **prophet** [práfit / prɔ́f-]　預言者
  - 名 C (神意を伝える)預言者, 提唱者
  - prophetic　形 預言者の, 予言的な
  - prophesy　自他 予知する, (占い・魔術で)占う, 予告する
  - prophecy　名 CU 予言, 神託

- **admonish** [⟨米⟩ədmániʃ ⟨英⟩-mɔ́n-]　**諭す**
  - 他 (人)を[〜のことで]諭す[+of, about], [〜するように]忠告する[+to do]
  - □ admonition 名 C U 忠告, 説諭

- **exalt** [igzɔ́:lt]　**敬う**
  - 他 〜を賛美する, 敬う, 褒める, (名誉・地位・評判)を高める
  - □ exaltation 名 U 賞賛, 昇進

- **lord** [lɔːrd]　**神**
  - 名 C ① ⟨the L-⟩(キリスト教の)救い主, 神　② 封建領主　③ (特定分野の)有力者　④ ⟨英⟩貴族

- **vow** [vau]　**誓う**
  - 他 ⟨SV to do / that 節⟩〜することを[〜ということを]誓う　名 C 誓い

ユダヤ教

I don't know much about **Jewish feasts** and ceremonies, but my **studious** friend Adam can explain them to you. He's Jewish himself and he's majoring in Western religious creeds.

私はユダヤ教の祝祭や儀式についてあまり知らないが, 私の勉強熱心な友人であるアダムなら, それらのことについてあなたに説明できるでしょう. 彼自身もユダヤ教徒で, 西洋の宗教の教義を専攻しています.

- **Jewish** [dʒúːiʃ]　**ユダヤ教の**
  - 形 ユダヤ人の, ユダヤ教の
  - □ Jew 名 C ユダヤ人, ユダヤ教徒
  - □ Judaism 名 U ユダヤ教, ユダヤ主義

- **feast** [fiːst]　**祝祭**
  - 名 C ① 祝宴, ⟨通例 a —⟩[目・耳などを]大いに楽しませるもの[+for, to]
  - ■ make [give] a feast to … (〜のために大ごちそうする)　② ⟨時に F-⟩(宗教的)祝祭(日)　他 (人)を[〜で]もてなす[+on, upon]

- **studious** [⟨米⟩st(j)úːdiəs ⟨英⟩stjúː-]　**勉強好きな**
  - 形 ① 勉強好きな(hard-working)　② 熱心な

カルト宗教

Some **sects** and **cults** give **homage** to **idols** on altars and use **incense** and **chants** to lead members into a **trance**.

いくつかの宗派や新興宗教の中には祭壇に偶像を奉って崇拝し，
香をたいたり歌を歌ったりして信徒を無我の境地へと導くものもある．

□ **sect** [sekt]　　宗派
　名 C ① 宗派，学派，政治党派
　□ **sectarian** 形 宗派の，宗派心の強い，派閥的な　名 C 宗徒，教徒

□ **cult** [kʌlt]　　新興宗教
　名 C ① 儀式　② 崇拝，礼賛　③ にせ宗教，新興宗教　④（食・健康法などの）マニアックな信念　■a cult movie（カルト映画）
　ⓘcult hero, cult movie などでは「一部に熱狂的なファンを持つ」という形容詞的な用法で使われている．一方 personality cult（個人崇拝）のような場合は社会全体に崇拝が及ぶが，その対象が個人に限定されているという点で「マニアック」なのである．

□ **homage** [⊕ hámidʒ ⊕ hɔ́m-]　　敬意
　名 U ① 尊敬，敬意（respect）　②（封建時代の）臣従の誓い

□ **idol** [áidl]　　偶像
　名 C ① 偶像　② 崇拝される人［物］，アイドル
　□ **idolatry** 名 CU 偶像崇拝，心酔
　ⓘ古代のユダヤ教やキリスト教は一神教である点でユニークだった．自然信仰では崇拝の対象は自然界にたくさんあり，それだけ偶像の数も多いということになる．神は霊魂の中にあると信じる一神教の人たちには，こうした神の平俗化が忌むべきものと映ったのであろう．現代のアイドルはフェティッシュな日常の中に存在しなければならない．

□ **incense** [ínsens]　　香
　名 U ①（宗教的儀式で用いる）香，香料　② 香のかおり，芳香

□ **chant** [⊕ tʃænt ⊕ tʃɑːnt]　　詠唱
　名 C 詠唱（歌），（鳥の）さえずり　自他（聖歌・詩歌を）詠唱する

□ **trance** [⊕ træns ⊕ trɑːns]　　夢うつつの状態
　名 C ①〈通例 a —〉うっとりした［魔力にかかった］状態　② 夢うつつの状態
　■fall [go] into a trance（催眠状態に入る）

大聖堂

The sun pouring through the **panes** of the windows of the **cathedral illuminated** the statue and created an **exquisite silhouette** on the floor.

大聖堂の窓ガラス越しに降り注ぐ太陽の光がその像を照らし,床に美しい影を落としていた.

- □ **pane** [pein]　窓ガラス
  - 名 C (1枚の)窓ガラス,(ガラス1枚分の)窓枠

- □ **cathedral** [kəθíːdrəl]　大聖堂
  - 名 C 大聖堂,カテドラル　形 大聖堂のある,権威のある
  - ■ Westminster Cathedral：ウェストミンスター大聖堂

- □ **illuminate** [ilúːmənèit]　照らす
  - 他 (電灯・月などが)～を照らす,～を[電灯などで]明るくする [+with, by]
  - □ illuminated 形 (写本などが)金[銀]で装飾された
  - □ illuminating 形 (問題などを)解明する,明るくする
  - □ illumination 名 C U 照明 C 光源,〈-s〉(祝祭で街路・建物を装飾する)イルミネーション

- □ **exquisite** [ekskwízit, ékskwizit]　素晴らしい
  - 形 ① この上なく優れた,素晴らしい,美しい　② (苦楽が)強烈な　③ (感覚が)鋭敏な

- □ **silhouette** [sìluét]　シルエット
  - 名 C シルエット,影絵; 輪郭　他 ～の輪郭を見せる[示す]

---

pour through

この pour は日本語で「注ぐ」としても違和感は生じないかもしれないが,「どっと押し寄せる,放射する」という感じで,「力強さ」のイメージを伴う.

Topic 38

教会跡

The **desolate** church had been **condemned** and would soon be **demolished**. I **sneaked** into the **austere** building, climbed to the **pulpit**, and felt the deep **silence**.

その荒れ果てた教会はすでに立ち入り禁止になり，もうすぐ取り壊されることになっていた．私はそのみすぼらしい建物に忍び込み，説教壇に立ち，深い沈黙を味わった．

□ **desolate** [désələt]　荒廃した
- 形 ①（土地などが）荒廃した，住む人のない（deserted）②孤独な
- 他 ①（土地など）を荒廃させる（ruin）②〈通例 be -d〉（人が）悲しく惨めになる
- □ **desolation** 名 ⓤ 荒廃, 寂しさ ⓒ 荒れ果てた場所, 廃墟

□ **condemn** [kəndém]　立ち入り禁止処分にする
- 他 ①（人・言動など）を責める ②〜に［…の件で］有罪の判決をする [+for]
- ■ condemn ... to death（〜に死刑を宣告する）③（建物）を立ち入り禁止処分にする，（食品）を食用禁止にする
- □ **condemned** 形 ① 有罪を宣告された，死刑囚の ② 立ち入り禁止の，使用禁止を宣告された ③ ⽶（財産などが）接収された
- □ **condemnation** 名 ⓒⓤ（激しい）非難，有罪の判決，⽶（財産などの）接収

□ **demolish** [⽶dimáliʃ ⽶-mɔ́l-]　取り壊す
- 他（建物）を破壊する，取り壊す

□ **sneak** [sníːk]　〈―, -ed, -ed〉〈⽶―, snuck, snuck〉　こっそり入る
- 自 こそこそ動く，うろうろする，［〜へ／〜から］こっそり入る［出る］[+into / out of]

□ **austere** [ɔːstíər]　質素な
- 形 ①（人・態度・規律などが）厳しい（strict）②簡素な，質素な
- □ **austerity** 名 ⓤ 厳格さ, 簡素, 耐乏, 〈-ies〉耐乏生活

□ **pulpit** [púlpit]　説教壇
- 名 ⓒ ①（教会の）説教壇，（説教壇に似た）高い台 ②〈the ―, 集合的に〉聖職者
- ▶sermon 名 ⓒ（教会の）説教　▶preach 自（神父・牧師が）説教をする

□ **silence** [sáiləns]　静けさ
- 名 ⓤ 静けさ, 沈黙　他（人・騒音など）を沈黙させる，（反対意見など）を抑える（suppress）
- □ **silent** 形 静かな（⇔noisy），無言の
- □ **silently** 副 静かに, 黙って

礼拝

Believers **adore** the **saints** of the church and **adorn** their statues with flowers when asking for **divine blessings**.

信者たちは教会の聖人を崇拝し，神の祝福を祈願するときに，その像を花で飾る．

- □ **adore** [ədɔ́ːr]　崇拝する
    - 他 ～を崇拝する，～が大好きである
    - □ adorable 形 かわいらしい，魅力的な
    - □ adoration 名 U 熱愛; 崇拝

- □ **saint** [seint]　聖人
    - 名 C 聖人
    - □ saintly 形 聖人のような，気高い

- □ **adorn** [ədɔ́ːrn]　飾る
    - 他 〈SVO with ...〉(物)を～で飾る
    - □ adornment 名 U 装飾 C 装飾品

- □ **divine** [dəváin]　神の
    - 形 神の，神聖な
    - □ divinely 副 神のように，素晴らしく
    - □ divinity 名 U 神性 C 神

- □ **blessing** [blésiŋ]　祝福
    - 名 C ① 祝福，祈り(の言葉) ■ask a blessing (祈りを捧げる)　② 恩恵
    - □ bless 他 ① (神)が(信者)に祝福[加護]を与える　②(聖職者が)～を祝福する，(会衆・乳児)に神の加護を祈る　③〈be -ed〉[能力・長所に] 恵まれる [+with] ■a land blessed with fertile soil (肥沃な土壌に恵まれた土地)
    - □ blessed 形 ① 神聖な　②〈限定的に〉喜ばしい

> 寺院の呪い

According to the legend, a mysterious **crimson** warrior **defiled** the temple and put a **curse** on it. The warrior then died there and his ghost **haunts** the place.

言い伝えによれば，一人の血にまみれた謎の兵士がその寺院を冒とくし，呪いをかけたということだ．そしてその兵士はそこで死に，彼の亡霊はその場所に取りついている．

□ **crimson** [krímzn]　血にまみれた
　形 ① 深紅色の　② 血なまぐさい，不気味な　名 Ⓤ 深紅色
　自 (恥じらって) 赤面する　他 (怒りで顔) を紅潮させる (flush)

□ **defile** [difáil]　冒とくする
　他 ～を汚す，～を冒とくする

□ **curse** [kəːrs]　呪い
　名 Ⓒ [～への] 呪いの言葉 [+on] (⇔ blessing)
　他 ① ～を呪う　② ～に悪態をつく　③ ⟨be -d⟩ [欠点・病気などで] 苦しむ [+with]
　□ **cursed** 形 呪われた (⇔ blessed)；いまいましい
　■ **put [lay] a curse on ...**：～に呪いをかける

□ **haunt** [hɔːnt]　取りつく
　他 ① (場所) へ足繁く通う　② (幽霊などが) ～に出没する，取りつく　③ ⟨通例 be -ed⟩ (考え・思い出などに) 取りつかれる　名 Ⓒ ⟨しばしば -s⟩ たまり場
　□ **haunting** 形 心にしばしば浮かぶ，忘れられない
　□ **haunted** 形 ① 幽霊のよく出る　■ a haunted house (幽霊屋敷)　② 何かに取りつかれたような

新興宗教

Promised **immortality** and **swayed** by the leader's words, he **converted** to the new religious cult. But within a year, he became **disillusioned** and left the group.

魂の不滅を約束され，指導者の言葉に心を動かされて，彼は新興宗教に入信した．しかし1年もたたないうちに幻滅を感じ，その団体を離れた．

- □ **immortality** [ìmɔːrtǽləti]　不死
    - 名 Ｕ 不死, 不滅, 不朽の名声
    - □ **immortal** 形 ① 不死の (⇔ mortal)　② 不滅の, 永遠の　名 Ｃ 不死の人, 名声不朽の人
    - □ **immortalize** 他 ～を不滅にする, ～に不朽の名声を与える

- □ **sway** [swei]　動かす
    - 他 ① ～を揺すぶる　② (人・意見など) を動かす, 左右する　自 ① (木・人などが) 揺れる　② (意見などが) [～に] 傾く [+to]　名 Ｕ 揺れ, 影響力

- □ **convert** [kənvə́ːrt]　改宗する
    - 自 ① 変形する　② ※ [～に] 改宗する [+to]　他 ① (機能上) (物・事) を [～に] 変える　② 両替する [+into, to]　③ [～に] 改宗させる [+to]
    - □ **conversion** 名 Ｃ Ｕ (形・性質などの) 転換; (貨幣の) 両替; 改宗
    - □ **converted** 形 ① 転換された, 改造された　② 改宗された
    - □ **convertible** 形 [～に] 変えられる [+into]　■a convertible bed (ソファーベッド)　名 Ｃ ※ コンバーチブル, オープンカー

- □ **disillusioned** [dìsilúːʒənd]　幻滅して
    - 形 幻滅して, 迷いがさめて
    - □ **disillusion** 他 ① (人) に迷いをさまさせる, 幻滅を感じさせる　② ⟨be -ed⟩ [～に] 幻滅を感じる, 迷いがさめる [+at, about, with, by]
    - □ **disillusionment** 名 Ｕ 幻滅, 覚醒

④ 宗教

神の名前

　紀元前1世紀、カエサルの時代にブリテン島に住んでいたケルト人（ブリトン人）たちも、その後やって来たゲルマン人も、元々は信仰は多神教だった。ギリシャ人にはZeus、ローマ人には Jupiter という最高神がいたが、これらも多神教の神にすぎない。

　一神教の起源は不明だが、モーゼがイスラエル人のエジプト脱出 (the Exodus) を率いたという故事には一神教の考えが明らかだ。彼らは唯一神 (Yahweh) の約束する地 (the Promised Land) を目ざしたのである。彼らはまた、いずれの日にか救い主 (the Messiah) がやって来て自分たちを救済してくれると信じた。キリスト教徒はイエス・キリスト (Jesus Christ) のことをこの救い主と考えている。Christ は messiah を表すヘブライ語（イスラエルの昔の言語）のギリシア語訳 *Khristos* がラテン語経由で英語化したものである。その元の意味は「油で清められた王」であった。

　多神教の土地にローマからやって来た宣教師たちはこの一神教の神のことをどういう語で言い表すか、大いに悩んだことであろう。God という語はゲルマン起源の古英語 (Old English) ということであるから、その起源はブリテン島でケルト人を征圧したアングロ・サクソン人の時代にさかのぼる。元々彼らはルーン文字という古代文字を知っていたが、アイルランドにいた宣教師からアルファベットを学び、アルフレッド大王という人が熱心にキリスト教を奨励したこともあって、その時代は盛んにキリスト教の言葉が英訳されていた。

　alter（祭壇）、angel（天使）、bishop（司教）などはその例だが、これらは元々ラテン語やギリシャ語にあった綴りを多少変化させて英語に取り入れた。ローマに定着した「唯一神」という観念を多神教的なゲルマン語の綴り God で表そうとするところに別の困難があったと考えられる。日本にキリスト教が伝来したときも同様だったろう。日本では「神」という言葉は、いまだに八百万の神と西欧的な神の間をうろついてるようだ。

　これら先人の苦労に比べて、現代の英語人はもう少し気軽に神の名を口にする。

- **Christ! Look at the time ... I'm terribly late!**
（イケネー。時間を見てみろよ。大遅刻だ。）

Christ! あるいは Jesus! はインフォーマルな間投詞。God-damn! となると「ちくしょう」「クソー」という感じで攻撃的なトーンが強い。

- **How long is all this going to take? — God only knows!**
（「いったいこれを全部やるにはどのくらい時間がかかるんだ」「神のみぞ知るだね」）

これは「神は知っている」ではなく、「誰も知らない」という反語法を含む。

- **the invisible hand of the Divine** （神の見えざる手）

アダム・スミス (1723–1790) が『諸国民の富 (*The Wealth of Nations*, 1776)』の中で用いたフレーズ。自由市場の取引が個々の恣意的な欲望に基づくとしても、「神の見えざる手」によって市場全体に効率が生まれ、人々の幸福を導く、という考え。アダム・スミス自身はプロテスタントの気風にあふれるグラスゴー大学で学び、後に旧弊に病む当時のオックスフォード大学でも学んだが、このフレーズにも彼が熱心なプロテスタント思想の持ち主だったことがうかがえる。

第4部

個人
Private Life

1 キャラクター・感情
Character・Emotion

Topic 39

チャーミング

Even if she **dresses** in **run-of-the-mill** clothes and rarely puts on **make-up**, she is still **stunning**.

ありふれた服を着てほとんど化粧をしていなくても，彼女はとても魅力的だ．

- **dress** [dres]　服を着る
  - 自 服を着る[着ている]　他 ～に服を着せる　名 ⓒ (女性の)ドレス, 服装 (clothing)

- **run-of-the-mill** [rʌ́nəvðəmíl]　ありふれた
  - 形 並の, ありふれた

- **make-up** [méikʌ̀p]　化粧品
  - 名 ⓒⓊ 組み立て; 化粧品
  - make up : ～を組み立てる; ～に化粧する ■As soon as she wakes up, she makes up her face. (起きるとすぐに彼女は化粧をする)
  - ▶cosmetic 名 ⓒ〈通例 -s〉化粧品　形 化粧(用)の, 美容の
  - ▶rouge 名 Ⓤ ルージュ, ほお紅, 口紅　▶lipstick 名 ⓒⓊ 口紅

- **stunning** [stʌ́niŋ]　とても魅力的な
  - 形 美しい, とても魅力的な, 驚くべき
  - stun 他 ～を気絶させる
  - stunned 形 [喜び, 驚きなどで] 動転した [+by, at]

けち

Whether we call them **new money** or **bourgeois**, they certainly aren't **tightfisted**.

われわれが彼らを成り金と呼ぼうと，ブルジョワと呼ぼうと，彼らがけちでないことは確かだ．

- **new money** : にわか成り金
  - old money : 世襲財産, 世襲財産を所有する家柄

- **bourgeois** [búərʒwɑː]　ブルジョワ
  - 名 ⓒ 中産階級の市民, 商工業者; (けなして)資本家, ブルジョワ
  - bourgeoisie 名 Ⓤ〈通例 the —〉(時にけなして)中産階級, (マルクス主義で)資本家階級

- **tightfisted** [táitfístid, ́-́-́]　けちな
  - 形 けちな, しみったれの

悪役俳優

As an **actor** on the stage, he is capable of showing great **passion**, especially when playing a **villain**. Off stage, he is a very **humble, amiable** person.

舞台の役者として, ことに悪人を演じるときに, 彼は見事な感情を表現することができる. 舞台を離れればとても謙虚で, 愛想のいい人物である.

- **actor** [ǽktər]　役者
  - 名 C (女優も含めて) 俳優, 男優
  - ⓘ 今日では actress (女優) という語はすたれつつあり, 女性が自らを actress と名乗ることは少なくなっている.

- **passion** [pǽʃən]　感情
  - 名 C U 感情
  - □ passionate 形 情熱的な, [〜を] 強く望む [+for]
  - □ passionately 副 熱烈に, 激しく

- **villain** [vílən]　悪役
  - 名 C (極)悪人; 〈the —〉(劇・小説・映画などの) 敵役, 悪役 (⇔ hero)
  - □ villainous 形 (人・行為などが) 悪らつな, ひどく悪い

- **humble** [※※hʌ́mbl ※ʌ́mbl]　謙虚な　　　　　　　　　　→ P.145

- **amiable** [éimiəbl]　愛想のいい
  - 形 愛想のいい, 優しい
  - □ amiably 副 愛想よく, 優しく
  - □ amicable 形 友好的な (friendly), 平和的な (peaceable)

キャラクター

内気

As a **certified bookkeeper**, he was **professional** and **diligent**, but he was also **eccentric** and rather **bashful**.

彼は公認の簿記係としては有能で勤勉だったが，変わり者で内気でもあった．

□ **certified** [sə́ːrtəfàid]　公認の
- 形 証明[保証]された，公認の　■certified check（支払い保証小切手）
- □ **certify** 他（物・事）を証明[保証]する，[〜だということ]を認定する [+that, to do]
- □ **certificate** 名 C ① 証明書　■a birth certificate（出生証明書） ② 免許状　■a teacher's certificate（教員免許状）

□ **bookkeeper** [búkkìːpər]　簿記係
- 名 C 簿記[帳簿]係
- □ **book** 名 C ① 帳面　■an address book（住所録） ②〈-s〉会計簿　■keep books（会計簿をつける） ③ 名簿
- □ **bookkeeping** 名 U 簿記
- ▶ CPA: Certified Public Accountant（公認会計士）

□ **professional** [prəféʃənl, ʃnəl]　プロの
- 形 ①（知的）職業の（⇔ unprofessional） ② くろうとの，プロの（⇔ amateurish）
- 名 C 専門家（はだしの人）（expert）
- ⓘ 省略形は pro．He's a real pro.（彼は正真正銘のプロの選手だ），She's a pro golfer.（彼女はプロゴルファーです）のように使う．
- □ **profession** 名 C（知的）職業，専門職　■He is a doctor by profession.（彼の職業は医師だ）

□ **diligent** [dílədʒənt]　勤勉な
- 形 [特定のことに] 勤勉な [+in]（⇔ idle, lazy）
- ⓘ diligent は「特定のことに勤勉だ」という意味で使われ，industrious は「性格的に勤勉だ」という意味になる．
- □ **diligence** 名 U [〜での] 勤勉，精励 [+in]

□ **eccentric** [ikséntrik, ek-]　風変わりな
- 形 ① 風変わりな　■an eccentric bigot（一風変わった頑固者） ②《機械》偏心軸を持つ　■an eccentric orbit（惑星の離心軌道）　名 C 風変わりな人
- ⓘ 語頭の ec- はラテン語で「外へ」．-centric の部分は center（中心）の変化形．併せてこの語は「中心からはずれた」「風変わりな」という意味になった．

□ **bashful** [bǽʃfəl]　内気な
- 形 内気な，恥ずかしがり屋の（shy）

傲慢!?

A: I didn't mean to **imply** that you are **arrogant**, but you do seem **aloof**.

B: I'm just not as **gregarious** as you are, Tina.

A: あなたが傲慢だと言ったつもりはないの．でもあなたはよそよそしく見えるわ．
B: 僕は君ほど社交的じゃないってだけのことさ，ティナ．

□ **imply** [implái]　（〜という意味で）言う
- 他 〜を暗に意味する，〜をほのめかす，（〜という意味で）言う
- □ implication 名 ⒸⓊ 含蓄，ほのめかし (suggestion)　Ⓤ [犯罪などへの] 関与，連座 [+in]；〈通例 -s〉[〜に対する] 密接な関係，影響 [+for]
- □ implicit 形 ① 絶対的な，盲目的な ② 暗黙の，暗に含まれた
- □ implicate 他 〈SVO$_1$ in O$_2$〉 ① O$_1$（人）が O$_2$（物・事）に関与していると述べる ■The minister was implicated in a bribery case.（その大臣は汚職に関与しているとされた） ② 〈be -ed in〉（物・事）が（病気などの）原因であるとされる

□ **arrogant** [ǽrəgənt]　横柄な
- 形 横柄な，尊大な
- □ arrogance 名 Ⓤ 横柄さ，尊大さ
- □ arrogantly 副 横柄に

□ **aloof** [əlúːf]　よそよそしい
- 形 [〜に] よそよそしい [+from]　副 [〜から] 遠ざかって [+from]
- □ aloofness 名 Ⓤ [〜に対する] 無関心 [+from]

□ **gregarious** [grigɛ́(ə)riəs]　社交的な
- 形 ①（動・植物が）群居する，群れの ② 社交的な，集団を好む
- □ gregariousness 名 Ⓤ 群居性，社交性

Topic 40

おばあちゃん

Granny was always **tender** toward me. If I **stumbled** and fell, or if my big brother was **rough** with me, she would **hug** me and **soothe** away my pain.

おばあちゃんはいつでも私に優しくしてくれた. 私がつまずいて転んだり,
お兄ちゃんが私に乱暴を働いたりすると, 私をしっかりと抱きしめて私の痛みを和らげてくれたものだった.

□ **granny** [grǽni]　おばあちゃん

　名 (幼) C おばあちゃん (grandmother); おせっかいな人
　(i)女性の年齢について軽蔑的なニュアンスを含む.

□ **tender** [téndər]　優しい

　形 ① (人・心などが) 優しい, 愛情のこもった (loving)　② 柔らかい (soft)
　□ **tender-hearted** 形 心の優しい, 情にもろい

□ **stumble** [stʌ́mbl]　つまずく

　自 ① [~に] つまずく [+on, over]　② [~で] とちる [+at, over]
　名 C つまずき, へま

□ **rough** [rʌf]　乱暴な　　　　　　　　　　　　　　　　　　→ P.134, 243

　形 ① ざらざらした (⇔ smooth)　② 乱暴な, 粗暴な　③ 大ざっぱな
　■ a rough draft (草稿, 下書き)
　□ **roughly** 副 ① 乱暴に, 粗雑に　② おおよそ (nearly)

□ **hug** [hʌg]　抱きしめる

　他 ① ~をしっかりと抱きしめる　② (信念など) を一途に守る
　自 (人々が) 抱き合う　名 C ⟨a —⟩ 抱擁

□ **soothe** [suːð]　やわらげる

　他 ① (痛みなど) をやわらげる (ease)　② ~をなだめる, 落ち着かせる (calm, comfort)
　□ **soothing** 形 気持ちを落ち着かせる, 鎮静効果のある

バイタリティ

Ms. Williams is **perpetually roaming** the aisles at the trade exhibitions, trying to **drum up** business. She's never **perturbed** or **dejected** by refusals, and there's no **substitute** for her energy and **persistence**.

ウィリアムズさんは見本市の通路を絶えず行ったり来たりしてお客を得ようとしている．彼女は断られても不安がったり意気消沈したりしない．彼女のエネルギーと粘りに勝るものはない．

- □ **perpetually** [pərpétʃuəli]　絶え間なく
  - 副 永久に，絶え間なく
  - □ perpetual 形 永久の，絶え間ない
  - □ perpetuity 名 U 永続性 C 満期のない証券

- □ **roam** [roum]　うろつく
  - 他（場所）をうろつく 自［場所・人の周りを］うろつく，じろじろ見る［+over］

- ■ **drum up :** ※ 〜を元気づける；景気づける；〈取引，客など〉を獲得する
  - □ drum 自 太鼓を鳴らす 他（派手な宣伝で人）を集める（+up）

- □ **perturbed** [pərtə́ːrbd]　不安な
  - 形 心配した，不安な
  - □ perturb 他（人・心）をかき乱す，混乱させる（disturb）

- □ **dejected** [didʒékt]　意気消沈した
  - 形 意気消沈した（downhearted）
  - □ deject 他 〜を落胆させる

- □ **substitute** [※ sʌ́bstət(j)ùːt ※ -tjùːt]　代用品
  - 名 C 代用品，代役 ■There is no substitute for ...（〜に勝るものはない）
  - 他〈SVO₁ for O₂〉O₂の代わりにO₁を用いる，置換する
  - □ substitution 名 C ［〜の］代役，代用品［+for］ U 代用

- □ **persistence** [pərsíst(ə)ns]　粘り
  - 名 U 固執，執着，粘り；〈the —〉効果の持続性
  - □ persistent 形 しつこい，頑固な

雄弁

As I listened to the speech, I was deeply impressed with the **author's eloquence**. Some passages were absolutely **lyrical** in the way they expressed **sentiment**.

私はそのスピーチを聞いて,著者の雄弁さに深く感動した.心情を表す方法として実に叙情的なくだりがあった.

- **author** [ɔ́ːθər]　**著者**
  - 名 C 著者, 作者
  - ⓘ 具体的には, playwright (劇作家), dramatist (劇作家), poet (詩人), novelist (小説家), composer (作家, 作曲家), lyricist (作詞家), songwriter (作詞作曲家), biographer (伝記作家) などが含まれる. 男女にかかわらず用いられる.

- **eloquence** [éləkwəns]　**雄弁さ**
  - 名 U 雄弁さ, 雄弁術
  - □ eloquent 形 雄弁な, (演説などが) 聴衆に強く訴える

- **lyrical** [lírik(ə)l]　**叙情的な**
  - 形 ① 叙情的な ② 熱のこもった
  - □ lyric 形 叙情的な ■ lyric poetry (叙情詩)
  - □ lyricism 名 U 叙情性, リリシズム

- **sentiment** [séntəmənt]　**心情**
  - 名 U (愛・憐れみ・悲しみなどの激しい) 心情; 世論 C 〈通例 -s〉 意見, 所感
  - □ sentimental 形 ① 心情的な ② (人が) 感傷的な ③ (物が) 感傷をそそる

隠とん者

The **hermits** spend their days in **abstinence**, meditating on how to live a **moral** life.

隠とん者たちは,禁欲的な暮らしの中で,いかにして人としての正しい道を歩むかを熟考する.

- **hermit** [hə́ːrmit]　**隠とん者**
  - 名 C 隠とん者, 世捨て人
  - □ hermitage 名 C 隠者のすみか, 庵, 隠れ家

- **abstinence** [ǽbstənəns]　**禁欲**
  - 名 U [〜の] 節制, 禁欲, 断食 [+from]

- □ **meditate** [médətèit]　深く考える
  - 自 [〜について] 深く考える, 瞑想する [+on, upon]　他 〜をもくろむ, 企てる (consider), 〜を熟考する
  - □ **meditation** 名 C U [〜についての] 瞑想, 熟考 [+on, upon]
  - □ **meditative** 形 瞑想にふけった (thoughtful), 思索好きな

- □ **moral** [⊛ mɔ́:rəl ⊛ mɔ́r-]　道徳的な
  - 形 道徳の, 道徳的な (⇔ immoral)　名 C 教訓; 〈-s, 複数扱い〉品行, 素行
  - □ **morale** 名 U (軍隊や国民の)士気, やる気, 風紀
  - □ **morality** 名 U 道徳性, 品行方正

小言

When he gets **angry**, he **nags** his wife about everything, **mutters** to himself, and becomes generally **annoying**.

彼は, 腹を立てると何事に関しても妻にがみがみ小言を言い, ぶつぶつ独り言を言い, そしてたいていの人にとって厄介な存在となる.

- □ **angry** [ǽŋgri]　怒った
  - 形 [〜のことで] 怒った [+at, about, over], [人に] 腹を立てた [+with, at]
    - get angry with [at] the children (子供たちに腹を立てる)
  - □ **anger** 名 U 怒り

- □ **nag** [nǽg]　小言を言う
  - 他 (人)に小言を言う, [〜するように] うるさくせがむ [+to do]　自 がみがみ言う　名 C 俗 小言を言う人

- □ **mutter** [mʌ́tər]　つぶやく
  - 自 つぶやく

- □ **annoying** [ənɔ́iiŋ]　うっとうしい
  - 形 (人を)いらいらさせる, うっとうしい
  - □ **annoy** 他 〜をいらいらさせる, 悩ます
  - □ **annoyance** 名 U いらいらさせること, 煩わしさ

Topic 41

ポーカー

During the poker game, I thought my opponent was **bluffing**, so I took a risk. It was a **tragic** mistake, and I ended up **squandering** all my **winnings** to that point.

ポーカーゲームの最中に対戦相手がはったりをかけていると思い、私は賭けに出た。それは悲劇的なミスで、私はそれまでの儲けのすべてを使い切ってしまった。

□ **bluff** [blʌf]　　はったりをかける

自 はったりをかける　他 (はったりで人) をだます
名 CU はったり、こけおどし　■blind man's bluff [game] (目隠し鬼)
■ double bluff : 裏の裏をかく作戦
① 17世紀のイギリスでは「目隠し」の意味で使われていたと言うが、その語源はオランダの「ブラッグ」(*brag*) というポーカーに似たゲームの名前とされる。

□ **tragic** [trǽdʒik]　　悲劇的な

形 悲劇的な (⇔ comic)、悲惨な
□ **tragically** 副 悲劇的に、悲惨に
□ **tragedy** 名 CU ① 悲劇 (⇔ comedy) ② 悲しい事件

□ **squander** [®skwɑ́ndər ®skwɔ́n-]　　浪費する

他 (金・時など) を [〜に] 浪費する [+in, on] (waste)、(機会) を失う

□ **winning** [wíniŋ]　　勝利金

名 U 勝利　C 〈-s〉(賭けなどの) 勝利金、賞金

いたずらっ子

Jack is **restless** and **relishes** attention, so he's always pulling **stunts**. He's also **prone** to playing tricks on his little sister, so he often gets a **spanking** from his mother.

ジャックは落ち着きがなく,人の気を引くのが好きなので,いつも悪ふざけばかりしている.彼は自分の妹にもいたずらをしてばかりいるので,母親からしょっちゅうお尻をたたかれている.

□ **restless** [réstləs]　落ち着きのない
- 形 ① [～で] 落ち着かない,そわそわした [+at]　②（物などが）絶えず動いて休むことのない
- □ restlessly 副 落ち着きがなく,そわそわと,休まずに
- □ restlessness 名 Ⓤ 落ち着きのないこと
- □ unrest 名 Ⓤ 不安,不穏（な状態）
- 類 fidgety 形 落ち着きのない,そわそわする,不安な

□ **relish** [réliʃ]　好む
- 他 ①（体験・想像）を好む,[～すること] を喜ぶ [+doing]　■She relishes the challenge of running a marathon.（彼女は好んでマラソンに挑戦する）　②（飲食物）をおいしく食べる
- 名 Ⓤ（食欲をそそるような）味,風味　ⒸⓊ 薬味,香辛料;〈通例否定文で,肯定文では a ―〉[～に対する] 好み,興味 [+for]

□ **stunt** [stʌnt]　いたずら
- 名 Ⓒ スタント,離れ業,〈通例 a ―〉人目を引く行為,無謀な行為
  ■pull a stunt（いたずら [愚かなこと] をする）　■stunt man（スタントマン）

□ **prone** [proun]　[～の] 傾向がある
- 形 [～の／（好ましくないこと）をする] 傾向がある [+to / to do]
  ■My computer is prone to crash when I most need it.（私のコンピュータは一番必要なときに限って故障して動かなくなってしまう傾向がある）

□ **spanking** [spǽŋkiŋ]　平手打ち
- 名 ⒸⓊ（罰として尻などを）平手で打つこと
- □ spank 他（子供の尻など）を（罰として）たたく　名 Ⓒ 平手打ち

びんた

He was **jolted** when the **dainty** old lady **slapped** his cheek. He had spoken in **jest** but what he said had made her quite **mad**. He seemed **perplexed** about what happened.

そのきゃしゃな老婦人が彼の頬を平手打ちした時に彼は大きなショックを受けた．彼は冗談のつもりで言ったのだったが，そのことが彼女をひどく怒らせたのだ．彼は事の成り行きに当惑しているようだった．

□ **jolt** [dʒoult]　衝撃を与える
　他 ① 〜を急激に揺する ② (人)に衝撃を与える，驚かして [〜に] する [+into]
　自 (車などが)揺れる 名 C 〈通例 a —〉急激な動揺，ショック

□ **dainty** [déinti]　きゃしゃな
　形 きゃしゃな，可憐な

□ **slap** [slæp]　ぴしゃりと打つ
　他 〜をぴしゃりと打つ 名 C 平手打ち ■give ... a slap on the cheek (〜の頬を平手打ちする)

□ **jest** [dʒest]　冗談
　名 C 冗談，しゃれ (joke) ■make a jest of ... (〜をからかう)

□ **mad** [mæd]　頭に来て
　形 気が狂った，頭に来て
　□ **madly** 副 狂ったかのように，猛烈に
　□ **madness** 名 U 狂気，狂乱状態，狂気じみた行動

□ **perplexed** [pərplékst]　当惑した
　形 当惑した，途方に暮れた

喜色満面

Louise **reined** in her deep joy and maintained a **solemn countenance**, but I knew it was just a **disguise**.

ルイーズは沸き起こる喜びを抑え重々しい表情を保っていたが，私はそれが見せかけにすぎないことを知っていた．

□ **rein** [rein]　抑える
　他 ① (馬など)を手綱で御する ② (感情・言葉など)を抑える，抑制する (+in)
　名 C 〈しばしば -s〉手綱；〈the -s, 複数扱い〉制御手段 (means of control)

- **solemn** [⊛ sáləm ⊛ sɔ́l-]　まじめな
  - 形 ① 〈通例限定用法〉荘厳な, 厳粛な　② まじめな, 謹厳な
  - □ **solemnity** 名 U 厳粛, まじめさ　■with solemnity (厳粛に)
  - □ **solemnly** 副 厳粛に, 厳かに, まじめに

- **countenance** [káuntənəns]　顔つき
  - 名 CU 顔つき, 表情 (expression)　U 落ち着き, 平静

- **disguise** [disgáiz]　見せかけ
  - 名 U 変装, 偽装　CU 見せかけ, ごまかし　■without disguise (包み隠さずに)

太った

I **resent** being told that I am **stout** and my clothes are **shaggy** like a **bum**'s. However, it is true that my **waist** has grown larger and I'm **unwilling** to waste money on new clothes.

私は, 太っていて着ている物が浮浪者みたいにむさくるしいと言われると腹が立つが, ウエストが太くなってしまったのは事実だし, 新しい洋服を買うためにお金を使う気もしない.

- **resent** [rizént]　憤慨する
  - 他 ① ～に憤慨する, 腹を立てる　② 〈SVO's doing〉O (人) が～するのをひどく嫌う
  - □ **resentful** 形 [～に] 腹を立てている [+about, at, of] (angry)
  - □ **resentment** 名 U [～に対する] 憤り, 憤慨 [+against, at, toward]

- **stout** [staut]　太った
  - 形 ① 強い, 頑丈な　② 太った, ずんぐりした　名 U 黒ビール　C 太った人
  - □ **stoutly** 副 頑丈に, でっぷりと

- **shaggy** [ʃǽgi]　むさくるしい
  - 形 ① 毛深い, 毛むくじゃらの　② むさくるしい　③ (生地が) 毛羽立った

- **bum** [bʌm]　浮浪者　→ P.226
  - 名 C ① 物乞い (beggar), 浮浪者 (tramp)　② 怠け者, ぐうたら

- **waist** [weist]　ウエスト
  - 名 C 腰 (のくびれ), ウエスト (胴回りの寸法)

- **unwilling** [ʌnwíliŋ, ʌ́n-]　～する気がしない
  - 形 ① 〈be — to do〉～する気がしない (⇔ willing)　② 気の進まない, いやいやながらの
  - □ **unwillingly** 副 いやいやながら, しぶしぶ

Topic 42

大人になる

As the boy grew older he **ceased** being **timid** and developed considerable **poise**. And where he had once been **clumsy** and **fumbled** things, he became a real athlete.

その少年は成長するにつれおどおどすることもなくなり, ずいぶんと落ち着いてきた. そしてかつては不器用で何をするにも要領を得なかったのに, まったくのスポーツマンになった.

- □ **cease** [siːs]　　やめる
  - 他 (活動など)をやめる　自 (続いていることが)終わる, 途絶える　名 ⓒⓤ 終止
    - ■ without cease (絶え間なく)
  - ▶ cessation 名 ⓒⓤ 停止, 休止, 中断 (ceasing)

- □ **timid** [tímid]　　おどおどした
  - 形 ① [人に対して／〜に] おどおどした, 臆病な [+with / about, of]　② [〜を] 恐れる [+of] (afraid)
  - □ timidly 副 こわごわ, おどおどして
  - □ timidity 名 ⓤ 臆病, 小心

- □ **poise** [pɔiz]　　落ち着き
  - 名 ⓤ ① 平衡, 釣り合い (balance)　② 平静, 落ち着き
  - □ poised 形 (人が)落ち着きのある

- □ **clumsy** [klʌ́mzi]　　不器用な
  - 形 不器用な; (道具などが)できの悪い
  - □ clumsiness 名 ⓤ ぎこちなさ, 不器用

- □ **fumble** [fʌ́mbl]　　不器用に扱う
  - 他 〜を不器用に扱う, 手探りでやる　自 (不器用に)手探りする, [〜を]うまく扱えない [+with]

上司と部下

When the boss is **indignant** and **furious**, his hands **quiver** and he **bullies** everyone in sight. His **subordinates tiptoe** around the office until his anger **subsides**.

その上司は憤慨したり激怒したりすると手が震え,目についた人には手当たり次第につっかかる.部下たちは,彼の怒りが収まるまでオフィス内を忍び足で歩く.

□ **indignant** [indígnənt]　憤慨した
- 形 [〜に] 憤慨した, 立腹した [+at, about, over, on], [人に／〜のことで] 憤る [+with / for]
- □ indignantly 副 憤然として, 立腹して

□ **furious** [fjú(ə)riəs]　激怒して
- 形 ① [人・事・言動に] ひどく立腹した [+about, at, with, that 節]　② (活動が) 激しい, (風・海・嵐などが) 荒れ狂う
- □ furiously 副 物狂おしく, 猛烈に
- □ fury 名 C U 〈通例 a 〜〉激しい怒り　■in a fury (激怒して)

□ **quiver** [kwívər]　震える
- 自 ① (人・翼・声などが) [恐怖・興奮などで／光景・場面などに] ぶるぶる震える, 揺れる [+with / at]　② (葉などが) [風などに] 揺れる [+in]

□ **bully** [búli]　いじめる
- 他 ① 〜をいじめる, 脅す　② (人) を脅して [〜させる／させないようにする] [+into / out of]　自 いばり散らす

□ **subordinate** [səbɔ́:rdənət]　部下
- 名 C 部下, 副官; 従属物　形 副次的な, 下位の

□ **tiptoe** [típtòu]　忍び足で歩く
- 自 つま先で歩く, つま先立ちする, 忍び足で歩く　名 C つま先, 忍び足

□ **subside** [səbsáid]　収まる
- 自 ① 平常の位置 [状態] に戻る　② (風雨・暴動・怒りなどが) 収まる

反面教師

Her father was **petty**, **miserly**, and **pathetically preoccupied** with working hard. She was determined to be the exact opposite.

彼女の父親はけちで強欲で, ただひたすら働くことに哀れなほど打ち込んでいた. 彼女はその正反対になろうと心を決めていた.

□ **petty** [péti]　けちな
　形 ① 〈通例限定用法〉ささいな, 取るに足らない　② けちな
　□ pettiness 名 Ⓤ けちなこと; 取るに足らないこと

□ **miserly** [máizərli]　欲深い
　形 欲深い, けちな, しみったれの
　□ miser 名 Ⓒ 守銭奴, けちん坊, 欲張り

□ **pathetically** [pəθétikəli]　哀れなほど
　副 哀れに, 感傷的に; 不十分に
　□ pathetic 形 ① 哀れな, 痛ましい (pitiful)　② (努力などが) 全く不十分な, ひどい

□ **preoccupied** [㊎ pri:ákjupàid ㊋ -ɔ́k-]　心を奪われた
　形 (何かに) 心を奪われた, 夢中になった
　□ preoccupy 他 (人・心) を [〜で] 夢中にさせる [+with, by]
　□ preoccupation 名 Ⓤ [〜への] 没頭, 夢中 [+with]

赤面

A **tint** of red came to her cheeks when her supervisor **rebuked** her for the mistake. She apologized and **pledged** to do better. Everyone in the office sympathized with her **plight**.

上司が彼女のミスをきつく叱責した時, 彼女の頬は紅潮した. 彼女は謝罪し, 改めることを誓った. 職場のだれもが彼女のつらい立場に同情した.

□ **tint** [tint]　〜の気味
　名 Ⓒ 色, 色合い, [〜の] 気味 [+of], ほのかな色　他 〜を染める
　□ tinted 形 〈限定用法〉色つきの　■tinted glasses (色眼鏡)

- **rebuke** [ribjúːk]　**厳しく叱る**
  - 他 (人)を [〜のことで] 強く非難する, 叱る [+for] (blame)
  - 名 C [〜に対する] 非難, 叱責 [+for]

- **pledge** [pledʒ]　**誓う**
  - 他 [〜することを] 誓う [+to do / that 節], (忠誠・寄付など)を [〜に] 誓う [+to]
  - 名 CU [〜するという] 固い約束 [+to do, of doing, that 節] (promise)
  - ■ the Pledge of Allegiance (to the Flag) (米国国民の自国への忠誠の誓い)

- **plight** [plait]　**惨めな状況**
  - 名 C〈通例 a / the —〉(通例悪い)状態, 苦境, 窮地
  - 類 misery 名 U 惨めさ, 窮乏

チップ

The waiter **scoffed** at the minimal **gratuity** the **stingy** customer **tossed** on the table. The waiter had given excellent service and the customer was almost **mocking** him.

ウェイターはそのけちな客がテーブルに放り投げたわずかなチップをあざ笑った.
そのウェイターは極上のサービスをしていたのに, その客は彼をまるでばかにしたようなものだった.

- **scoff** [⊛skɔːf ⊛skɔf]　**あざ笑う**
  - 自 [〜を] あざ笑う, 嘲笑する [+at] 名 C〈通例 -s〉あざけり, 嘲笑
  - □ **scorn** 他 〜を軽べつする, さげすむ 名 U [〜への] 軽べつ, 嘲笑 [+for]
  - □ **scornful** 形 軽べつした, 横柄な, [〜を] 軽べつしている [+of]

- **gratuity** [⊛grət(j)úːəti ⊛-tjúː-]　**チップ**
  - 名 CU 心付け, チップ ■No gratuity accepted. (お心付けは辞退いたします)
  - 類 tip 名 C ① チップ, 心付け ② 内報, [〜についての] 予想 [+about, for, on]

- **stingy** [stíndʒi]　**けちな**
  - 形 けちな, しみったれた

- **toss** [⊛tɔːs ⊛tɔs]　**投げる**
  - 他 投げる, ほうる 自 ① (船・旗などが)上下に動く ② (人が)寝返りを打つ
  - 名 C〈通例 a —〉(1回の)トス;〈the —〉(事を決めるための)コイン投げ

- **mock** [⊛mɑk ⊛mɔk]　**ばかにする**
  - 他 ① 〜をあざける, ばかにする ② (人の行為など)を(からかって)まねる
  - 自 [〜を] あざける, ばかにする [+at] 形 にせの, 見せかけの
  - 名 CU あざけり, 嘲笑 ■make a mock of ... (〜をあざ笑う)
  - □ **mockery** 名 U あざけり, からかい C あざけりの言葉;〈a —〉まがい物

Topic 43

間抜け

That **jerk insults** everyone who seems **weaker** than he is.
He should be **ashamed** of himself for hurting **decent** people!

あの間抜けときたら、自分より弱そうな人ならだれかれ構わず侮辱する。
立派な人たちの気分を害しておいて、少しは恥を知るべきだ。

□ **jerk** [dʒəːrk]　間抜け

名 C ① 急にぐいと引くこと　② 侮 間抜け、世間知らず
他 (物) をぐいと動かす　自 (車などが) 急に [ガタンと] 動く
□ jerky 形 ① 急に [ぐいと] 動く　② ぎくしゃくした　③ 米侮 とんまの, ばかな
類 bastard 名 C 私生児; 偽物; (無礼な) やつ　形 私生児の; まがいの

□ **insult** [動 insʌ́lt 名 ínsʌlt]　侮辱する

他 ~を侮辱する、辱める　自 [~に対して] 尊大に振る舞う [+on, upon, over]
名 C U [~に対する] 侮辱、侮辱的言動 [+to]
□ **insulting** 形 侮辱的な、無礼な

□ **weak** [wiːk]　弱い

形 弱い、無力な
□ **weaken** 他 (体力など) を弱める、無力にする (⇔ strengthen)
□ **weakness** 名 U 弱さ、無力さ　C 弱点、欠点
□ **weakling** 名 C 虚弱者、弱虫　形 弱虫の
▶ invalid¹ 形 病弱な　名 C 病弱な人、病人
▶ invalid² 形 根拠薄弱な、無効の (⇔ valid)

□ **ashamed** [əʃéimd]　恥じている

形 ① ⟨be — of ...⟩ …を恥じている　② [恥ずかしい行いを] 恥じている [+for]
③ ⟨be — to do⟩ 恥ずかしくて…することができない

□ **decent** [díːsnt]　相当な身分の

形 ① (服装などが) かなり立派な、相当な身分の　② (人への接し方が) 礼儀正しい、きちんとした　③ かなりの、相当な
□ **decently** 副 ① 見苦しくなく、きちんとして　② 相当に、かなり

犬猿の仲

Bragging and **barbed** comments led to a **vicious quarrel** between the men. It was **appalling** how much they seemed to **detest** one another. They acted like absolute **lunatics**!

自慢話や辛らつなコメントがもとでその人たちは激しい口論となってしまった．
彼らがどんなにかお互いを憎んでいるように見えたかは，驚くほどである．
彼らの振る舞いは完全に気が狂った人のようだった．

□ **bragging** [brǽgiŋ]　自慢すること
　名 Ⓤ 自慢すること　形 自慢する
　□ **brag** 自 [～を／～に] 自慢する [+of, about / to] 他 ～を自慢する，鼻にかける　名 ⒸⓊ 自慢話
　ⓘ「自慢する」という意味を表すのには be proud of, boast といった表現があるが，be proud of は「誇りに思って自慢する」という意味合いが強く，brag は鼻もちならない相手が「自慢している」様子を批判的に述べるときに使われる．

□ **barbed** [bɑːrbd]　辛らつな
　形 辛らつな，とげのある
　□ **barb** 名 Ⓒ ① (矢じり・釣り針などの) かかり，戻り，とげ　② とげのある言葉

□ **vicious** [víʃəs]　激しい
　形 ① 悪意のある，意地の悪い　② (苦痛・嵐・戦闘などが) ひどい，激しい
　□ **vice** 名 Ⓤ (道徳・宗教上の) 悪，不道徳 (⇔ virtue)　ⒸⓊ 悪い行い

□ **quarrel** [⊛kwɔ́ːrəl ⊛kwɔ́r-]　口論
　名 Ⓒ [～に関する／～との／～の間の] 口論，口げんか，仲たがい [+about, over / with / among, between] 自 [人と／～のことで] 口論する [+with / about, over, for]
　□ **quarrelsome** 形 けんか好きな，怒りっぽい，議論好きな

□ **appalling** [əpɔ́ːliŋ]　びっくりさせるほどの
　形 ① (人を) ぞっとさせる，恐ろしい　② びっくりさせるほどの，ひどい
　□ **appalled** 形 ぞっとして
　□ **appall** 他 ～をぞっとさせる，⟨be -ed at ...⟩ ～にぞっとする

□ **detest** [ditést]　憎む
　他 ～を憎む，[～すること] をひどく嫌う [+doing]
　□ **detestation** 名 Ⓤ 憎悪，嫌悪　■have one's detestation of ... (～をひどく嫌う)　Ⓒ 大嫌いな人 [物]
　▶ **despise** 他 ～を軽べつする，ひどく嫌う　▶ **disdain** 他 (優越感から) ～を見下す

□ **lunatic** [lúːnətik]　狂人
　名 Ⓒ 狂人，大ばか者　形 常軌を逸した，精神異常の
　類 loony 名 Ⓒ 狂人　形 ⊛ 狂気の

ジェイク

Jake is **shrewd** and he **swapped** his old car for a motorcycle, so he could be **frugal**, and also be **punctual** for his appointments around town.

ジェイクはそつがなく，倹約のためと町のあちこちでの約束の時間を守るために，自分の古い車をオートバイと交換した．

□ **shrewd** [ʃruːd]　そつがない
　形 そつがない，利口な，抜け目のない
　□ shrewdly 副 そつなく，利口に
　□ shrewdness 名 U そつのなさ，(状況判断の) 正しさ

□ **swap** [⊛ swɑp ⊕ swɔp]　交換する
　他 ～を [物と] 交換する [+for]，[人と] 交換し合う [+with]
　■ swap meet : ⊛ (家庭用品の) 中古品交換会
　□ swapping 名 U 交換; (金融の) スワップ取引

□ **frugal** [frúːg(ə)l]　つましい
　形 つましい，(過度に) 倹約する (economical)
　□ frugality 名 U つましさ，倹約
　□ frugally 副 つましく

□ **punctual** [pʌ́ŋktʃuəl]　時間を守る
　形 ① [～に対して] 時間を守る [+for] ② [～することにかけて] 素早い [+in] (⇔ late) ■She's always been punctual in answering letters. (彼女はいつも素早く手紙の返事を書くようにしてきた) ③ きちょうめんな
　□ punctually 副 時間通りに，期限通りに

キツネとブドウ

In the **fable**, the **cunning** fox **yearned** to eat the grapes hanging overhead. After a **valiant** attempt to reach them, he went off hungry and with a **frown** on his face.

その寓話では、ずる賢いキツネは頭の上に垂れ下がっているブドウを食べたいと願っていた。それを取ろうと果敢に挑んだが、顔をしかめて空腹のまま立ち去った。

□ **fable** [féibl]　**寓話**
　　名 C 寓話, たとえ話; ありそうな物・事　■Aesop's Fables (イソップ物語)
　　名 U 作り話 (⇔ fact)
　　□ **fabled** 形 ① 伝説上で名高い, 伝説的な　② まゆつばの
　　□ **fabulous** 形 ① 伝説上の, 架空の　② とてつもない, 驚くべき

□ **cunning** [kʌ́niŋ]　**ずる賢い**
　　形 ① 悪賢い, 狡猾な　② 器用な, 精巧な (skillful)
　　名 U ① 狡猾さ, 悪賢さ　② 巧妙さ, 熟練 (skill)
　　ⓘ「テストでカンニングする」は cheat in a test.
　　□ **cunningly** 副 悪賢く, 抜け目なく

□ **yearn** [jəːrn]　**切望する**
　　自 ① [〜を] 恋しく思う, 切望する [+for]　② [〜することを] 切望する [+to do]
　　類 long 自 [〜することを／〜を] 思いこがれる, 切望する [+to do / for]
　　□ **yearning** 名 CU [〜に対する／〜したいという] あこがれ, 切望 [+for / to do]
　　類 longing 名 CU〈通例 a —〉[〜に対する／〜したいという] あこがれ, 願望 [+for / to do]

□ **valiant** [vǽljənt]　**勇敢な**
　　形 (特に勝ち目のない戦闘や目的達成において) 勇敢な, 雄々しい
　　□ **valiantly** 副 勇敢に, 英雄的に

□ **frown** [fraun]　**しかめ面**
　　名 C しかめ面, 渋面, (眉を寄せたときの) 額のしわ
　　自 ①〈SV on [upon] ..., 時に受身形〉〜にまゆをひそめる, 〜を認めない　■In some countries, slurping food such as noodles is frowned upon. (めん類のような食べ物を音を立てて食べることを好ましくないとする国もある)　② [〜に] しかめ面をする [+about, at]　他 (不賛成・嫌悪など) を顔をしかめて示す

Topic 44

いいやつ

While our ideas aren't identical, our basic goals **coincide**, so Bob and I have become **allies**. On the personal side, he's a good **bloke** and he has a tremendous **capacity** for enjoying life.

二人の考えは全く同じというわけではないが、基本的な目標は一致している。そこでボブと私は協力することにした。個人的には彼はいいやつで、人生を楽しむことにかけては名人である。

- □ **coincide** [kòuinsáid]   一致している
  - 自 ① (考え・意見が) 一致している, 似ている ② (出来事が) 同時に起こる ③ (点・線の位置が) 合致している
  - □ coincidence 名 CU 偶然の一致, 同時発生
  - □ coincidentally 副 (偶然) 一致して, 同時に

- □ **ally** [ǽlai, əlái]   提携相手
  - 名 C 同盟国, 提携相手, 協力者 ■the Allies (連合軍, 連合国)
  - □ alliance 名 CU 同盟, 連合, 提携

- □ **bloke** [blouk]   やつ
  - 名 C 英 話 男, やつ (米 guy, fellow)

- □ **capacity** [kəpǽsəti]   能力
  - 名 CU 能力 U 定員; 容積, 容量
  - □ capacious 形 (収容能力が) 大きい, 広い

松葉づえ

She is using **crutches** because her leg is in a **cast**, but she's a naturally **jolly** person, so she doesn't **fret** about the inconveniences.

彼女は脚にギプスをはめているので、松葉づえを使っているが、生まれつき陽気な人なので、その不便にいらいらしてはいなかった。

- □ **crutch** [krʌtʃ]   松葉づえ
  - 名 C 松葉づえ; 頼りになる人 [物] ■on crutches (松葉づえをついて)

- □ **cast** [⽶kæst ⽶kɑːst]　ギプス
  - 名 C ① (映画・演劇の) キャスト, 配役陣　② ギプス (plaster cast)　③ 鋳型, 流し型 (mold)　④ (釣り糸・さいころの) 一振り, (視線の) 投げ掛け
  - 他 <—, cast, cast> ① (配役) を決める　② (物質) を (型に) 流し込む, 固める
  - □ **castaway** 名 C 世間 [神] から見捨てられた人, 漂着者

- □ **jolly** [⽶dʒɑ́li ⽶dʒɔ́li]　陽気な
  - 形 陽気な, (人物が) すてきな

- □ **fret** [fret]　いらいらする
  - 自 [〜のことで] いらいらする, 思い悩む [+about]　名 <a / the —> いらだち
  - □ **fretful** 形 いらだちやすい, 気難しい

恨み

Kate has **brooded** and held a **grudge** against her former friend for some **silly** reason.

ケイトはあるばかげた理由でかつての友人に恨みを抱き, それをずっと心に秘めていた.

- □ **brood** [bruːd]　胸に秘める
  - 他 ① (卵) を抱く　② (恨み) を胸に秘める　自 ① 卵を抱く　② 考え込む [+on, over]
  - ⓘ通例 brood on [about] は「くよくよ思い悩む」, brood over は「熟考する, たくらむ」という意味を表す.

- □ **grudge** [grʌdʒ]　恨み
  - 名 C [人に対する] 恨み, 悪意 [+against]
  - □ **begrudge** 他 ① 〜をねたむ (envy)　② 〜を出ししぶる
  - □ **grudging** 形 いやいやの, [〜に] 不承不承の [+in]

- □ **silly** [síli]　ばかげた
  - 形 ばかな, ばかげた, 単純な
  - □ **silliness** 名 C U ばかなこと, 愚行

カタカナ職業

　最近の就職情報誌を開いてみると、プランナー、エンジニア、スタイリスト、スポーツインストラクター等々、カタカナの職種名が氾濫している。たしかに「商店主」＝ショップ・オーナー、「菓子職人」＝パティシエと呼んだほうが数段響きがよく、若者受けもするのかもしれない。定職を持たずにふらふらしているだけの人もフリーターと言えば体裁よく聞こえる。

　このカタカナの職業名を、動詞や名詞の後ろに「～する人」を表す接尾辞を付けたものだということをふまえて改めて眺めてみると、その語源から、意外と役立つ語彙を増やせることに気づく。この「～する人」を表す接尾辞の代表的なものを見てみよう。

1 〈+ -er〉型

　teacher、seller、buyer、dealer など、最も一般的なのがこの型である。ホームヘルパーも最近の注目の職種であるが、英語の helper は通例「熟練者の手助けをする未熟な人」というイメージが強く、家事のプロといった日本語のイメージとは少し異なる。英語では「家政婦」は home help となる。また、海外アーティストの promoter と言えば「興行主、主催者」という意味もあるが、元となる動詞 promote に「促進する」という意味があることから、「発ガン促進物質」という意味でも使われる。

2 〈+ -or〉型

　-er がアングロ・サクソン系の語源であるのに対して、こちらはラテン系の接尾辞。最近よく耳にする職種にインテリアコーディネーター、ブライダルコーディネーター、移植コーディネーターなどがある。英語では coordinator であるが、これらの職種の内容を考えれば、動詞 coordinate に「調整する」、「調和させる」といった意味があることは見当がつくだろう。他の例として advisor（顧問）、conductor（指揮者）、sculptor（彫刻家）、auditor（会計監査官）、speculator（相場師）などがあげられる。

3 〈+ -ant / -ent〉型

　consultant、assistant など。日本語ではコンサルタントは「相談を受け、それに答えてくれる人」というイメージが強いが、動詞 consult はその逆で、「（が専門家）に助言を求める」という意味になる。accountant（計理士）、consultant（助言者）、president（座を取り仕切る人＝社長）などの例がある。

4 〈+ -ist〉型

　stylist、artist、journalist などのほかに、geologist（地質学者）など、-logy で終える「学問名」のすべては、-ist をつけて「～学者」に移行させることができる。接尾辞の -ist には「～に巧みな人、専門家」という意味合いが込められている。アーティスト＝「芸術面ですぐれた人」というわけである。

2 個人の経験
Personal Experience

Topic 45

ごちそう

I imagined we'd have a **bite** at their house, but it turned out to be a real feast! They served **broiled steaks**, four vegetables, soup, homemade bread, and **cherry pie** for dessert.

彼らの家で軽い食事をするだけかと思っていたら，なんと大ごちそうだった．直火焼きの肉に4種類の野菜とスープ，そして手作りのパンにデザートにはチェリーパイを，彼らは振る舞ってくれた．

□ **bite** [bait]　軽い食事
　名 C ① かむこと ②〈a —〉ひとかじり，少量 ③ 略 軽い食事
　他 ～をかむ，かみつく　自 [～に] かみつく [+at, on]

□ **broil** [brɔil]　焼く
　他 (焼き網・グリルを使って直火で肉・魚など)を焼く (grill)
　▶roast 他 オーブンで (時に串に刺して直火で大きな肉の塊を)焼く
　▶bake 他 (直火に当てずにオーブンなどで)焼く

□ **steak** [steik]　切り身肉
　名 C U 牛肉の切り身肉　U〈複合語で〉肉のこま切れ，ひき肉

□ **cherry** [tʃéri]　サクランボ
　名 C サクランボ

□ **pie** [pai]　パイ
　名 C U ① パイ ②〈通例 the —〉略 (分配する前の)総額
　■ pie in the sky：(比喩的に)絵に描いた餅

出産

When I was **pregant**, I learned how to do **breathing** exercises, so when the time came for me to give **birth** I was **prepared**.

私は妊娠中に呼吸法を学んで，いざ出産というときには心構えができていた．

□ **pregnant** [prégnənt]　妊娠して
　形 妊娠している
　□ pregnancy 名 C U 妊娠，妊娠期間

- **breathing** [bríːðiŋ]　呼吸
  - 名 ❶ ① 息づかい, 呼吸(法) ■deep breathing(深呼吸) ② ⟨a —⟩息つく間, 休息
  - □ breathe 自 息をする; 休息する 他 (においなど)を吸う, 呼吸する, (空気など)を吐き出す
  - □ breath 名 ❶ ① 息, 呼吸 ■out of breath(息を切らして) ■take a deep breath(深呼吸する) ② ⟨通例 a —⟩一息, 休息

- **birth** [bəːrθ]　出産
  - 名 ❶ ⟨具体的には ❶⟩出産, 誕生
  - ▶birth rate：出生率　▶birth place：出生地, 生まれ故郷, 発祥地
  - ■ give birth：出産する

- **prepared** [pripέərd]　心構えのできた
  - 形 ① 心構えのできた ② 準備のできた ③ 調理済みの

転居先

The last **occupant** of the apartment put posters on the walls with **pins** and it left **chips** in the paint. They are **conspicuous** so we want to fill up the **holes** and paint over them.

アパートの前の住人が壁にピンでポスターを貼っていたせいで, 壁のペンキに穴が残っていた. その跡が目立つので, 私たちは穴を埋めてペンキで隠したいと思っている.

- **occupant** [⊛ákjupənt ⊛ɔ́kju-]　居住者
  - 名 ❶ 居住者, 賃借人
  - □ occupy 他 ① 〜を占有する, 使用する ② ⟨be -ied / — oneself⟩ [〜に]専念する [+with, in]

- **pin** [pin]　ピン
  - 名 ❶ ピン, 留め針　他 ① (ピンなどで物)を留める ② (人)をくぎ付けにする

- **chip** [tʃip]　欠け跡
  - 名 ❶ 切れ端; 欠け跡, 傷　他 〜を削る, 小片に砕く　自 欠ける, (ペンキなどが)はげ落ちる

- **conspicuous** [kənspíkjuəs]　目立つ
  - 形 ① [〜で]目立つ [+for] (⇔ inconspicuous) ■conspicuous consumption(派手な散財) ② 明白な
  - □ conspicuously 副 著しく, 目立って

- **hole** [houl]　穴
  - 名 ❶ 穴, くぼみ　他 〜に穴を開ける[掘る]　自 閉じこもる (+up)

悔恨

I couldn't decide whether to **enroll** in university or become a photographer's **apprentice**. After **pondering** the alternatives, I decided to **appease** my parents by enrolling. I don't feel **remorse** for doing so, because I'm doing photography **on the side**.

私は，大学に入学するかカメラマンの見習いになるか決められなかった．
2つの道をよく考えた末，両親の言う通り大学へ入学することに決めた．
そうしたことになんの後悔もしていない．なぜならば，趣味として写真を撮っているからだ．

□ **enroll** [inróul, en-]　**入学する**

自 [〜に] 入学する [+in, on, for]　■I plan to enroll in an evening class. (私は夜間のクラスに受講申請しようと考えている)　他 (氏名) を [〜として] 名簿に記載する [+as]

□ **enrollment** 名 U 入学, 入隊　C 入学者数　■Enrollment for medical courses is unexpectedly low this year. (医学関連学科への入学志望は今年は予想外に低調だ)

□ **apprentice** [əpréntis]　**見習い工**

名 C 養成工, 見習い工
□ **apprenticeship** 名 C U 見習いであること

□ **ponder** [⊛pándər ⊛pón-]　**熟考する**

他 〜を熟考する　自 [〜について] 熟考する [+about, on, over]

□ **appease** [əpíːz]　**〜の言う通りにする**　→ P.128

□ **remorse** [rimɔ́ːrs]　**後悔**

名 U 自責の念, 後悔
□ **remorseful** 形 悔恨にあふれた

■ **on the side**：本職とは別に

ハチに刺される

When I **touched** the flower a bee **stung** me, and it **swelled** up. I'm **caring** for it by putting ice packs on it. That **lessens** the swelling and the pain.

私が花に触れた時, ハチに刺され, 手が腫れ上がってしまった.
私は氷パックをのせて処置をしている. それによって腫れも引き, 痛みも和らいでいる.

□ **touch** [tʌtʃ]　　触る
　　他 ① (物)に触る　② (料理)に手を付ける　③ (人)を感動させる, 怒らせる
　　自 接触している　名 ⓒⓤ ① 触れること, 接触　② (芸術的)手法, 特質
　　□ touching 形 (事・物が)人の心を動かす, 感動的な, 哀れな
　　　類 moving 形 憐れや共感を催させるような　■a moving story (感動的なお話)

□ **sting** [stiŋ]　〈—, stung, stung〉　刺す
　　他 (虫・植物が)(人・物)を針[とげ]で刺す　名 ⓒ ① (ハチなどの)針, (植物の)とげ　② 刺すこと, 刺し傷　■the sting of a bee (ハチが刺すこと)

□ **swell** [swel]　　腫れる
　　自 (物が)ふくらむ, (手足が)腫れる (+up)
　　□ swelling 名 ⓤ 腫れ, 腫れ上がっていること　ⓒ 腫れもの, こぶ

□ **care** [kɛər]　　世話をする
　　自 (人が)[人・物・事を]気づかう, 心配する, [〜に]関心がある [+about]
　　名 ⓤ 心配, 不安; 注意; 看護　ⓒ 〈-s〉心配事
　　■ care for : ① 〜の世話をする, 〜の心配をする　② 〜が好きだ　③ 〜を望む
　　■ care about : 〜を心配する, 気づかう
　　■ take care of : 〜の世話をする, 〜に気を配る
　　■ Take care. : 「お大事に」

□ **lessen** [lésn]　　少なくする
　　他 〜を少なくする, 小さくする, 減らす
　　□ less 副 (量・程度が)より少なく

Topic 46

商品補償

The tape recorder is still **under warranty**, so **repairs** should be **free of charge**.

このテープレコーダーはまだ保証期間中なので、修理は無料のはずだ．

■ **under warranty**：保証期間中で
- warranty 名 CU 保証，保証書
- warrant 名 U 正当な理由，根拠，権利 C 証明書，令状，召喚状
  ■ a warrant of arrest（逮捕状）

□ **repair** [ripéər]　修繕作業
名 U 修繕，修理，手入れ C 修繕作業，修繕（個所）他 ～を直す，修理する
- repairman 名 C 修理工

■ **free of charge**：無料の

ショップで

The coat cost one hundred fifty pounds **sterling** in the shop, so one can **surmise** that the shop makes **upward** of twenty pounds on each sale.

コートはその店で英貨で150ポンドだったので，
一着売れるごとに20ポンド以上の儲けになると考えられる．

□ **sterling** [stə́ːrliŋ]　英国ポンド
名 U 《通貨単位》英国ポンド 形 ① 英貨の，ポンドの ②〈限定用法〉(性格などが) すぐれた，立派な ■a man of sterling character（上品な性格の男）
- quid 名 C 現金1ポンド ■It costs 80 quid.（それは80ポンドします）

□ **surmise** [sərmáiz, sə́ːrmaiz]　推測する
他 ～を推量する，推測する 自 推量する

□ **upward** [ʌ́pwərd]　より多く
副 上の方へ，上向きに，より多く ■upward of ...（～以上の）

衝突事故

A jeep **collided** with a **cab**, **shattering** the jeep's **windshield**. As a result, the road was **congested** for over an hour.

ジープがタクシーと衝突し，ジープのフロントガラスは粉々に割れた．
それによって，1時間以上にわたって道路が渋滞した．

- **collide** [kəláid]　衝突する
  - 自 [〜と] 衝突する [+with]　■collide head-on with a truck（トラックと正面衝突する）
  - **collision** 名 ⓒⓤ [〜との／〜の間の] 衝突，対立 [+with / between]

- **cab** [kæb]　タクシー
  - 名 ⓒ タクシー（taxi, taxicab）

- **shatter** [ʃǽtər]　粉々に割る
  - 他 ① 粉々に割る ② くじく，害する　自 粉々になる
  - 類 break（壊す）　類 crush（押しつぶす）　類 smash（粉砕する）
  - **shattered** 形 取り乱した
  - **shattering** 形 ショッキングな　■a shattering experience（やる気をくじく経験）

- **windshield** [wíndʃìːld]　フロントガラス
  - 名 ⓒ ⊛ フロントガラス（⊛ windscreen）

- **congested** [kəndʒéstid]　混雑した
  - 形 密集した，混雑した　■congested area（密集地域）
  - **congest** 他 〜を詰め込む，混雑させる
  - **congestion** 名 ⓤ 密集，混雑　■traffic congestion（交通渋滞）

禁煙中!?

A: Harry, can I **bum** a **cigarette** off you?

B: If I **recall** correctly, you said you had quit smoking.

A: ハリー、たばこを1本めぐんでくれない?
B: 僕の記憶が正しければ、君はたばこをやめたって言ってたけど。

□ **bum** [bʌm]　せびる
　他 ～をたかる、～を[人に]せびる [+off, from]　自 ぐうたらに暮らす
　名 C 浮浪者; 怠け者;〈複合語で〉～マニア　■a ski bum (スキー狂)
　□ **bummer** 名 C 俗怠け者, 浮浪者

□ **cigarette** [sìgərét]　巻きたばこ
　名 C 巻きたばこ
　□ **cigar** 名 C 葉巻

□ **recall** [rikɔ́:l]　思い出す
　自 略[正しく]思い出す [+correctly]　他 ① ～を思い出す, 思い出させる
　② ～を呼び戻す ③ ～を回収する　名 CU 呼び戻し, リコール; 思い出す能
　力[こと]　U (欠陥商品の)回収

飲酒運転

Hank was drunk when he came home and he drove off the **driveway** into a **ditch** and got stuck in the **mud**.

ハンクは家に帰る時酔っぱらっていて、運転中に車道からそれて側溝に突っ込み、
ぬかるみにはまって動けなくなった。

□ **driveway** [dráivwèi]　車道
　名 C 車道

□ **ditch** [ditʃ]　溝
　名 C 水路, 溝　他 ～に溝を掘る

□ **mud** [mʌd]　ぬかるみ
　名 U〈具体的な場合は C〉泥, ぬかるみ
　□ **muddy** 形 泥の　■a muddy road (ぬかるみの道)　他 ～を泥だらけにする

町を出る

Although I don't **lament** leaving the small town, I **cling** to some memories of the place, and feel a certain **longing** for simpler days. But in the end, life there was **dull** and not at all **glamorous**.

その小さな町を離れたことが悲しいわけではないが，私にはその場所での思い出に執着があり，素朴な日々へのいくぶんかのあこがれを感じる．
しかし，つまるところ，そこの暮らしは退屈で，魅力にあふれたものでは到底なかった．

- □ **lament** [ləmént]　悲しむ
  - 他 ① 悲しむ，嘆く ② 後悔する，[～ということ]を残念に思う [+that 節]
  - □ lamented 形 悼まれる，惜しまれる ■the late lamented (故人)
  - □ lamentation 名 Ⓤ 悲嘆，哀悼

- □ **cling** [klíŋ]　〈—, clung [klʌŋ], clung〉　執着する
  - 自 ① [～に]ぴったりくっつく [+to] (stick) ② [希望・習慣などに]執着する [+to]
  - 類 clasp 他 (つるなどが)～に巻きつく，(人が手・体など)を握りしめる
  - 類 clench 他 ① (物)を[手などで]しっかりつかむ [+in, with] ② (歯)を食いしばる
  - □ clinging 形 ① (衣服が)ぴったりした (⇔ loose) ② 依存心が強い

- □ **longing** [⊛lɔ́ːŋiŋ ⊛lɔ́ŋiŋ]　あこがれ
  - 名 ⒸⓊ〈通例 a —〉[～に対する／～したいという]あこがれ，願望 [+for / to do]
  - □ longingly 副 切望して，あこがれて

- □ **dull** [dʌ́l]　退屈な
  - 形 ① 頭の鈍い ② (刃物などが)切れ味の悪い ③ 退屈な，面白くない，単調な
  - □ dullness 名 Ⓤ 鈍感; 不景気; 退屈，単調

- □ **glamorous** [glǽm(ə)rəs]　魅力に満ちた
  - 形 魅力に満ちた，魅惑的な
  - ⓘ女性を言い表す場合でも，必ずしも性的魅力のある女性を意味するわけではない．「グラマーな女性」を表すのは a voluptuous woman.
  - □ glamour 名〈⊛ glamor〉Ⓤ うっとりさせる魅力
  - □ glamorously 副 魅惑的に
  - 類 voluptuous 形 ① (女性の身体が)セクシーな ② (外見・味・匂いが)快感を与える

Topic 47

海外旅行

Our **itinerary** is **influenced** by how **affordable** the country is and whether they **cater** to **foreign tourists**.

我々の旅程は、どのくらいその国が暮らしやすいか、また外国人観光客に柔軟に対応するかどうかに左右される.

□ **itinerary** [⊕aitínərèri, i-⊕-rəri]　旅程
　　名 C 旅程(表), 旅行記　形 旅程の, 旅行の

□ **influence** [ínfluəns]　～を左右する
　　他 ～に影響を及ぼす, ～を左右する　名 C U 影響(力), 勢力
　　ⓘ「～に影響を与える」は have an influence on … で, give an influence to … とは言わない.
　　□ **influential** 形 影響を及ぼす, 有力な

□ **affordable** [əfɔ́:rdəbl]　(価格が) 手ごろな
　　形 (価格が) 手ごろな
　　□ **afford** 他 ①〈S can ― to do〉(人) が～する余裕 [お金, 時間] がある, ～しても困らない　②〈SVO〉人が～を払う余裕がある, ～する時間がある　■Their parents can't afford the rent. (彼らの両親は家賃を払う余裕がない)　③〈SV (O₁) O₂ / SVO₂ (to O₁)〉(物) が (O₁に) O₂を与えてくれる　■The view from the peak affords refreshment to hikers. (山頂からの眺望はハイカーたちにそう快感を与えてくれる)
　　ⓘ この動詞の①②の用法の, 特に疑問文・否定文では can, could, be able to などと組み合わせて使う.

□ **cater** [kéitər]　応ずる
　　自 [人 (の要求・要望) に] 応ずる, [娯楽・食事などを] 供する [+to], [宴会などの] 料理をまかなう [+for]　他 ～の料理をまかなう
　　□ **catering** 名 U ケータリング業, 料理の仕出し [提供]

□ **foreign** [⊕fɔ́:rən ⊕fɑ́r-]　外国の
　　形 外国の (⇔ domestic)
　　□ **foreigner** 名 C 外国人; 見慣れぬ人, よそ者

□ **tourist** [túə(ə)rist]　観光客
　　名 C 観光客, 旅行者
　　□ **tour** 名 C 旅行, 巡業　■on tour (旅行中で)　他 ～を旅行する　自 [～を] 旅行する [+in, through]
　　□ **tourism** 名 U 観光業

国際便

Approximately 72 hours before your international flights, please **reconfirm** your reservations.

国際線出発のおよそ72時間前までに，予約の再確認をしてください．

- **reconfirm** [rìːkənfə́ːrm]　（予約など）を再確認する
  - 他 (予約など)を再確認する
  - reconfirmation 名 U〈具体的な場合は C〉再確認
  - confirm 他 確かめる，確認する，確証する
  - confirmation 名 U〈具体的な場合は C〉確認，確証
  - confirmed 形 ① 確認された ② 凝り固まった，常習的な，(病気が)慢性の
    - ■a confirmed habit（どうしても抜けない癖）

コンパス

Do you sell a **durable compass** that I can **hang** around my neck when I **tramp** off into the woods?

森を歩き回るときに首から下げられる丈夫な方位磁石を売っていませんか．

- **durable** [米 dú(ə)rəbl, djú(ə)r- 英 djú(ə)r-]　丈夫な
  - 形 ① 永続性のある，恒久性の ② もちのよい，丈夫な
  - durability 名 U 耐久性，耐久力，永続性

- **compass** [kʌ́mpəs]　方位磁石
  - 名 C 羅針盤，方位磁石，コンパス

- **hang** [hæŋ] ①〈—, hung [hʌŋ], hung〉②〈—, hanged, hanged〉　つるす
  - 他 ① 〜を掛ける，つるす，下げる，垂らす ② 絞首刑にかける，〈— oneself〉首をつって自殺する
  - hanging 名 C (装飾用の)壁掛け C U 絞首刑，つるすこと
  - hanger 名 C ① 洋服掛け，ハンガー，つり手 ② つるす人

- **tramp** [træmp]　徒歩旅行をする
  - 自 どしんどしん歩く，(長い距離を)てくてく歩く，徒歩旅行をする (+off, across, up) 名 U〈the —〉重い足音 C〈通例 a —〉(長距離の)徒歩旅行

ゴムボート

There were a few **tense** moments after they were **flung** off the **raft** by a wave from ~ the passing **barge**, but they **groped** for a rope and pulled themselves onto the raft again.

近くを通るはしけによる横波のせいで，彼らがゴムボートから振り落とされた時には，少し張り詰めた空気が流れたが，彼らはロープを手探りで捜し，ゴムボートに自力ではい上がった．

- □ **tense** [tens]　緊張した
  - 形 ① ぴんと張った，張り詰めた，緊張した　② 不自然な，堅苦しい
  - □ tensely　副 緊張して

- □ **fling** [fliŋ]　〈—, flung [flʌŋ], flung〉 振り落とす
  - 他 ① ～を投げつける，投げ飛ばす　② ～を振り落とす，かなぐり捨てる　自 突進する，飛び出す

- □ **raft** [⊛ræft ⊕rɑːft]　ゴムボート
  - 名 Ⓒ いかだ，ゴムボート; 浮き桟橋
  - 他 ～をいかだで運ぶ　自 いかだを使う，いかだで行く
  - □ rafting　名 Ⓤ (スポーツの) ラフティング，ゴムボートによる急流下り

- □ **barge** [bɑːrdʒ]　はしけ
  - 名 Ⓒ 平底の荷船，はしけ　他 ～をはしけで運ぶ　自 のろのろ進む

- □ **grope** [group]　手探りで捜す
  - 自 ① 手探りする，[～を] 手探りで捜す [+for]　② 探る，模索する　名 Ⓒ 手探り
  - □ gropingly　副 手探りで，暗中模索して

ピンぼけ

I tried to take photos of the beautiful **lanterns** but they were just a **blur** in the prints.

私は美しい燈ろうの写真を撮ろうとしたが，それらは写真ではただのぼやけたものだった．

- □ **lantern** [læntərn]　灯ろう
  - 名 Ⓒ ちょうちん，灯ろう

- □ **blur** [bləːr]　ぼやけた状態
  - 名 Ⓒ よごれ，しみ; 〈a —〉かすんだ状態，ぼやけたイメージ
  - 他 ～をぼやけさせる，～を汚す　■The fog blurred the outline of the building. (霧のせいでビルの輪郭がぼやけて見えた)

クリスマス

Christmas was like a **daydream**, filled with decorations, **wreaths**, and presents. Everyone was **merry**, bells **tinkled**, and people **hummed** songs and hugged each other warmly.

クリスマスは飾り付けやリースやプレゼントが溢れ,まるで夢の世界のようだった.誰もが心浮かれ,鈴が鳴り響き,人々は歌をハミングし,心を込めて抱き合った.

□ **daydream** [déidrì:m]　空想
　名 C 空想, 白日夢; 楽しいが現実離れした考え　自 [〜について] 空想する [+ about]

□ **wreath** [ri:θ]　(クリスマスの) リース
　名 C (クリスマスの飾りや葬儀に用いる) 花輪
　□ **wreathe** 他 (花輪) を作る, (花) を [花輪に] 編む [+into]

□ **merry** [méri]　陽気な
　形 陽気な, 快活な, 浮かれた (⇔ sad)

□ **tinkle** [tíŋkl]　りんりんと鳴る
　自 (鈴・電話が) りんりん [ちりんちりん] と鳴る　他 (鈴など) をちりんちりんと鳴らす　名 〈a / the —〉(鈴などの) ちりんちりんという音

□ **hum** [hʌm]　ハミングする
　他 ① (歌など) をハミングする　② (機械音) を発する　■The air conditioner hums a sound. (エアコンがブンブン言っている)
　自 ① (ハチ・機械などが) ぶんぶん音を立てる　② ハミングする
　名 C U 〈通例 a / the —〉ぶんぶん, ブーン; ざわめき, がやがや

Topic 48

クリスマスツリー

Inside each **ornament** is a small **bulb** that **lights** up the tree, making the room quite **cozy**.

一つ一つの飾りの内側には小さな電球が入っていて、それがツリーをともして、部屋をとても居心地よくしている.

- □ **ornament** [ɔ́ːrnəmənt] 装飾品
  - 名 C 装飾品, 装身具 U 装飾
  - □ ornamental 形 装飾用の, 装飾的な

- □ **bulb** [bʌlb] 電球
  - 名 C 球根; 電球

- □ **light** [lait] 照らす
  - 他 ① ～に火をつける ② ～を明るくする, 照らす (+up) 自 火がつく, […で] 明るくなる [+with], (表情が) 輝く (+up)
  - 名 U 光, 日光 C 明かり, 火 形 明るい (⇔ dark)
  - ■ light bulb : 電球
  - □ lightning 名 U 稲妻, 電光

- □ **cozy** [kóuzi] 居心地のよい
  - 形 居心地のよい, 気持ちのよい
  - □ coziness 名 U 居心地よさ, こぢんまりしていること

アームチェアー

Tom sat in the **armchair stroking** his pet cat and **reflecting** on the day's events.

トムはひじ掛けいすに座ってペットの猫をなでながら、その日の出来事に思いをめぐらしていた.

- □ **armchair** [áːrmtʃèər] ひじ掛けいす
  - 名 C ひじ掛けいす

- □ **stroke¹** [strouk] なでる
  - 他 ① (動物など) をなでる, さする ② なだめる 名 C ひとなで, なでること
  - □ stroke² 名 C ① 一撃 ② (心臓などの) 鼓動, 脈拍 他 ① ～に線を引く ② (ボール) を打つ

- □ **reflect** [riflékt]　回想する
  - 自 ① (光・音・熱が) 反射する ② [〜を] 熟考する, 回想する [+on] (consider)
  - 他 ① 〜を反射する ② 〜を映す, 反映する
  - □ reflection 名 U 反射; 熟考 C 映像, (鏡に映った) 影; 〈しばしば -s〉[〜についての] 考え, 意見 [+on, upon]

海辺のひととき

As I **reclined** on the beach chair, listening to the sounds of the **ripples** on the shore, I was feeling quite **mellow** and **serene** until the boy started **bothering** me.

岸辺のさざ波の音を聞きながらビーチチェアにもたれ,
すっかりゆったりとして穏やかな気持ちに浸っていたが,
それも男の子のじゃまが入るまでのことだった.

- □ **recline** [rikláin]　もたれる
  - 自 [〜に] もたれる, 横たわる [+against, on, upon] (lean, lie down)
  - 他 (体など) を [〜に] 横たえる [+against, on, upon] (lay) ■reclining chair (リクライニングチェア)

- □ **ripple** [rípl]　さざ波
  - 名 C さざ波; 影響　他 (水面) にさざ波を立てる　自 さざ波を立てる

- □ **mellow** [mélou, -lə]　ゆったりとした
  - 形 ① (果物が) 熟した (ripe) ② (性格が) 円熟した ③ 気分がほぐれた

- □ **serene** [sərí:n]　穏やかな
  - 形 ① 晴れた, うららかな ② (表情・態度・生活が) 落ち着いた, 穏やかな
  - □ serenely 副 穏やかに, 平静に
  - □ serenity 名 U うららかさ (calmness), 平静 (quietness); 〈S-〉〈敬称〉〜殿下

- □ **bother** [※ báðər ※ bɔ́ð-]　じゃまをする
  - 他 〜を悩ます, 困らせる　自 [事を／人・事を] 思い悩む [+with / about]
  - 名 U 面倒, 厄介, 〈a —〉[〜にとっての] 悩みの種 [+to]
  - 類 pest 名 C 〈通例 a —〉厄介なもの; 有害な (小) 動物
  - 類 pester 他 (人) をしつこく悩ます, 困らせる

凧あげ

The **kite ascended** and **fluttered** in the **gusts** of the wind below the **billows** of the clouds.

その凧は高く上がり,流れる雲の下の突風にはためいた.

- □ **kite** [kait]　凧
  - 名 C 凧; トビ

- □ **ascend** [əsénd]　**上がる**
  - 自 (上方に) 登る, 上がる (⇔ descend)
  - □ **ascent** 名 CU 登る [上昇する] こと, 昇進 C 上り坂 [道] (⇔ descent)
  - □ **ascension** 名 U 登ること, 昇進; ⟨the A-⟩ (キリストの) 昇天

- □ **flutter** [flʌ́tər]　**はためく**
  - 自 ① はためく, ひらひら震える ② (鳥が) 羽ばたきする
  - 名 U ⟨通例 a / the —⟩ 羽ばたき; ⟨通例 a —⟩ 心の動揺, 興奮

- □ **gust** [gʌst]　**突風**
  - 名 C ① 突風, にわか雨 ② (感情の) 噴出, ほとばしり 自 (風が) 突風となって吹く
  - □ **gusty** 形 ① 突風性の, 突風の多い ② 突発的な

- □ **billow** [bílou]　**うねり**
  - 名 C ⟨通例 -s⟩ 大波, [雲などの] うねり [+of]
  - 自 ① (炎・煙などが) 大波のようにうねる ② (帆・旗などが) 膨らむ

降ひょう

It started raining in the morning, then the air went from **chilly** to **frigid**, and **hail**, the size of ping-pong balls, began to fall.

朝から雨が降り始め,ひんやりとした空気は冷たくなり,ピンポン玉の大きさのひょうが降り出した.

- □ **chilly** [tʃíli]　**ひんやりとした**
  - 形 ① 冷え冷えする, ひんやりとした ② 冷淡な, 冷ややかな
  - □ **chill** 名 C ① ⟨a / the —⟩ 冷え, 冷たさ ② 悪寒, 寒け, かぜ

- □ **frigid** [frídʒid]　寒さが厳しい
  - 形 ① 寒冷の, 極寒の ② (表情が) 冷ややかな, 冷淡な
  - □ **frigidity** 名 Ⓤ 寒冷, 冷淡, 堅苦しさ

- □ **hail** [heil]　ひょう
  - 名 Ⓤ 〈集合的に〉あられ, ひょう; 〈a —〉[〜の] 雨 [+of] ■a hail of bullets (銃弾の雨)
  - □ **hailstone** 名 Ⓒ 〈通例 -s〉あられ, ひょう

シュレッダー

At the **co-op** I bought an inexpensive **shredder**, but a week later it was **recalled**, because it didn't **conform** to safety standards.

生協の店で安いシュレッダーを買ったのだが, 安全基準を満たしていないということで1週間して回収されてしまった.

- □ **co-op** [㊍ kóuɑp, -́- ㊎ kóuɔp]　生協
  - 名 Ⓒ 〈cooperative の㊌〉〈the —〉生活協同組合, 生協

- □ **shredder** [ʃrédər]　シュレッダー
  - 名 Ⓒ シュレッダー; おろし金
  - □ **shred** 名 Ⓒ ① 〈通例 -s〉(細長い) 切れ端 ② 〈a —, 通例否定文で〉わずか, 少量　他 〜をシュレッダーにかける, ずたずたに裂く

- □ **recall** [rikɔ́ːl]　回収する　　　　　　　　　　　　　　　　　　　　　　→ P.226
  - 他 ① 〜を思い出す ② 〜を回収する　名 ⒸⓊ 呼び戻し, リコール　Ⓤ (欠陥商品の) 回収

- □ **conform** [kənfɔ́ːrm]　満たす
  - 自 [基準を] 満たす, [慣習・規則などに] 従う [+to, with]
  - 他 (慣習・規則など) に従う
  - □ **conformity** 名 Ⓤ ① [〜との] 一致, 適合 [+to, with] ■in conformity with... (〜と一致して, 〜を尊重して) ② (慣習・規則などへの) 服従, 画一化
    ■The 1950s in America was the age of conformity. (アメリカの50年代は画一化の時代だった)

Topic 49

旅行時季の混雑

We always **hope** to avoid the rush during the holiday **exodus**, but we **inevitably** join the crowds **going away** and coming back.

私たちはいつも休日の旅行が盛んな時季には混雑を避けたいと思ってはいるのですが，どうしても出かける人や帰宅する人込みにぶつかってしまうのです．

- **hope** [houp]　〜することを望む
  - 他〈SV to do / that 節〉〜することを望む　自 [物・事を] 望む，[人に] 期待する [+for]　名 CU ① [〜に対する] 希望 [+for] ② [〜の] 見込み [+of]
  - **hopeful** 形 ① [〜に] 望みを抱いている [+of, about] ② 有望な
  - **hopefully** 副 ① 希望を持って ② うまくいけば
  - **hopeless** 形 [〜に] 絶望して [+of]

- **exodus** [éksədəs]　大移動
  - 名 U ① (多数の人が) 出ていくこと，大移動 ②《聖書》〈E-〉出エジプト記

- **inevitably** [inévətəbl]　どうしても
  - 副 必然的に，必ず
  - **inevitable** 形 避けられない

- **go away**：あちらへ行く
  - ■The man went away when he saw me. (その男は私を見つけると立ち去った)

株

Mr. Collins made a **fortune** in **equities** and no one knows his **net worth**.

コリンズ氏は株で大儲けし，純資産がどのくらいあるのかだれも見当がつかない．

- **fortune** [fɔ́ːrtʃən]　財産
  - 名 CU ① 財産 (wealth) ■make a fortune (一財産作る) ② 運勢 C 多額の金 U 幸運

- **equity** [ékwəti]　株
  - 名 U ① 公平，公明正大 (fairness) ②〈-ies〉普通株(式) ■equity market (株式市場) ■invest in equities (株式に投資する)

- **net worth** : 純資産 (net assets)
    - **worth** 名 Ⓤ ① 価値 (value, importance) ② 富, 財産　形 ～に値する, の価値のある
    - **worthy** 形 [～に] 値する, [～の／～する] 価値がある [+of / of doing, to do]
    - **worthwhile** 形 やりがいのある, やる価値のある
      ⓘ「その美術館は訪れてみる価値がある」は The museum is worth visiting. または It is worth [worthwhile] visiting the museum. と言う. また形容詞 worthy を使って同じ意味を表す場合には The museum is worthy of being [to be] visited. となり, of 以下が受動態になることに注意.

埋葬

Customarily an **undertaker** prepares the **remains** in a **coffin** prior to **burial**.

習慣的に, 埋葬する前に葬儀屋が棺に入った遺体を用意する.

- **undertaker** [⊛ ʌ̀ndərtéikər ⊛ー＿ーー]　葬儀屋
    - 名 Ⓒ 葬儀屋 [人]
    - **undertake** 他 (責任・仕事・地位など) を引き受ける
      類 accept 他 ～を受け取る, ～に着手する

- **remains** [reméinz]　遺体
    - 名 〈the ―〉① 残存物 ② 遺体, 遺骨 (dead body, corpse) ③ (考古学的な) 異物, 遺構
    - **remainder** 名 〈通例 the ―, 集合的に〉残り, 残りのもの [人]

- **coffin** [⊛ kɔ́:fin ⊛ kɔ́f-]　棺
    - 名 Ⓒ 棺, ひつぎ (⊛ casket)

- **burial** [bériəl]　埋葬
    - 名 Ⓒ Ⓤ 埋葬　■a burial ground (墓所, 墓場)
    - **bury** 他 ～を埋める, ～を埋葬する

預金先

I don't **relish** taking risks with my company's **capital**, but I'm also **averse** to leaving extra cash in a low-interest bank account.

自分の会社の資金を危険にさらして喜ぶような柄ではない。かといって、余っている現金を低利率の預金口座に預けたままということもしたくない。

□ **relish** [réliʃ]　**楽しむ**　→ P.205
　他 (体験・想像) を好む、楽しむ　■I don't relish the prospect of telling her the news. (彼女にそのニュースを伝えなければならないのだろうが、それはうれしいことではない)
　名 Ⓤ 味、香り

□ **capital** [kǽpətl]　**資金**
　名 Ⓤ〈時に a —〉資本、資金　Ⓒ 首都; 大文字 (capital letter)　形 ① 大文字の　② 最も重要な
　□ capitalize　他 ① 〜を大文字で書く　② 〜を資本として使う
　□ capitalism　名 Ⓤ 資本主義
　□ capitalist　名 Ⓒ 資本家

□ **averse** [əvə́ːrs]　**いやに思う**
　形 [〜を] いやに思う、[〜に] 反対して [+to]
　□ aversion　名〈an —〉反感、嫌悪　■These insects have an aversion to humidity. (この昆虫は湿気を嫌う)

独身男性

Most of his **siblings** married early, but after one broken **engagement**, he remained a **bachelor**, preferring to share a house with a **companion**.

彼のきょうだいはほとんどが早く結婚したが、彼は一度婚約を破棄した後は独身を通し、友達と家を共用することを好んだ。

□ **sibling** [síbliŋ]　**きょうだい**
　名 Ⓒ (男女の別なく) きょうだい　■my younger sibling (私の下のきょうだい [弟、妹])
　ⓘ 誕生の順・性別に関係なく、同じ親から生まれた人たちの一人 (brother または sister) を指す。主に文化人類学の用語であるが、近年は日常語としてもよく用いられる。

- **engagement** [ingéidʒmənt, en-]　婚約
  - 名 C 婚約; 約束
  - **engage** 他 ① 〜を従事させる, 没頭させる, ⟨be -d⟩ [仕事などに] 従事している, 没頭している [+in, on] ② 雇う ③ ⟨be -d⟩ [〜と] 婚約している [+to]

- **bachelor** [bǽtʃ(ə)lər]　未婚の男子
  - 名 C 未婚 [独身] の男子; 学士
  - ⓘ unmarried [single] man のほうが普通. 未婚の女性は spinster.

- **companion** [kəmpǽnjən]　友人
  - 名 C 仲間, 友人, 気の合った友達

イヤなやつ

Perhaps his worst **attribute** is he's **mischievous** and always **contriving** tricks to play on others. As a result, he creates **tension** in the office.

おそらく彼の最も悪い性格は悪ふざけが好きで, いつも人にいたずらをたくらんでばかりいることだろう. そのことがもとで, オフィス内はぴりぴりしている.

- **attribute** [ǽtrəbjùːt]　性質
  - 名 C 属性, 特質; 付属物
  - 類 trait 名 C ① (生活・習慣の) 特色, 特徴 ② ⟨a — of 〜⟩ 〜の気味

- **mischievous** [místʃivəs]　悪ふざけをする
  - 形 ① いたずら好きな, いたずらっぽい ② 有害な (harmful)
  - **mischief** 名 U ① 損害 (damage), 危害 (harm) ② いたずら, ちゃめっ気
  - 類 crafty 形 悪賢い, ずるい

- **contrive** [kəntráiv]　たくらむ
  - 他 ① 〜を考案する, 工夫する (devise) ② (悪事) をたくらむ
  - 自 工夫する, もくろむ
  - **contrived** 形 不自然な, わざとらしい
  - 類 devise 他 (方法) を計画する, 考案する ■An architect has devised a new system to solve the city's traffic congestion. (ある建築家が市の交通渋滞を解消するための新しいシステムを考案した)

- **tension** [ténʃən]　緊張
  - 名 U ピンと張ること CU (精神的な) 緊張, 不安

Topic 50

孤児

The **lad** became an **orphan** at a young age and lived with his **kin** until he started working. He had to **fend** for himself, but he overcame various **adversities** and became a talented **artist**.

その少年は幼い時に孤児になり, 働くようになるまで親類の人たちと暮らした. 彼は自らを養わなければならなかったが, いろいろな苦境を乗り越えて, 才能豊かな芸術家になった.

- **lad** [læd]　少年
  - 名 🅒 少年, 若者

- **orphan** [ɔ́ːrf(ə)n]　孤児
  - 名 🅒 (両)親のない子, 孤児　形 ① 親のない ② 孤児のための
  - □ orphanage 名 🅒 孤児院

- **kin** [kin]　親類
  - 名 🅤 〈集合的に〉血縁, 親類
  - ⓘ kinという語はやや古風な感じのする語だが, 集合的に「親類」を指すことに注意しよう.「私のおじ」というような意味での具体的な親類は relative (可算名詞) を使う.
  - □ kinfolk 名 🅤 〈集合的に, 複数扱い〉親戚, 親類

- **fend** [fend]　扶養する
  - 自 [〜を] 扶養する [+for]　他 (攻撃・質問) を受け流す

- **adversity** [ədvə́ːrsəti]　不運
  - 名 🅤 不幸, 不運　🅒 不幸な出来事, 不運
  - □ adverse 形 ① 好ましくない, 反対の ② 不運な, 不利な

- **artist** [áːrtist]　芸術家
  - 名 🅒 ① 芸術家, 画家 ② 名人
  - □ artistic 形 芸術の, 芸術的な, 趣のある

貝殻収集

He's **agile** and loves to **climb** down the **rugged cliffs** along the ocean when the **tide** is out to collect **shells**.

彼は身軽で, 干潮時に貝殻の収集のために, 海岸沿いのでこぼこの崖をはうようにして降りることが大好きだ.

- **agile** [⊛ ǽdʒəl ⊛ ǽdʒail]　身軽な
    - 形 すばやい, 身軽な, 機敏な, 頭の回転の速い
    - □ agility 名 Ⓤ 機敏, 軽快さ
    - □ agilely 副 機敏に, すばやく

- **climb** [klaim]　移動する
    - 他 自 登る, よじ登る (+up), (苦労して) 移動する (+down, through)
    - 名 〈通例 a —〉① 登り ②（航空機の）上昇
    - □ climbing 名 Ⓤ よじ登ること, 登山　■One of her hobbies is mountain climbing. (彼女の趣味の一つは登山である)

- **rugged** [rʌ́ɡid]　でこぼこの
    - 形 ① でこぼこの, 起伏の多い ②（人・性格が）洗練されていない; 断固たる, （人柄が）食えない ③（男性の表情が）たくましい　■rugged features (いかつい顔立ち)

- **cliff** [klif]　がけ
    - 名 Ⓒ（特に海岸の）がけ, 絶壁

- **tide** [taid]　潮
    - 名 Ⓒ ① 潮, 潮の干満 ②（世論の）風潮, 傾向

- **shell** [ʃel]　貝殻
    - 名 Ⓤ〈個々にはⒸ〉貝殻, 甲羅, 殻　Ⓒ 骨組み, 外郭
    - 他 ～を殻から取り出す, ～の殻を取る
    - □ seashell 名 Ⓒ 貝, 貝殻

小説家

Every day without **exception** the writer **pounded** out several pages of his novel on his typewriter.

その作家は毎日休むことなく, タイプライターを打ち鳴らし, 小説数ページ分を書き続けた.

- **exception** [iksépʃən]　例外
    - 名 Ⓤ 例外, 除外; 異議, 異議申し立て　Ⓒ 例外の人・事, 異例の処理
    - □ except 前 ～を除いては, ～の他は, ～する以外は
    - □ excepted 形 除かれて, 例外で
    - □ excepting 前 ～を除いて, ～を除外すれば

- **pound** [paund]　どんどん打つ
    - 他 ① 突き砕く, 粉にする ② さんざんに打つ ③（曲・文書）を［ピアノ・タイプライターなどで］ぽんぽん鳴らす, どんどん打つ (+out) [+on]
    - 自 ① 強く打つ, 連打する ②（心臓が）どきんどきんと打つ
    - □ pounding 名 ⒸⓊ 強打（の音）　Ⓒ ひどい打撃, 大敗

碩学（せきがく）

He is not only a living **encyclopedia** concerning **species** of birds but also he teaches physics at a **prestigious** university. I don't **pretend** to be really close friends with him, but he is the most **eminent** of all my acquaintances.

彼は鳥類に関する生き字引であるだけでなく，一流の大学で物理学を教えてもいる．私はあえて彼の親友を気取るつもりはないが，彼は私の知り合いの中で最も著名な人物である．

- **encyclopedia** [insàikləpíːdiə, en-]　百科事典
  - 名 C 百科事典
  - encyclopedic 形 百科事典的な，博学な

- **species** [spíːʃiz, -ʃiːz]　種
  - 名〈複 species〉C（分類上の）種　■*The Origin of Species*（『種の起源』）

- **prestigious** [prestídʒiəs]　一流の
  - 形 一流の，有名な
  - prestige 名 U ① 名声，威信　②〈形容詞的に〉名のある，一流の

- **pretend** [priténd]　気取る
  - 他 ① 〜のふりをする　②〈通例疑問文・否定文で〉[〜であるように]気取る [+to do]　自 見せかける，（子供が）まね事遊びをする　形 にせの，想像上の
  - pretension 名 C U ①〈しばしば -s〉[〜がある／できるという]自己主張 [+to / to do]　② 見せかけ，装い

- **eminent** [émənənt]　著名な
  - 形 ① [〜で／〜として／〜の分野で] 著名な [+for / as / in]　② すぐれた，卓越した
  - eminently 副 著しく

薪割り

First we **saw** the trees into **rough** logs, then we **roll** them down the hill to the wood shed. When we have time, we **split** those logs into firewood.

私たちはまず最初に，のこぎりで木を切って丸太にする．それからその丸太を転がしながら丘を下って，たきぎ小屋まで運ぶ．時間があるときには，その丸太を割って薪にする．

- □ **saw** [sɔ́ː]　のこぎりで切る
  - 他 ～をのこぎりで切る　自 のこぎりを用いる　名 C のこぎり
  - ▶chain saw : チェーンソー　▶bow [fret] saw : 糸のこ

- □ **rough** [rʌ́f]　仕上げのしていない　→ P. 134, 200
  - 形 ① ざらざらした (⇔ smooth)　② 仕上げのしていない, 未加工の
    - ■rough rice (玄米)　■rough stone (原石)
  - □ **roughly** 副 ① 乱暴に　② おおよそ

- □ **roll** [roul]　転がす
  - 他 ～を転がす　自 転がる　名 C ① 巻いたもの, 一巻き　■a roll of film (1本のフィルム)　② 名簿, 出席簿　■call the roll (出席を取る)
  - □ **rolling** 名 U 転がり, うねり　形 転がる, うねっている, (土地が) 緩やかに起伏する

- □ **split** [split]　割る
  - 他 ～を [...に] 裂く, 割る [+in, into]；(物・費用) を分け合う
  - 自 裂ける；(頭が) 痛む　■a splitting headache (割れるような頭痛)

舞台

With a **forlorn** look and a **melancholy** voice, he described how he and his girlfriend **drifted apart**. His **despondency** was so moving that the audience burst into tears.

顔には哀れな表情を浮かべ, 物悲しげな口調で,
彼は自分と恋人の心がどのようにして離れ離れになったかを物語った.
彼の失望した様はとても胸に迫るもので, 観客は泣き出してしまうほどだった.

- □ **forlorn** [fərlɔ́ːrn]　哀れな
  - 形 哀れな；[～に] 見捨てられた [+of]
  - □ **forlornly** 副 わびしく

- □ **melancholy** [🇺🇸 mélənkàli 🇬🇧 -kəli]　物悲しい
  - 形 ① 憂うつな　② 物悲しい, 哀愁を帯びた　名 U 憂うつ；物悲しさ, 哀愁
  - □ **melancholia** 名 U うつ病 (depression)

- ■ **drift apart :** (人が) 考えが違ってくる, (物が) 離れ離れになる
  - □ **apart** 副 離れて, ばらばらに
  - ■ **apart from...** : ～はさておき, ～だけでなく

- □ **despondency** [🇺🇸 dispándensi 🇬🇧 -pɔ́nd-]　失望
  - 名 U 失望, 落胆　■fall into despondency (意気消沈する)
  - □ **despondent** 形 元気のない, [～に] 失望した [+about, over, at]

トイレのあれこれ

　drawing room とは「(邸宅の)客間、居間」のことであるが、もともとは withdrawing room と呼ばれていた。ダイニングルームで食事した後、男性は引き続きそこで葉巻や酒を楽しみ、一方、女性が退散する(withdraw)先の部屋が withdrawing room である。

　drawing room の他に「客間」「居間」を表す単語には、living room、family room、sitting room ❀、reception room (英国で不動産屋が広告などに用いる語)などがある。

　また、「トイレ」を表す英単語も、日本語で「トイレ」「便所」「化粧室」「洗面所」などといろいろな表現があるように、直接的な表現から婉曲的な表現までいろいろある。一般的な単語には toilet [tɔ́ilət] がある。フランス語起源の toile [twal] はもともと「布」を意味する語で、toilet は化粧台に掛ける「小さな布地」→「カバー」を指していた。ここから dressing room (化粧室)の意味に転じたとされる。

　英国では lavatory もよく使われる。婉曲的な表現では bathroom ❀ がある。米国ではふつう浴室とトイレが1つになっているので、個人の家では go to the bathroom が「トイレに行く」の意味で用いられることが多い。

　他に、restroom ❀、powder room (女性用)、women's room ❀(女性用)、ladies' room (女性用、❀ (the) ladies('))、gentlemen's room ❀(男性用= the gent('s))、men's room ❀ などの婉曲語がある。女性が中座してトイレに行くときの婉曲表現としては、I need to powder my nose.(化粧直しをしたいのですが。化粧室に行ってきます)などがある。

3 医療
Medical Care

Topic 51

インフルエンザ

A: How are you feeling, Andrea? You look a little **pale**.

B: The doctor **diagnosed** it as a case of the **flu**, but I'm beginning to **recover**. I was feeling **dizzy** and **blah** yesterday, but today I'm just a little **hoarse**. Thanks for asking.

A: アンドレア,調子はどう? 少し青ざめて見えるけど.
B: 医者にインフルエンザだと診断されたんだけど,良くなりつつあるわ. 昨日はめまいとだるさを感じていたんだけど,今日は少し声がかすれているだけなの. 気にかけてくれてありがとう.

□ **pale** [peil]　青ざめた
　形 ① (人・顔が)青白い,青ざめた ② (色が)薄い,薄い色の

□ **diagnose** [⊛ dáiəgnòus ⊛ -nòuz]　診断する
　他 (病気)を [~と] 診断する [+ as]
　□ **diagnosis** 名 ⟨⊛ diagnoses⟩ Ⓤ ⟨具体的にはⒸ⟩ 診断
　□ **diagnostic** 形 ① 診断(上)の ② (病気の)診断に役立って

□ **flu** [flu:]　インフルエンザ
　⟨influenzaの短縮語⟩ 名 Ⓤ ⊛ ⟨時に the ―⟩ インフルエンザ, 流感
　　■have the flu (流感にかかっている)

□ **recover** [rikʌ́vər]　回復する
　自 ① 健康を回復する ② 元どおりになる,立ち直る,回復する
　他 (失ったもの・取られたもの)を取り戻す
　□ **recovery** 名 Ⓤ 取り戻すこと Ⓒ Ⓤ 回復,修復

□ **dizzy** [dízi]　めまいがする
　形 ① (人が)目が回る,めまいがする ■get [feel] dizzy (めまいがする) ② (運動・高所・野心・成功などが)目がくらむような 他 (人)にめまいを起こさせる
　□ **dizziness** 名 Ⓤ めまい
　▶ blink 自 まばたきする,またたく　▶ blinker 名 Ⓒ ① まばたきする人 ② (交差点などの)点滅信号灯

□ **blah** [blɑ:]　元気のない
　形 ⊛ ① おもしろくない,つまらない ② 憂うつな,元気のない
　名 ⊛ the blahs : ⊛ げんなりした気分,けだるさ,不快感 ■the summer blahs (夏ばて気分)

□ **hoarse** [hɔ:rs]　(声が) かすれた
　形 ① (声が)しわがれた,かすれた ② 耳ざわりな,ざわめく

歯科

I hate going to the **dentist** even to fill a **cavity**, but I had a **decayed** tooth that gave me a **throbbing** pain, and I couldn't **endure** it any longer.

私は虫歯を詰めるだけにでも歯科に行くのは嫌いだが、ずきずきと痛む虫歯があり、もう耐えられなかった.

□ **dentist** [déntist]　　歯科医
　　名 C 歯科医　■consult [see] a dentist（歯医者にみてもらう）　■go to the dentist('s)（歯医者に行く）
　　□ **dental** 形 歯の, 歯科(用)の　■a dental plate（義歯[床]）

□ **cavity** [kǽvəti]　　虫歯
　　名 C ① 空洞, 穴　② 腔, 虫歯　■get a cavity（虫歯になる）

□ **decay** [dikéi]　　虫歯にする
　　他 ① ～を腐らせる　② 虫歯にする　■a decayed tooth（虫歯）　自 ① 腐る(rot)　② 虫歯になる　名 U 腐食, 虫歯

□ **throb** [⊛θrɑb ⊛θrɔb]　　ずきずき痛む
　　自 ①（心臓が）鼓動する, どきどきする　■My heart is throbbing.（私の胸が高鳴っている）　② ずきずき痛む
　　名 C ① 鼓動　■the throb of a pulse（脈拍）　② ずきずき痛むこと

□ **endure** [⊛ind(j)úər ⊛-djúər]　　耐える
　　他（苦痛・困難など）に耐える　自 持続する, 我慢する

予防接種

When our baby had her **inoculations**, her **facial** expression suddenly changed and she **let out** a **wail**.

私たちの赤ちゃんが予防接種を受けた時、彼女の顔の表情は突然変わり、泣き叫んだ。

- **inoculation** [inɑ̀kjuléiʃən inɔ̀k-]　予防接種
  名 CU 予防接種
  - **innoculate** 他 ～に予防接種をする (vaccinate)

- **facial** [féiʃəl]　顔の
  形 顔の、顔面の

- **let out** : (叫び声など) を発する
  - let out a bellow of rage (怒りの叫び声を発する)

- **wail** [weil]　泣き叫ぶ声
  名 C 泣き叫び、泣き叫ぶ声　自 嘆き悲しむ、泣き叫ぶ

やけど

I **shrieked** in **agony** when the hot coffee **splashed** on my arm. I thought I would go **insane** from the pain.

熱いコーヒーが私の腕に飛び散った時、苦痛で悲鳴を上げてしまった。あまりに痛くて正気を失ってしまうかと思った。

- **shriek** [ʃri:k]　悲鳴を上げる
  自 [恐怖・苦痛などで] 悲鳴を上げる [+with] (scream)、かん高い声で笑う
  他 (警告など) を [人に] かん高い声で言う [+at]　名 C 悲鳴、金切り声

- **agony** [ǽgəni]　苦痛
  名 CU 激しい苦痛 (pain)、〈時に -ies〉死の苦しみ
  - **agonize** 自 [～で] ひどく苦しむ [+over]　他 (人) をひどく苦しめる

- **splash** [splæʃ]　はねる
  自 (水・泥などが) [～に] はねる、飛び散る [+on, against]
  他 (人・物が水・泥など) を [人・物などに] はねかける [+on, about, around]
  名 C (泥などの) はね、しみ

- **insane** [inséin]　正気でない
    - 形 ① 狂気の, 精神異常の　② 正気でない, ばかげた
    - 反 sane　形 正気の, まともな判断のできる, 健全な

麻薬

Cocaine and other **narcotics induce** a feeling of **euphoria**, but they can also **aggravate** mental and physical **maladies**.

コカインおよびその他の麻薬は恍惚感を誘発するが, それらはまた精神的, 肉体的な病をさらにひどくする.

- **cocaine** [koukéin]　コカイン
    - 名 Ⓤ コカイン

- **narcotic** [⽶nɑːrkátik 英-kɔ́t-]　麻薬
    - 名 Ⓒ〈しばしば -s〉麻薬, 麻酔薬　形 麻酔の, 麻薬の
    - □ narc　名 Ⓒ⽶(連邦)麻薬捜査官 (narcotics agent)
    - □ narcissism　名 Ⓤ 自己愛, ナルシシズム

- **induce** [⽶ind(j)úːs 英-djúːs]　引き起こす
    - 他 ① (人)を説いて [〜する] 気にさせる [+to do]　② (眠気など)を [〜に] 引き起こす, 誘引する [+in] (cause)
    - □ inducement　名 Ⓤ 誘導する[される]こと　ⒸⓊ [〜へと] 誘い込むもの [+to]

- **euphoria** [juːfɔ́ːriə]　幸福感
    - 名 Ⓤ 幸福, 至福感

- **aggravate** [ǽgrəvèit]　悪化させる
    - 他 ① (悩み・病気など)をさらに悪化させる　② 〜を怒らせる, 悩ます (annoy)
    - □ aggravating　形 悪化する, 腹立たしい
    - □ aggravation　名 Ⓤ (病気などの)悪化, いらだち　Ⓒ 悩みの種

- **malady** [mǽlədi]　病気
    - 名 Ⓒ ① (特に慢性的な)病気 (disease)　② (社会の)病弊, 弊害

Topic 52

喘息

The doctor took her **pulse** and put a **stethoscope** to her **breast** as she **inhaled** and **exhaled feebly**. He determined it was **asthma** that made her so **frail** and **passive**.

医者は彼女の脈を取り,そして彼女が弱々しく息を吸ったり吐いたりする間,彼女の胸に聴診器を当てた.彼女がとてもひよわで元気がないのは喘息のせいだと彼は判断した.

□ **pulse** [pʌls]   脈
- 名 C〈通例 a / the ―〉脈拍 ■take [listen to, feel] one's pulse (〜の脈を取る)
- 自 ① 脈打つ (throb) ② 強烈な感覚に襲われる
- ■ pulse rate:脈拍数
- □ pulsate 自 脈を打つ

□ **stethoscope** [stéθəskòup]   聴診器
- 名 C 聴診器

□ **breast** [brest]   胸
- 名 C ① 乳房,胸部 ② 胸中 ③(鳥の)胸肉

□ **inhale** [inhéil]   吸い込む
- 自(息・たばこの煙を)吸い込む (⇔ exhale) 他 〜を吸い込む
- □ inhalation 名 U 吸入 (⇔ exhalation)

□ **exhale** [ekshéil]   息を吐き出す
- 自 息を吐き出す 他 〜を吐き出す
- □ exhalation 名 CU (息などを)吐き出すこと

□ **feebly** [fí:bli]   弱々しく
- 副 弱々しく
- □ feeble 形 ① 体力の弱った ② かすかな

□ **asthma** [⊕ǽzmə ⊛ǽs-]   喘息
- 名 U 喘息
- □ asthmatic 形 喘息の 名 C 喘息患者

□ **frail** [freil]   ひよわな
- 形 ① ひよわな ② 壊れやすい
- □ frailty 名 U 弱さ,もろさ,虚弱

□ **passive** [pǽsiv]   消極的な
- 形 ① 受動的な,消極的な (⇔ active) ② 無抵抗の,(人・動物が)おとなしい
- □ passively 副 受け身で,消極的に

リハビリ

At first her arm was **paralyzed**, but gradually she felt a **tingle** on her **bare** skin, and with daily **rehabilitation**, she **regained full** use of the arm.

彼女の腕は初め麻痺していたが，次第に素肌にうずきを感じるようになり，日々リハビリを続けることによって，腕は完全に機能を回復した．

- □ **paralyze** [pǽrəlàiz]　（体の一部）を麻痺させる
  - 他 ①（人・物・事が）（体の一部）を麻痺させる　②（人・物）を無力にする，活動できなくする　■be paralyzed by fear（恐怖で縮み上がる）
  - □ **paralysis** 名 CU 麻痺，中風，(比喩的に)麻痺(状態)

- □ **tingle** [tíŋgl]　うずき
  - 名〈a —〉ひりひり[ちくちく，きりきり]する痛み，うずき

- □ **bare** [beər]　裸の
  - 形 覆いがない，むきだしの　■bare feet（裸足）　■bare wall（装飾のない壁）
  - 類 naked 形 ①（人が）裸の　②（物が）覆いのない，むきだしの　■a naked (electric) wire（裸電線）

- □ **rehabilitation** [rì:həbilətéiʃən, rì:ə-]　リハビリテーション
  - 名 U リハビリテーション，社会復帰
  - □ **rehabilitate** 他 ①（病人・けが人など）の機能回復訓練をする　②〜を修復する　■rehabilitate oneself（名誉を回復する）

- □ **regain** [rigéin]　回復する
  - 他（なくしたもの）を取り戻す，回復する　■regain one's health（健康を回復する）　■regain consciousness（意識を回復する）

- □ **full** [ful]　完全な
  - 形 ① いっぱいの，満ちた（⇔ empty）　② 十分の，完全な，最大限度の
    - ■Write your full name in the blank.（空欄にあなたの姓と名前の両方を書き込んでください）
  - □ **fully** 副 十分に，完全に　■She is fully aware of that.（彼女はそのことを十分に知っている）　■be fully satisfied with（〜に全く満足している）

検査入院

The **survivors** of the **shipwreck** were **undernourished**, and the doctors kept them in the hospital to **monitor** them while they **convalesced**.

難破船の生存者は栄養不良状態にあったので、医師は、彼らが回復するまでの間、健康状態を監視するために入院させた.

- □ **survivor** [sərváivər]　　**生存者**
    - 名 ⓒ 生き残った人, 生存者, 助かった人
    - □ survive 他 ① (物が)〜の後まで残る ■The building survived the earthquake intact. (そのビルは地震に無傷で耐えた) ② (人が災害・事故など)を切り抜けて生きる ③ 〜より長生きする 自 生き残る
    - □ survival 名 Ⓤ 生き残ること, 生存, 残存 ⓒ 残存者(物), 遺物

- □ **shipwreck** [ʃíprèk]　　**難破船**
    - 名 ⓒⓊ (船の)難破 ⓒ 難破船
    - □ wreck 名 Ⓤ 難破, 破壊 ⓒ 難破船, 破損車, (地震による)倒壊家屋 ■a burnt-out wreck of the military vehicle (焼けただれた軍用車) 他 (船・列車・人)を遭難させる, (建物)を解体する; (計画)をぶち壊す (demolish) ■A silly conduct wrecked her career. (愚かな行動が彼女の出世を台なしにした) 自 難破する, 大破する, 台なしになる
    - □ wreckage 名 Ⓤ ① (破壊・天災の)残がい ② 破壊的行為 ③ 難破, 破滅
    - □ wrecker 名 ⓒ ① レッカー車; 海難救助船 ② 米 (建造物の)解体業者

- □ **undernourished** [米 ʌ̀ndərnə́ːriʃ 英 -nʌ́r-]　　**栄養不良の**
    - 形 栄養不良の
    - □ nourishing 形 栄養[滋養]のある
    - □ nourishment 名 Ⓤ ① 滋養物, 栄養, 食物 ② 助成, 育成

- □ **monitor** [米 mánətər 英 mɔ́n-]　　**監視する**
    - 他 〜を絶えず監視する, (患者の容体など)をモニターでチェックする
    - 名 ⓒ ① (テレビの)スクリーン ② 検知[測定]装置 ③ (市場調査の)モニター

- □ **convalesce** [米 kɑ̀nvəlés 英 kɔ̀n-]　　**健康を回復する**
    - 自 (病後など)健康を回復する, 病後療養する
    - □ convalescence 名 Ⓤ 病後の健康回復

退院

The family **rejoiced** when she was **discharged** from the hospital. It was an **enormous** relief that the **tumor** was **benign** and that she soon regained her **vigor**.

彼女が退院した時，家族は大喜びした．腫瘍が良性のものであったり，彼女がすぐに元気を取り戻したりしたことで，家族は大いにほっとした．

□ **rejoice** [ridʒɔ́is]　喜ぶ
　自 [～を] (大いに) 喜ぶ [+at, over, in]　他 (人) を大いに喜ばせる

□ **discharge** [distʃɑ́ːrdʒ]　退院させる
　他 ① (人・船荷) を降ろす ② ～を [～から] 退院させる，解放する [+from]
　名 ⓒⓊ ① 荷揚げ ② 発砲，爆発 (blast) ③ [～からの] 排出 [+from]

□ **enormous** [inɔ́ːrməs]　非常に大きな
　形 異常に大きい，巨大な ■There was an enormous traffic jam in downtown Tokyo. (東京の繁華街ではすごい渋滞が起こっていた)
　□ **enormously** 副 非常に，法外に
　□ **enormity** 名Ⓤ 極悪非道 (wickedness)；〈通例 the ー〉(仕事・問題の) 膨大なこと

□ **tumor** [㊎t(j)úːmər ㊒tjúː-]　腫瘍
　名ⓒ 腫瘍 (cancer)

□ **benign** [bináin]　良性の
　形 ① 慈悲深い，優しい ② 良性の (⇔ malignant) ■a benign tumor (良性腫瘍)
　□ **benignly** 副 優しげに ■smile benignly (優しくほほ笑む)

□ **vigor** [vígər]　元気
　名Ⓤ ① 元気，活力 ② (言葉・文体・人格などの) 力強さ，迫力
　□ **vigorous** 形 精力おう盛な，元気はつらつとした
　□ **vigorously** 副 精力的に，力強く

Topic 53

急性肺炎

He was **prostrate** with **acute pneumonia**, but **injections** of antibiotics soon brought him around.

彼は急性肺炎で衰弱していたが、抗生物質を注射されて回復した。

- □ **prostrate** [(米) prástreit (英) prɔ́s-]　疲れ果てた
  - 形 ① ひれ伏した　② 意気消沈した、[~のせいで] 疲れ果てた [+with]
  - □ prostration 名 U (宗教儀式での) 平伏、意気消沈、(身体的な) もろさ

- □ **acute** [əkjúːt]　急性の
  - 形 ① (感覚が) 鋭い　② 先が鋭い　③ 急性の (⇔ chronic)、(痛みが) 激しい

- □ **pneumonia** [(米) n(j)uːmóunjə, -niə (英) njuː-]　肺炎
  - 名 U 肺炎

- □ **injection** [indʒékʃən]　注射
  - 名 C U 注入、注射
  - □ inject 他 ~を注入する、~を注射する

伝染病

No one possessed **immunity** to the virus, and because there was no **remedy** at the time, the **epidemic** spread and **outpatients** filled the **clinics**.

だれもそのウイルスに対して免疫を持っておらず、当時は治療法もなかったため、伝染病がまん延し、診療所は外来患者でいっぱいになった。

- □ **immunity** [imjúːnəti]　免疫
  - 名 U ① [病気・毒に対する] 免疫性 [+from, to, against]　② [義務・税・罰の] 免除 [+from]
  - □ immune 形 ① 免疫のある　② 免除された

- □ **remedy** [rémədi]　治療法
  - 名 C U [病気の] 治療法 [+for, against]　■a remedy for all diseases (万能薬)

- □ **epidemic** [èpədémik]　伝染病
  - 名 C 伝染病、(病気の) 流行　形 伝染性の、流行している

- **outpatient** [áutpèiʃənt]　外来患者
  - 名 C 外来患者（⇔ inpatient）

- **clinic** [klínik]　診療所
  - 名 C （医大・病院付属の）診療所, 米 （入院設備のない）医院
  - **clinical** 形 臨床の　■clinical medicine（臨床医学）

コレステロール

Something about her **metabolism inhibits** the **breakdown** of **cholesterol**. She takes **pills** to **alleviate** the condition.

彼女の新陳代謝にかかわる何かが原因でコレステロールの分解が抑えられている. 彼女はその状態を緩和するために丸薬を服用している.

- **metabolism** [mətǽbəlìzm]　新陳代謝
  - 名 U 新陳代謝

- **inhibit** [inhíbit]　抑制する
  - 他 ① 〜を抑制する, 〜を阻止する（prevent）　■inhibit one's desires（欲望を抑える）　② 〈SVO from doing〉（人）に〜させないようにする　■inhibit a person from taking such a step（人がそのような手段を講じることを禁じる）
  - **inhibition** 名 CU 抑制

- **breakdown** [bréikdàun]　分解
  - 名 C ① （機械などの）故障　② 心身の衰弱　③ 崩壊, 決裂　④ 《化学》分解, 分析

- **cholesterol** [米 kəléstəròul 英 -rɔ̀l]　コレステロール
  - 名 U コレステロール

- **pill** [pil]　丸薬
  - 名 C ① 丸薬　② ピル
  - ▶tablet 名 C 錠剤　▶medicine 名 U 医療 C 医薬（の種類）　▶drug 名 C 薬
  - ▶pharmacy 名 C 薬屋, 薬局（米 drugstore, 英 chemist's (shop)）
  - ▶prescription 名 CU 処方せん　▶dosage 名〈通例 a 〜〉1回分の服用量（dose）

- **alleviate** [əlíːvièit]　軽減する
  - 他（苦痛など）を軽減する

良薬は……

The **herbal mixture** the doctor gave me had a **nasty taste** but I **gulped** it down somehow. It was **disgusting** but it had the desired effect.

医者がくれた薬草の調合薬はいやな味だったが，私は何とか飲み込んだ．それは気分が悪くなるようなものだったが，期待しただけの効果はあった．

- □ **herbal** [ə́ːrb(ə)l, hə́ːrb- 英 hə́ːb-]　薬草の
  形〈限定用法〉草の，薬草の

- □ **mixture** [míkstʃər]　調合薬
  名 U 混合；〈a ―〉交錯した感情　CU 混合物[液]，調合薬，(食材の)混ぜ物　C (複数の人材の)組，物質の混合物
  □ mix 名 CU 混合(物)　他 ～を混ぜる，混ぜて作る　自 混ざる

- □ **nasty** [næsti 英 nɑ́ːs-]　不快な
  形 不快な，いやな，不潔な

- □ **taste** [teist]　味
  名 CU〈the / one's ―〉味覚，味，好み　他 ① ～の味見をする ② (～の少量を)食べる，飲む　自 ～な味がする　■taste like onion (タマネギのような味がする)

- □ **gulp** [gʌlp]　ぐっと飲む
  他 ～をぐっと飲む (+down)　自 ごくごく飲む　名 C ぐっと飲むこと

- □ **disgusting** [disɡʌ́stiŋ]　気分の悪くなるような
  形 気分の悪くなるような，うんざりさせる
  □ disgust 名 U 嫌悪　他 ～をむかつかせる

けいれん

Sprinters often have **cramps** in their leg muscles due to a **deficiency** of oxygen. Of course, cramps aren't **fatal** but they do tend to **recur** and are quite painful.

短距離選手はしばしば酸素不足により脚の筋肉がけいれんする．もちろん，けいれんは致命的なものではないが，再発する傾向があり，しかもかなり痛みを伴う．

- □ **cramp** [kræmp]　けいれん
  名 C (筋肉の)けいれん，引きつり　他 ～にけいれんを起こす

- **deficiency** [difíʃənsi]　欠乏
  - 名 C U [〜の] 欠乏 [+of, in]（⇔ sufficiency）
  - **deficient** 形 [最低限必要な物質・能力が] 欠けている, 不足している [+in]

- **fatal** [féitl]　致命的な
  - 形 ① 致命的な　■a fatal dose（致死量）　② 運命を決する
  - **fatality** 名 C〈通例 -ies〉不慮の死, 死亡者（数）　U 致死性

- **recur** [rikə́ːr]　再発する
  - 自 ① 再発する, 繰り返される　② [元の話題などに] 戻る [+to]　③ 思い出される
  - **recurrence** 名 C U 再発, 繰り返し; 戻ること, 回想

むち打ち症

In the **curve** in the road, when I **swerved** to avoid the dog, I crashed into a very **solid pillar** on the corner. **Somehow** I **pinched** a nerve in my neck and it still hurts.

道路のカーブで犬を避けようと急に車のハンドルを切った時，角にあったとても頑丈な支柱に突っ込んでしまった．
どういうわけか首のところの神経を締めつけてしまい，まだそれが痛む．

- **curve** [kəːrv]　カーブ
  - 名 C 曲線, カーブ, 湾曲部　他 曲げる, 湾曲させる　自 曲がる
  - **curve ball**:《野球》カーブ; 策略, 計画　■throw 〜 a curve ball（〜にカーブを投げる／〜をだます）

- **swerve** [swəːrv]　車のハンドルを急に切る
  - 自（急に）それる, 車のハンドルを急に切る　名 それる [曲がる, カーブする] こと

- **solid** [⊛sálid ⊜sɔ́lid]　固い
  - 形 ① 固体の　② 固い, 頑丈な　③ 堅実な

- **pillar** [pílər]　支柱
  - 名 C 支柱,〈通例 a —〉中心的存在, 大黒柱　他 〜に支柱を付ける, 支える

- **somehow** [sʌ́mhàu]　どういうわけか
  - 副 ① どういうわけか　② なんとかして

- **pinch** [pintʃ]　はさんで締めつける
  - 他 ① 〜をはさんで締めつける　②（皮膚）をつねる,（指で）つまむ　③〈通例 be -ed〉[境遇・苦痛などで] 困る [+for, with]　自（靴などが）窮屈である; [〜を] 切り詰めた生活をする [+on]　名 C はさむこと;〈a — of ...〉（砂糖・塩）の一つまみ, 少量

対話

　日本語でも英語でも相対する単語を並べて構成する言葉（対語）がある。リズムの関係で、英語と日本語とでは対語の順序が逆になっているものも少なくない。

here and there（あちこちに）
back and forth（前後に，あちこちに）
black and white（(写真・テレビ・印刷の)白黒）
come and go（行ったり来たりする）
comings and goings（人の出入り）
(the) rich and (the) poor（貧富）
in and out（出たり入ったり(の)）
old and new（新旧の）
young and old（老いも若きも）
right and left（左右，四方八方へ）
North, South, East and West（東西南北）
Ladies and gentlemen, …（紳士淑女の皆さん）

　一方、日本語と順序が同じものもある。

up and down（上下に）
ups and downs（上り下り，浮き沈み）
right and wrong（善悪）
day and night (= night and day)（昼も夜も，いつも）
likes and dislikes（好き嫌い）

　英語にあって日本語にはない発想の対語もある。

(come) rain or shine（雨が降っても晴れても，何が起ころうと）
blow hot and cold（意見がくるくる変わる）
bread and butter（生計，生計のたね・手段）
heart and soul（全身全霊を打ち込んで）
coming and going (= going and coming)（挟み撃ちにして）
now and then（ときどき）
fight like cat(s) and dog(s)（激しく戦う(口論する)）
head(s) or tail(s)（(コインを投げて)表か裏か）

4 文化
Culture

Topic 54

コンサート

The **tribute** was **delivered** by a **distinguished conductor**, with both **zeal** and **efficiency**, and the audience was impressed.

賞賛の曲が有名な指揮者によって情熱的に,そして巧みに演奏され,聴衆は感動した.

- □ **tribute** [tríbju:t]　賛辞
  名 ⓒⓤ ① 貢ぎ物　② [〜への] 賛辞, 贈り物 [+to]

- □ **deliver** [dilívər]　(演奏) をする
  他 ① 〜を配達する, 引き渡す　② (演説・演奏) をする　③ (子供) を生む　④ (打撃・衝撃) を加える

- □ **distinguished** [distíŋgwiʃt]　有名な
  形 すぐれた, 有名な (famous)
  □ **distinguish** 他 〜を見分ける, 〜をはっきりと認める

- □ **conductor** [kəndʌ́ktər]　指揮者
  名 ⓒ ① 車掌 (英 guard)　② 指揮者　③ 案内人 (guide)

- □ **zeal** [zi:l]　熱意
  名 ⓒⓤ 熱意, 熱心　■He had a true zeal for the movies. (彼は映画界に本物の情熱を持っていた)
  □ **zealous** 形 [〜に] 熱心である [+for], 熱中して〜する (eager)
  □ **zealously** 副 熱心に, 熱狂的に (with zeal)

- □ **efficiency** [ifíʃənsi]　効率
  名 ⓤ 能率, 能力, 効率
  □ **efficient** 形 [〜に] 有能な, 敏腕な [+in, at, about] (⇔ inefficient)
  □ **efficiently** 副 能率的に, 効果的に

散文

A: Are you better at writing **prose** or **poetry**?

B: I feel more capable with prose like **biography** and **memoirs**.

A: 散文を書くのが得意ですか, それとも詩ですか.
B: 伝記や自叙伝のような散文の方がうまいと思います.

□ **prose** [prouz] 散文
　名 Ⓤ ① 散文 (⇔ verse) ② 平凡

□ **poetry** [póuitri] 詩
　名 Ⓤ〈集合的に〉詩
　ⓘ不可算名詞として用いられる集合名詞で, a poetry, two poetries のように数えることはできない.「1 [2] 編の詩」は a piece [two pieces] of poetry, あるいは a poem [two poems] のように言う.
　▶ poet 名 Ⓒ 詩人
　□ **poem** 名 Ⓒ (1編の) 詩　■compose a poem (詩を作る)

□ **biography** [baiágrəfi -ɔ́g-] 伝記
　名 Ⓤ 伝記文学, 伝記的記述　Ⓒ 伝記本
　▶autobiography 名 Ⓒ 自叙伝　Ⓤ 自伝文学

□ **memoir** [mémwɑːr] 自叙伝
　名 Ⓒ 伝記,〈通例 -s〉回顧 [回想] 録, 自叙伝

フィールドゴール

In the **huddle** we decided to try to **defeat** our opponents by kicking a field goal. But to our **anguish** the kick was off.

私たちは作戦会議で, フィールドゴールを決めることで相手を打ち負かそうと決めていた. しかし悲しいことに, キックはゴールから外れてしまった.

□ **huddle** [hʌ́dl] 作戦会議
　名 Ⓒ ① 混雑, 乱雑 ② 群衆 ③ 密談,(アメリカンフットボールの) ハドル, 作戦会議　自 ① 密集する, 寄り合う ② 体を丸める (+up)　■He huddled up in front of the fireplace. (彼は暖炉の前で体を丸めていた)
　ⓘアメリカンフットボールのテレビ観戦をしたことがある人なら記憶していると思うが, チームのプレーヤーが輪を組んで, 作戦会議をしている. あれがハドルである. 中央突破を図るか, 左右を攻めるか, ロングパスを決めるか, といった連係プレーが相談される. 上記例文の field goal は,「ボールを地面に固定する人」そして「それをキックしてゴールポストを狙う人」の2人で行う連係プレー.

□ **defeat** [difíːt] 打ち負かす
　他 ① (敵・相手) を破る, 負かす ② (計画) を挫折させる, くつがえす
　名 Ⓤ〈具体的な場合はⒸ〉負け, 敗北

□ **anguish** [ǽŋgwiʃ] 非常な悲しみ
　名 Ⓤ 激しい苦痛, 苦悩, 非常な悲しみ

絵画

While traveling **overseas** we purchased some **primitive** paintings in **vivid** colors. Despite the **simplicity** of the scenes, they are **endowed** with great vitality.

海外旅行をしている間に私たちは鮮やかな色彩で描かれた素朴派の絵画を何点か購入した．そこに描かれた風景は何の変哲もないものだったが，力強い生命力にあふれている．

□ **overseas** [òuvərsíːz, ´--´]　　海外へ
　副 海外へ　■go overseas（外国に行く）
　形 海外の，海外向けの　■overseas students（留学生）

□ **primitive** [prímətiv]　　素朴な
　形 ① 原始時代の，原始的な　② 素朴な

□ **vivid** [vívid]　　鮮やかな
　形 ①（色彩・色などが）鮮やかな　②（記憶・表現などが）生き生きとした

□ **simplicity** [simplísəti]　　地味なこと
　名 Ⓤ 簡単，単純; 地味，質素，飾り気のないこと

□ **endow** [indáu]　　生まれながらに恵まれている
　他 ①（大学・病院など）に寄付する　②〈通例 be -ed〉[才能・容姿などに]生まれながら恵まれている [+with]
　□ **endowment** 名 Ⓤ 寄付（をすること）　Ⓒ〈通例 -s〉寄付金, 遺産, 資質

人物描写

In the **anecdote** about the fisherman's **struggle** with the **marlin**, he **evoked** an image of the man's appearance, without **depicting** the man. Each reader could easily **visualize** what the fisherman looked like.

漁師がマカジキと苦闘する逸話で，著者はその男そのものを描くことなく，男の姿のイメージを喚起した．読者は皆，漁師の姿を容易に想像することができた．

- □ **anecdote** [ǽnikdòut]　逸話
    - 名 C （特定の人物・事件にまつわる）逸話
    - □ anecdotal 形 逸話の，逸話に富んだ

- □ **struggle** [strʌ́gl]　苦闘
    - 名 C ① もがき，身もだえ　②〈通例 a —〉努力，苦闘　■the struggle for existence（生存競争）　自 ① もがく，あがく，努力する　② 戦う，争う

- □ **marlin** [mάːrlin]　マカジキ
    - 名 C 🐟 マカジキ
    - ⓘ Florida Marlins の大リーグ優勝で，この魚の名前は日本人にも知られるようになった．フロリダ半島沖合からカリブ海の暖水域に広く生息する．きわだつ背ビレを持ち，最大で体長2.5メートルほどに及ぶ．文豪 Ernest Hemingway はノーベル文学賞受賞作 The Old Man and the Sea『老人と海』で，孤独な老人とこの魚との格闘を描いている．

- □ **evoke** [ivóuk]　喚起する
    - 他 ①（感情・記憶など）を呼び起こす，喚起する　②（死者の霊魂など）を呼び出す
    - □ evocative 形 喚起する，[〜を] 呼び起こして [+of]
    - □ evocation 名 C U ①（感情・記憶などの）喚起　②（口寄せ・神降ろしの）呼び出し

- □ **depict** [dipíkt]　描く
    - 他 ①（絵画・映画などで）〜を描く　② 〜を（言葉で）描写する，叙述する
    - □ depiction 名 C U 描写，叙述

- □ **visualize** [víʒuəlàiz]　想像する
    - 他 ① 〜を心に描いてみる，思い浮かべる，想像する　② 〜を見えるようにする，視覚化する
    - □ visual 形 視覚の[による，に訴える]，有視界の

Topic 55

細工職人

The craftspeople in the **tiny stalls** at the **rear** of the church sell **peculiar** jewelry and objects in the **shapes** of animals. Some sellers make belts out of **string** that are dazzling.

教会堂の後部の小さな売店の細工職人の店では，動物を形どった奇妙な装身具や小物を売っている．ひもでできた色鮮やかなベルトを作っている店もある．

□ **tiny** [táini]　ごく小さい
　形 ごく小さい (⇔ huge)　名 C 幼児, 赤ん坊

□ **stall** [stɔːl]　売店
　名 C ① 馬[牛]小屋　② 露店, 売店 (stand)

□ **rear** [riər]　うしろ
　名 U〈通例 the —〉後部(の), うしろ(の) (⇔ front)　C 尻 (buttocks, butt)
　①the rear of the theater は劇場の後部に位置する立ち見などの部分を指す．実際には劇場の入り口から見ると，こちらの方が正面に近いが，舞台から見ると, the rear (後部) に位置している．18世紀以降，このような近代的な劇場空間が設計された原形として，教会の構造が意識されていた．

□ **peculiar** [pikjúːljər]　一風変わった
　形 ①［〜に］独特の [+to]　② 変な, 一風変わった
　□ **peculiarly** 副 ① 特に (especially)　② 奇妙に
　□ **peculiarity** 名 U 特性　C 異様さ, 奇癖; 特有なもの

□ **shape** [ʃeip]　形
　名 CU 形, 形状　U 状態, 調子 (condition)　他 ①〈物〉を［〜に］形作る [+into], ［〜から］形作る [+from, out of]　②〈通例 be -d〉［〜に］適合する, 合っている [+to]　自 具体化する, ［〜へ］発展する [+into]
　□ **shapely** 形 格好の良い, 均整のとれた

□ **string** [striŋ]　ひも
　名 C ① ひも, 弦　②〈a — of〉一続き, 一列
　他〈—, strung, strung〉① 〜を数珠つなぎにする　②〈通例 be strung / — oneself〉緊張する, 興奮する

レコードの調べ

When we first bought a **phonograph**, I thought it was **sublime** to hear records anytime I wanted. CD players do **enhance** the quality of sound, but nothing **surpasses** my memories of that first **splendid** machine.

私たちが初めて蓄音機を買った時, いつでも好きなときにレコードを聴くことができるのは何と素晴らしいことかと思った. CDプレーヤーは音質を高めはするが, あの最初に買ったすてきな機械で聴いた時の記憶に勝るものはない.

□ **phonograph** [米 fóunəgræf 英 -grà:f] 蓄音機
  名 C 蓄音機 (record player, 英 gramophone)

□ **sublime** [səbláim] 素晴らしい
  形 ① 荘厳な ② 素晴らしい, この上ない ③ 抜群の 名 〈the —〉崇高, 極致
  他 ~を高尚にする, 浄化する
  □ sublimely 副 ① 素晴らしく, ものすごく ② ひどく

□ **enhance** [米 inhǽns, en- 英 -há:ns] 高める
  他 (価値・力・可能性など) を高める, 増す (increase)
  □ enhanced 形 ① 強化された ■enhanced CD (高音質のコンパクトディスク)
    ② 米 (マリファナで) ハイになって
  □ enhancer 名 C U 機能を高める装置, 薬剤
  □ enhancement 名 C U 高揚, 増進

□ **surpass** [米 sərpǽs 英 -pá:s] ~に勝る
  他 ① [~の点で] ~に勝る, ~をしのぐ [+in, at] ② (限界・範囲) を超える

□ **splendid** [spléndid] すてきな
  形 ① 豪華な, ぜいたくな ② 立派な, すてきな, 素晴らしい
  □ splendidly 副 立派に, うまく
  □ splendiferous 形 (しばしば皮肉で) 素晴らしい, 見かけ倒しの

パレード

A **bugle** sounded and the **quaint** antique **racing** cars began **poking** down the main street in a parade.

ラッパが鳴り響き，古風で趣のある時代物のレーシングカーがパレードに混じってゆっくりと大通りを進み始めた．

- □ **bugle** [bjúːgl]　**ラッパ**
  - 名 C (軍隊の)ラッパ　自 ラッパを吹く
  - □ bugler 名 C ラッパ吹き

- □ **quaint** [kweint]　**古風で趣のある**
  - 形 ① 古風で趣のある，面白い　② 奇異な，異様な (strange)

- □ **racing** [réisiŋ]　**競走用の**
  - 名 U 競馬，競走，〈形容詞的に〉競走用の
  - □ race 名 C 競走，レース，[〜のための／〜との] 競争 [+for / against]
  - 自 [〜と] 競走する [+against, with]　他 〜と競走する

- □ **poke** [pouk]　**のろのろ進む**
  - 自 ① [〜を] (指・棒などで) つつく [+at]　② のろのろ進む　他 (人の体の一部・物)を [指・棒などで] つつく [+with]　名 C (指・棒などで) つつくこと
  - □ pokey 形 だらだらした，だらしない　名 C 《米俗》豚箱，留置場

見せ場

Barely able to control his **lust** and **jealousy**, the main character of the play **abruptly** stood up and followed the woman off the stage.

欲望と嫉妬をかろうじて抑えて，その劇の主役は突然立ち上がるとその女性の後について舞台から去った．

- □ **barely** [béərli]　**かろうじて**
  - 副 かろうじて (〜する) (only just)，やっと
  - □ bare 形 ① むき出しの，裸の　② 〈叙述的に〉[〜が] ない [+of] (empty)
    - ■The hills are bare of grass. (丘陵には草1本生えていない)
  - 類 naked 形 全裸の，草木の生えていない

- □ **lust** [lʌst]　**欲望**
  - 名 C U [〜に対する] 強い欲望 [+for, of]
  - □ lusty 形 頑健な，元気な
  - □ lustful 形 好色な，どん欲な

- □ **jealousy** [dʒéləsi]　**嫉妬**
  - 名 Ü 嫉妬, ねたみ　C せん望の対象物, ねたみがましい行動
  - □ jealous 形 ① ねたんで, 嫉妬して　② [〜を失うまいと] 用心して [+of]

- □ **abruptly** [əbrʌ́ptli]　**突然**
  - 副 突然, ぶっきらぼうに, 荒々しく
  - □ abrupt 形 ① 急な　② まとまりのない, ぶっきらぼうな
  - □ abruptness 名 Ü 不意, 突然, ぶっきらぼう

遺跡発掘

Under the **auspices** of the museum, we **excavated** the ancient city. We found **clay** pots, metal **utensils**, and ceramic **urns**, indicating an advanced **civilization**.

博物館の後援で私たちは古代都市を発掘した. 私たちは粘土でできたつぼ, 金属製の道具, 陶製のかめを発見したが, それらは高度な文明の存在を示すものだった.

- □ **auspice** [ɔ́:spis]　**後援**
  - 名 C ① 〈-s〉後援, 援助, 保護　■under the auspices of … (〜の後援により)
  - ② 前兆, 吉兆
  - □ auspicious 形 吉兆の, さい先のよい, めでたい

- □ **excavate** [ékskəvèit]　**発掘する**
  - 他 (地面) を掘る, 発掘する　■a dagger excavated from the ancient shrine (古代の神殿から発掘された短刀)

- □ **clay** [klei]　**粘土の**
  - 名 Ü 粘土, 〈形容詞的に〉粘土で作った

- □ **utensil** [juténsl]　**道具**
  - 名 C (家庭, 特に台所の) 用具, (一般の) 道具

- □ **urn** [ə:rn]　**つぼ**
  - 名 C (装飾的な台座付きの) 骨つぼ, かめ

- □ **civilization** [米 sìvələzéiʃən 英 -laiz-]　**文明**
  - 名 CÜ 文明
  - ⓘ 同じような意味を表す語に culture があるが, こちらは生活様式より人々の考え方や習慣などの精神面を強調した語.
  - □ civil 形 民間の, (武に対して) 文の (⇔ military), 市民の
  - □ civilized 形 ① 文明化した, 文化的な　② 礼儀正しい

Topic 56

慈善活動

Our club had a charity **raffle** for prizes, **ranging** from children's **sleds** and **skates** to **compact** stereos and **amplifiers**. Not only did we earn money for charity but we **boosted** our club's **profile**.

私たちのクラブでは，子供用のそりやスケート靴から小型ステレオやアンプなどの賞品の当たる慈善目的の富くじを催した．それは慈善のための資金を稼いだだけでなく，私たちのクラブのプロフィールの宣伝にもなった．

- □ **raffle** [rǽfl]　**富くじ**
  - 名 C （慈善目的の）富くじ　他 （富くじの賞品として）〜を提供する（+off）

- □ **range** [reindʒ]　**及ぶ**
  - 自 ① （一線に）並ぶ ② [〜から／〜へ／〜の間に] 及んでいる [+from / to / between]　他 〜を整列させる　名 C 列，続き；山脈　U （変動可能な）幅，範囲

- □ **sled** [sled]　**そり**
  - 名 C 小型そり，（雪・氷上を滑る）そり
  - 自 そりに乗る　■ go sledding（そり滑りに行く）　他 〜をそりで運ぶ
  - □ **sledding** 名 U そり滑り

- □ **skate** [skeit]　**スケート靴**
  - 名 C 〈通例 -s〉（アイス）スケート靴　自 （アイス）スケートをする　■ go skating（スケートに行く）
  - ▶roller skate 名 〈通例 -s〉ローラースケート靴
  - ▶roller-skate 自 ローラースケートをする

- □ **compact** [形 kəmpǽkt, kampǽkt, kámpækt　動 kəmpǽkt　名 ´--]　**小型の**
  - 形 ① ぎっしり詰まった ② 小型で経済的な　他 〈通例 be -ed〉密集する
  - 名 C コンパクト；小型自動車
  - □ **compactly** 副 ぎっしりと，簡潔に

- □ **amplifier** [ǽmpləfàiər]　**アンプ**
  - 名 C アンプ，拡声器
  - □ **amplify** 他 ① 〜を拡大する（extend） ② 〜をさらに詳しく述べる（enlarge）
  - □ **amplification** 名 U 〈時に the / an —〉拡大，拡張

- □ **boost** [bu:st]　**宣伝する**
  - 他 ① （値段など）を上げる ② 〜を宣伝する，後援する　名 C [物価などの] 上昇，つり上げ [+in]
  - □ **booster** 名 C 後援者；昇圧機，ブースター

□ **profile** [próufail]　プロフィール
　　名 C U ① プロフィール, 横顔　② 輪郭（outline）
　□ **profiling**　名 U （人物・団体についての）情報収集活動
　ⓘprofiling の活動には悪意のないものもある. customer profiling は企業が顧客情報の充実を図るためのものである. offender profiling は犯罪者の経歴を一元管理しようという活動である. アメリカの州によっては性犯罪の前科のある者は一定期間, その情報を住民に公開することが義務づけられている. racial profiling は人種・民族などを基準に, 特に捜査当局が一般市民の情報を収集することを指す. 差別的な慣行と非難する向きも多いが, 9月11日のあの事件以来, その必要性を容認する意見も強い.

「心」の定義

It's **tricky** trying to **define** Japanese words like "kokoro," because they have many meanings. Sometimes a **cogent definition** just isn't possible.

「心」のような日本語はいろいろな意味を持っているので, その意味を定義するのはなかなか難しい. 皆が納得するような定義というのが不可能な場合がある.

□ **tricky** [tríki]　扱いにくい
　　形 ① 手際を要する, 扱いにくい　② 狡猾(こうかつ)な, 油断のならない　③ 巧妙な
　□ **trick**　名 C ① 計略, ごまかし, いたずら　② 芸当, 手品
　　　他 （人）をだます, かつぐ

□ **define** [difáin]　定義する
　　他 ① （語句・概念など）を定義する, 意味を明確にする　② （真意・立場など）を明らかにする

□ **cogent** [kóudʒənt]　なるほどと思わせる
　　形 人を承服させる, なるほどと思わせる, 適切な
　□ **cogently**　副 人に承服させるように, 力強く

□ **definition** [dèfəníʃən]　定義
　　名 C 定義　U （レンズ・テレビなどの）鮮明度, 精細度
　　■ high-definition TV （高品位テレビ, ハイビジョンテレビ）

4 文化

バレーボール

We're in a **slump**. **Versus** a **merely average volleyball** team, we don't **panic**, but against a good team we quickly become **bewildered** about how to play.

私たちはスランプに陥っている．並のバレーボールチームに対してはあわてることはないが，強いチーム相手だと，どう戦えばよいか途方にくれてしまう．

□ **slump** [slʌmp]　**スランプ**
　名 © ① 暴落，がた落ち，不況　② 不評，⊛ スランプ，不調，不振
　自 ドスンと落ちる，暴落する，急に衰える

□ **versus** [vɔ́ːrsəs]　**〜に対して**
　〈⊛ ⊛ vs, vs.　⊛ v, v.〉前 〜対，〜に対する，〜と対比して，〜と比較して

□ **merely** [míərli]　**単に**
　副 単に（〜にすぎない）
　□ mere　形 ほんの，単なる，全く〜にすぎない

□ **average** [ǽv(ə)ridʒ]　**普通の**
　形 平均の，並の，普通の　名 © 平均，平均値　⓾〈具体的な場合は©〉標準，並

□ **volleyball** [⊛ válibɔ̀ːl ⊛ vɔ́li-]　**バレーボール**
　名 ⓾ バレーボール © バレーボール用のボール

□ **panic** [pǽnik]　**ろうばいする**
　自 ろうばいする　■ Don't panic in case of fire.（火事のときにはあわてるな）
　他 〜に恐怖を起こさせる，うろたえさせる
　名 ⓾ 恐怖，ろうばい，パニック © 経済恐慌

□ **bewildered** [biwíldərd]　**うろたえた**
　形 ひどく混乱した，うろたえた
　□ bewildering　形 目のまわる，途方にくれさせるような
　□ bewilder　他（人）を当惑させる
　□ bewilderment　名 ⓾ 当惑，うろたえ

単語の習得

Learning the **literal** meanings of words is a first step. But **construing analogies** and figurative **usages** requires more experience.

単語の文字どおりの意味を学ぶことが最初の段階である.
しかし類推を働かせたり比喩的な語法を理解したりするとなると, さらに経験を積まなくてはならない.

- **literal** [lít(ə)rəl] **文字どおりの**
  - 形 ① 文字の ② 文字どおりの, 逐語的な (⇔ figurative) ③ 平凡な, 味気ない
  - □ literally 副 ① 文字どおりに, 逐語的に ② 本当に, 実際は

- **construe** [kənstrúː] **解釈する**
  - 他 (語・句)を分析する, [〜だと] 解釈する [+as]
  - □ misconstrue 他 〜の解釈を誤る, 誤解する

- **analogy** [ənǽlədʒi] **類推**
  - 名 C [〜との／〜の間の] 類似 [+to, with / between] U 類推, 推論
  - □ analogous 形 [〜に] 類似した [+to, with] (similar)

- **usage** [júːsidʒ, -zidʒ] **語法**
  - 名 U (物の)使い方, 取り扱い方法 CU 慣習, しきたり; (言語の)慣用法, 語法

4 文化

271

Topic 57

言語学

Linguistics is the academic **discipline** that deals with **languages**, and it is important in **compiling dictionaries**.

言語学は言語を扱う学術的な訓練であり、辞書を編さんするにあたっては重要なものだ．

□ **linguistics** [liŋgwístiks]　**言語学**
　　名 Ⓤ 言語学
　　□ linguistic 形 言語の，言語学の

□ **discipline** [dísəplìn]　**訓練**
　　名 Ⓤ 訓練，規律 Ⓒ 鍛練法，学科，学問　他 (人)を訓練する，しつける

□ **language** [lǽŋgwidʒ]　**言語**
　　名 Ⓤ 言語，用語 Ⓒ (個々の)言語　■the medical language (医学用語)
　　■the language of the law (法律用語)

□ **compile** [kəmpáil]　**編集する**
　　他 (資料)を収集する，(辞書・リストなど)を編集する

□ **dictionary** [㊍díkʃənèri ㊎-ʃən(ə)ri]　**辞書**
　　名 Ⓒ 辞書　■a dictionary of English etymology (英語語源辞典)

英語

I feel **dumb** because I am **forever** forgetting English **phrases** and making mistakes when I **pronounce** certain words.

私はいつも英語の言い回しを忘れ，単語を発音しようとすると間違ってばかりいるので，ばかではないかと思うほどだ．

□ **dumb** [dʌm]　**ばかな**
　　形 ① 物の言えない，口の利けない ② ばかな，頭の悪い
　　ⓘ ①の意味では障害者への配慮から speech-impaired という形容詞を使うようになった．
　　類 dull 形 ① 頭の鈍い ② (刃物などが)切れ味の悪い
　　▶dummy 名 Ⓒ ① ㊍㊎ 口の利けない人，のろま ② マネキン ③ (工業製品などの)試作品　▶dumbbell 名 Ⓒ ㊍㊎ のろま，ばか

□ **forever** [fərévər]　**ひっきりなしに**
　　副 ① 永久に ② 〈進行形の文で〉ひっきりなしに，いつも

□ **phrase** [freiz]　言い回し
　　名 C 句, 成句, フレーズ　C U 言葉遣い, 言い回し

□ **pronounce** [prənáuns]　発音する
　　他 ① (単語など)を発音する　② (判決など)を申し渡す
　　□ **pronunciation** 名 C U 発音, 発音の仕方

研究論文

This research paper is **rudimentary** and **derived** from previously published sources. The only new sections are either **abstract** or need further **clarification**. **Hence** I do not recommend it for publication.

この研究論文はまだ初期の段階のものであり、これまでに発表されている情報をもとにしています。
限られた新しいセクションも抽象的であったり、さらに分かりやすくする必要のあるものです。
そういうわけで私はこれを発表するのはお勧めできません。

□ **rudimentary** [rùːdəméntəri]　初期段階の
　　形 初歩的な, 初期段階の, 原始的な
　　□ **rudiment** 名 〈the -s〉基本(原理), 初期の段階

□ **derive** [diráiv]　引き出す
　　他 ① […から] 〜を引き出す, 得る [+from]　② 〈be -d from 〜〉〜に由来する
　　□ **derivative** 形 [〜から] 派生した [+from]　名 C [〜からの] 派生物

□ **abstract** [形名 ǽbstrækt　動 æbstrǽkt]　抽象的な
　　形 抽象的な (⇔ concrete)　他 (概念など)を抽象化する, 引き出す　■an abstract painting (抽象画)　名 C 抽象概念; 抽象画; (本などの)要約

□ **clarification** [klæ̀rəfikéiʃən]　解明
　　名 U 浄化, 説明, 解明
　　□ **clarify** 他 (意味など)を明らかにする　自 (液体・バターなどが)澄む

□ **hence** [hens]　したがって
　　副 ① それゆえに, したがって　② 今から先 (later)

幾何学

To major in geometry, you have to be smart and be a master of mathematics.

幾何学を専攻するには，頭の回転が速く，数学に精通していなければならない．

- □ **major** [méidʒər]　主専攻にする
  - 自 [～を] 主専攻にする [+in]　名 C （学位をとるための）専攻科目
    - ■major in astronomical physics（天体物理学を専攻する）

- □ **geometry** [⊕dʒiámətri ⊕-óm-]　幾何学
  - 名 U 幾何学

- □ **smart** [smɑːrt]　頭の回転の速い
  - 形 （動作が）機敏な，⊕ 頭の回転の速い

- □ **master** [⊕mǽstər ⊕mɑ́ːs-]　精通した人
  - 名 C ① （男の）主人　② [～を] 自由に使う能力のある人, [～に] 精通した人 [+of]　③ 修士（号）

- □ **mathematics** [mæθəmǽtiks]　数学
  - 名 U 数学
  - ⓘ 会話文の中では ⊕ maths, ⊕ math が好まれる．

気象学

Did you hear that Pete has decided to pursue qualifications to become a meteorologist?

ピートが，気象学者になるための資格を追求すると決めたって聞きましたか．

- □ **pursue** [⊕pərsúː ⊕-sjúː]　追い求める
  - 他 ① 追跡する（chase）　② 追い求める（seek for）　③ 従事する
  - □ **pursuit** 名 C U 追跡; 〈通例 -s〉仕事, 研究 U 追求

- □ **qualification** [⊕kwɑ̀ləfəkéiʃən ⊕kwɔ̀l-]　資格の取得
  - 名 U 資格の取得; 〈しばしば -s〉[～の, ～する] 資格, 適性 [+for, to do]
    - ■have the right qualifications for the job（その仕事にふさわしい資質を持っている）
  - □ **qualify** 他 ～に [～する] 資格を与える [+to do]　■qualify the student to teach mathematics in high school（その学生に高校で数学を教える資格を与える）
    - 自 [～の] 資格がある　■Those children qualify for free entrance to the park.（あの子どもたちはただで公園に入場する資格がある）
  - □ **qualified** 形 資格を有する, 適任の

- **meteorologist** [⊛ mìːtiərálədʒist ⊛ -ról-]　**気象学者**
    - 名 C 気象学者
    - □ meteorology 名 U 気象学
    - □ meteorological 形 気象(学上)の ■Meteorological Agency (気象庁)

学術論文

When you write an academic **thesis** it's important to use the correct **format**. Each **quotation** should have a **footnote**, and all **references** used should be in the **bibliography**.

学術論文を書くときは正しいフォーマットを使うことが重要だ．それぞれの引用には脚注を付け，使用された出典は参考文献リストに記載しなくてはならない．

- **thesis** [θíːsis]　**論文**
    - 〈⧉theses〉名 C ① 学位論文, 卒業論文 ② 論題, 題目 ③ (哲学などの) 命題

- **format** [fɔ́ːrmæt]　**フォーマット**
    - 名 C 書式, (本・雑誌などの) 体裁, データの配列　他 (本, 雑誌など) の体裁を整える, (データ) を配列する

- **quotation** [kwoutéiʃən]　**引用文**
    - 名 C 引用文 [語, 句]　U 引用すること
    - □ quote 他 ① 引用する ② 引き合いに出す ③ 見積もる 自 引用する

- **footnote** [fútnòut]　**脚注**
    - 名 C 脚注, 補足説明　他 〜に脚注を付ける

- **reference** [réf(ə)rəns]　**出典**
    - 名 U 言及 (すること), 参照　C 出典, 参考文献
    - □ refer 自 〈SV to O〉言及する; 参照する ■refer to a dictionary (辞書を引く)　他 (人) を [〜に] 差し向ける [+to], (問題など) を [〜に] ゆだねる [+to]

- **bibliography** [⊛ bibliágrəfi ⊛ -ógrə-]　**参考文献目録**
    - 名 C 参考文献, 参考文献目録

---

liberal arts

中世ヨーロッパの大学では七学科の修得が目指された．三学科 (trivium) とは grammar (文法), rhetoric (修辞学), logic (論理学), 四学科 (quadrivium) とは arithmetic (代数), geometry (幾何), astronomy (天文学), music (音楽) である．

哲学

Rita is **auditing** a **course** in existential **philosophy**. She's a real **scholar**, so she's able to understand even tough **subjects** like that!

リタは実存哲学の授業を聴講している. 彼女はまったくの学者肌なので, そのような難しい科目でも理解することができるのだ！

- □ **audit** [ɔ́:dit]　**聴講する**
  - 他 〜の会計検査[監査]をする; ⊛(授業)を聴講する 名 C 会計検査[監査]
  - □ auditor 名 C 会計検査官, 監査役; ⊛(大学の)聴講生

- □ **course** [kɔːrs]　**講座**
  - 名 C ① 進路 ②(大学などの)講座, 科目

- □ **philosophy** [⊛ fəlásəfi ⊛ -lɔ́s-]　**哲学**
  - 名 U 哲学
  - □ philosopher 名 C 哲学者
  - □ philosophical 形 哲学の, 哲学に関する

- □ **scholar** [⊛ skálər ⊛ skɔ́lər]　**学者**
  - 名 C 学問のある人, 学者; 奨学金受給者
  - □ scholarship 名 U 学問 C 奨学金

- □ **subject** [sʌ́bdʒekt]　**科目**
  - 名 C (研究の)主題, (授業の)科目　他 (人)を[〜に]従わせる[+to], 支配する
  - 形 [〜に]支配されている[+to]

カンニング

There are several essay questions on the exam and each requires considerable thought, so it's impossible to **cheat**.

試験ではエッセーの問題が数問あり, それぞれ, かなり考えさせる問題です. ですから, カンニングは不可能です.

- □ **cheat** [tʃiːt]　**カンニングする**
  - 自 いかさまをする, カンニングする　他 ① 〜をだます ②⟨SVO into doing⟩ O(人)をだまして〜させる 名 C 詐欺師 C U ごまかし, カンニング
  - □ cheater 名 C 詐欺師

"腸"が煮えくり返る!?

「食べる」という行為は言うまでもなく私たちの根源にかかわるものである。それゆえ食に関する表現も多彩だ。動詞をとってみても、多種多様な料理の数だけ、それを説明するための動詞が存在すると言ってもよいだろう。

たとえば、「ゆでる」あるいは「煮る」という調理方法一つを取ってみても、一般的にまず思い浮かぶのは boil であるが、その一語だけでは当然調理法の微妙な違いは表現し尽くせない。boiled egg(ゆで卵)の作り方からも明らかなように、boil が「ぐつぐつと沸騰した状態で食物をゆでたり煮込んだりする」ことであるのに対して、「沸騰寸前の状態でコトコトと煮る」のは simmer、さらにこの状態で「長時間煮込む」場合には stew という動詞で表現する。私たちが「シチュー」と呼ぶ料理は、日本語に訳すならさしずめ、「とろ火による長時間煮込み料理」ということになる。

ここで面白いのは、これまで述べた調理方法としての意味はこれらの動詞の本来の意味の一部でしかないことだ。しばしば感情表現にも使われる。

He stewed over the result of the examination.
(彼は試験の結果に気をもんでいた)

He was simmering with rage.
(彼は今にも怒りだしそうになるのをじっとこらえていた)

He boiled at her betrayal. (彼は彼女の裏切りに腸が煮えくり返った)

動詞の正確な訳語を知らなくても、料理の火加減や沸騰の様子を思い浮かべれば、それぞれの文の状況を想像できるはずである。他にも、使える動詞は多い。

skewer (串、串で刺す/酷評する)
smoke (煙、くん製にする/タバコをすう)
sieve (ふるい、ふるいにかける/詳細に調べる)
whisk (泡立て器、泡立てる/払う、たたく)

また、料理をする際に欠くことのできない調理器具には、英語では〈動詞＋ -er〉で表されるものが多く、カタカナ語として日本でも馴染みあるものが多い。それらの名称と、それがどのような作業に使われるのかを考え合わせれば、元の動詞の意味を知ることもできる。飲み物などをかき混ぜるマドラーは〈muddle ＋ = er〉であることから、動詞 muddle の意味は「かき混ぜる」。以下、

peeler (皮むき器) → peel (皮、はがす)
grater (おろし器) → grate (おろし金でおろす)
strainer (こし器) → strain (こす、こして取り除く)
skimmer (アクなどを除く網じゃくし) → skim (アクを取り除く) となる。

達成の記録

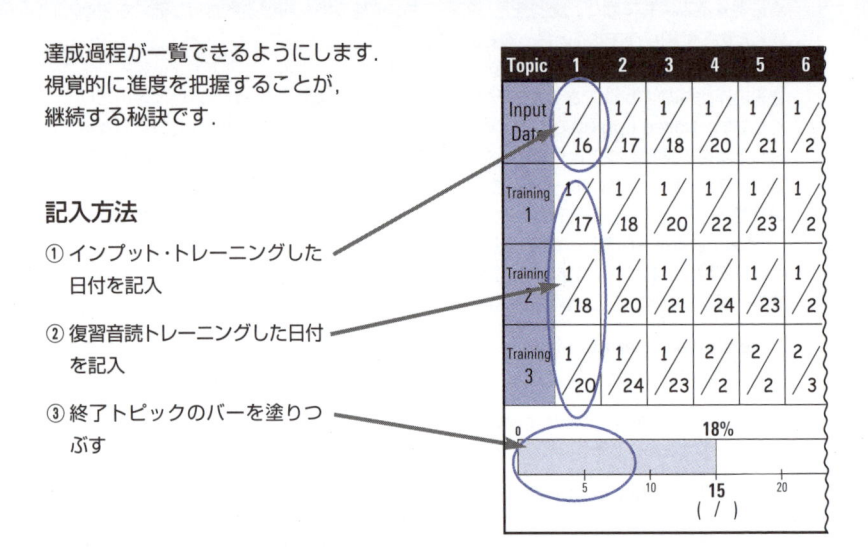

達成過程が一覧できるようにします．
視覚的に進度を把握することが，
継続する秘訣です．

Topic	1	2	3	4	5	6
Input Date	1/16	1/17	1/18	1/20	1/21	1/2
Training 1	1/17	1/18	1/20	1/22	1/23	1/2
Training 2	1/18	1/20	1/21	1/24	1/23	1/2
Training 3	1/20	1/24	1/23	2/2	2/2	2/3

0 — 18% — 5 — 10 — 15 — 20
(/)

記入方法

① インプット・トレーニングした日付を記入

② 復習音読トレーニングした日付を記入

③ 終了トピックのバーを塗りつぶす

【第1部】

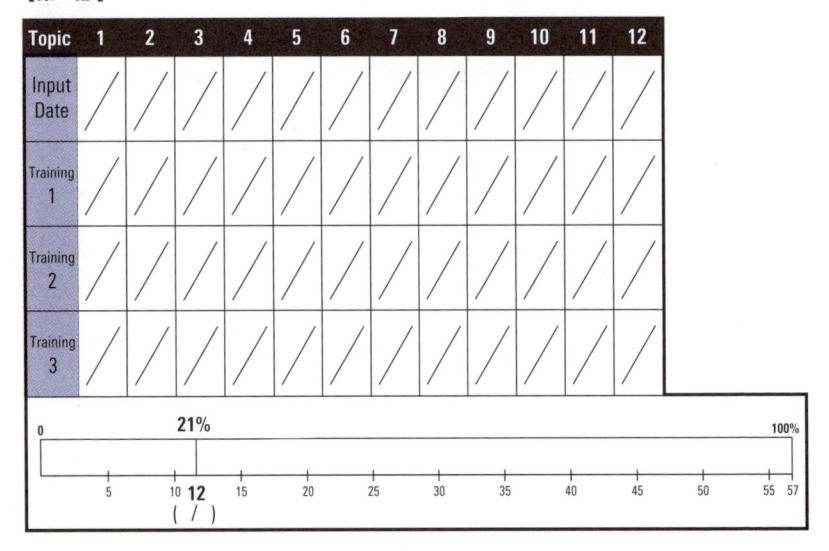

Topic	1	2	3	4	5	6	7	8	9	10	11	12
Input Date	/	/	/	/	/	/	/	/	/	/	/	/
Training 1	/	/	/	/	/	/	/	/	/	/	/	/
Training 2	/	/	/	/	/	/	/	/	/	/	/	/
Training 3	/	/	/	/	/	/	/	/	/	/	/	/

0 — 21% — 100%
5 — 10 **12** 15 — 20 — 25 — 30 — 35 — 40 — 45 — 50 — 55 57
(/)

【第2部】

Topic	13	14	15	16	17	18	19	20	21	22	23	24
Input Date	/	/	/	/	/	/	/	/	/	/	/	/
Training 1	/	/	/	/	/	/	/	/	/	/	/	/
Training 2	/	/	/	/	/	/	/	/	/	/	/	/
Training 3	/	/	/	/	/	/	/	/	/	/	/	/

42%

0 — 5 — 10 — 15 — 20 — **24** 25 — 30 — 35 — 40 — 45 — 50 — 55 57 — 100%
(/)

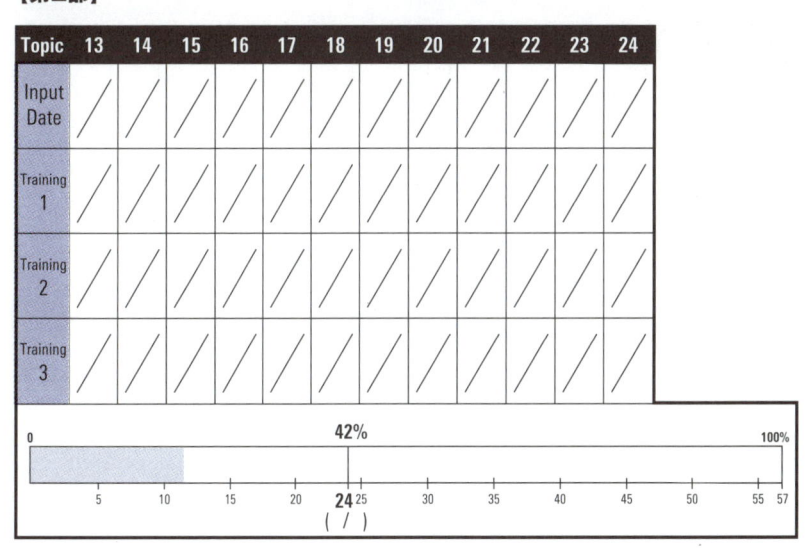

【第3部】

Topic	25	26	27	28	29	30	31	32	33	34	35	36	37	38
Input Date	/	/	/	/	/	/	/	/	/	/	/	/	/	/
Training 1	/	/	/	/	/	/	/	/	/	/	/	/	/	/
Training 2	/	/	/	/	/	/	/	/	/	/	/	/	/	/
Training 3	/	/	/	/	/	/	/	/	/	/	/	/	/	/

66%

0 — 5 — 10 — 15 — 20 — 25 — 30 — 35 — **38** 40 — 45 — 50 — 55 57 — 100%
(/)

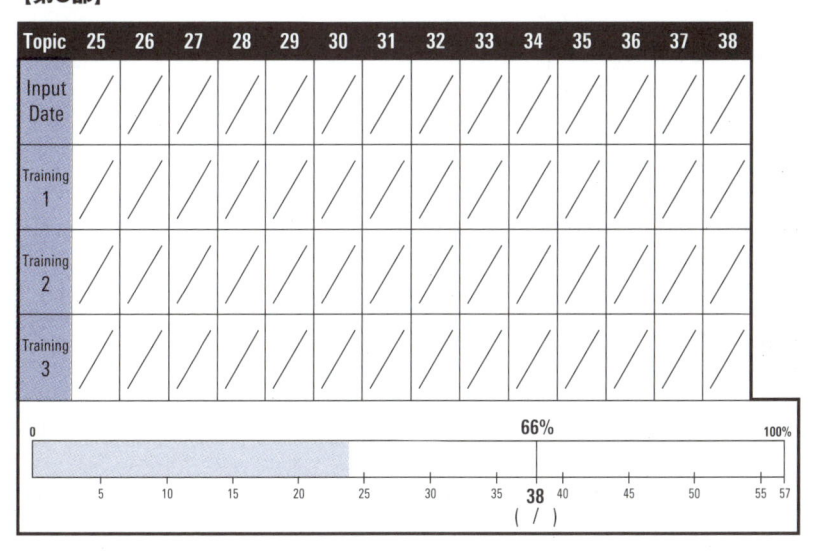

【第4部】

Topic	39	40	41	42	43	44	45	46	47	48	49	50	51	52	53
Input Date	/	/	/	/	/	/	/	/	/	/	/	/	/	/	/
Training 1	/	/	/	/	/	/	/	/	/	/	/	/	/	/	/
Training 2	/	/	/	/	/	/	/	/	/	/	/	/	/	/	/
Training 3	/	/	/	/	/	/	/	/	/	/	/	/	/	/	/

0 — 92% 100%
(/) 53

Topic	54	55	56	57
Input Date	/	/	/	/
Training 1	/	/	/	/
Training 2	/	/	/	/
Training 3	/	/	/	/

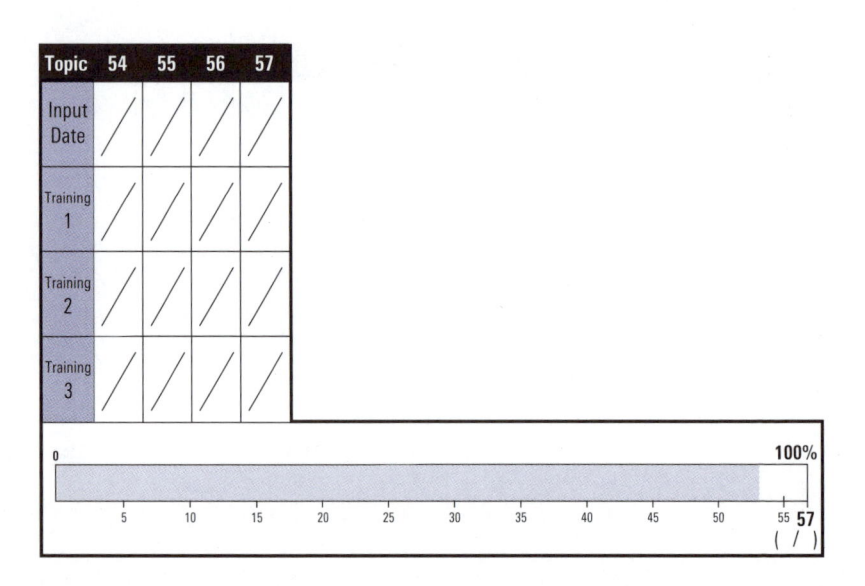

0 — 100%
(/) 57

INDEX

A

- abduct 166
- **abduction** 166
- **abide** 137
- abiding 137
- **abominable** 159
- abomination 159
- abrupt 267
- **abruptly** 267
- abruptness 267
- **abstinence** 202
- **abstract** 273
- absurd 47
- absurdity 47
- **absurdly** 47
- accept 237
- **accomplice** 163
- **accord** 128
- accordance 128
- **according to** 89
- accumulate 84
- **accumulation** 84
- **acquit** 157
- acquittal 157
- **acrimonious** 119
- acrimony 119
- action 94
- active 94
- activism 94
- **activist** 94
- activity 94
- **actor** 197
- **acute** 254
- **ad** 56
- **adhere** 103
- adherence 103
- adherent 103
- adhesive 103
- **adhesive** 171
- **adjacent** 65
- **admonish** 185
- admonition 185
- adorable 189
- adoration 189
- **adore** 189
- **adorn** 189
- adornment 189
- adverse 240
- **adversity** 240
- advertise 56
- advertisement 56
- **advertising** 56
- advice 82
- advise 82
- adviser 82
- advisor 82
- **advisory** 82
- **affair** 101
- **affiliate** 41
- affiliated 41
- affiliation 41
- **affinity** 104
- **affirm** 109
- affirmation 109
- affirmative 109
- **afflict** 177
- affliction 177
- affluence 87
- **affluent** 87
- afford 228
- **affordable** 228
- **aftermath** 146
- **aggravate** 249
- aggravating 249
- aggravation 249
- aggression 85
- aggressive 85
- **aggressively** 84
- **agile** 241
- agilely 241
- agility 241
- **agitate** 172
- agitated 172
- agitation 172
- agonize 248
- **agony** 248
- **agree** 86
- agreement 86
- aid 83
- **aide** 83
- **air force** 125
- **alert** 124
- alien 140
- **alienate** 140
- alienation 140
- **align** 108
- alignment 108
- all-terrain vehicle 151
- **allay** 57
- allegation 54
- **allege** 54
- alleged 54
- allegedly 54
- **allegiance** 105
- **alleviate** 255
- alliance 216
- **allocate** 37
- allocation 37
- allot 70
- **allotment** 70
- **allure** 145
- alluring 145
- **ally** 216
- **aloof** 199
- aloofness 199
- **altar** 180
- **alter** 62
- alterna 62
- alterative 62
- alternative 62
- **altitude** 147
- **ambassador** 101
- **ambush** 124
- **amiable** 197
- amiably 197
- amicable 197
- **amiss** 165
- **amorphous** 173
- amplification 268
- **amplifier** 268
- amplify 268
- analogous 271
- **analogy** 271
- analysis 170
- **analyze** 170
- anchor 123
- anecdotal 263
- **anecdote** 263
- anger 203
- **angry** 203
- **anguish** 261
- **annihilate** 127
- annoy 149, 203
- annoyance 203
- **annoying** 203
- **annual meeting** 40
- **antagonism** 121
- antagonistic 121
- antagonize 121
- antarctic 170
- **Antarctica** 170
- **antibiotic** 142
- apart 243
- apart from... 243
- apathetic 105
- **apathy** 105
- appall 213
- appalled 213
- **appalling** 213
- **apparatus** 171
- **apparent** 92
- apparently 92
- **appeal** 90
- **appease** 128, 222
- appeasement 128
- appraisal 53
- **appraise** 53
- **apprehend** 163
- apprehension 163
- **apprentice** 222
- apprenticeship 222
- **apt** 143
- arbitrary 103
- **arbitration** 103
- aristocracy 99
- **aristocrat** 99
- aristocratic 99
- arm 115
- **armchair** 232
- armed 115
- **armed force** 115
- arms control 115
- **array** 64
- arrogance 199

☐ arrogant 199
☐ arrogantly 199
☐ arson 163
☐ arsonist 163
☐ artificial 171
☐ artificially 171
☐ artist 240
☐ artistic 240
☐ as fate would have it 114
☐ ascend 234
☐ ascension 234
☐ ascent 234
☐ ashamed 212
☐ assault 162
☐ assemble 86
☐ assembly 86
☐ assent 128
☐ assert 102
☐ assertion 102
☐ asset 35
☐ assimilate 115
☐ assimilation 115
☐ asthma 250
☐ asthmatic 250
☐ asylum 115
☐ at anchor 123
☐ at least 26
☐ attorney 144
☐ attribute 239
☐ ATV 151
☐ audit 276
☐ auditor 276
☐ auspice 267
☐ auspicious 267
☐ austere 188
☐ austerity 188
☐ authentic 126
☐ authentically 126
☐ authenticity 126
☐ author 202
☐ autobiography 261
☐ average 270
☐ averse 238
☐ aversion 238
☐ avert 72

B

☐ bachelor 239
☐ back 97
☐ backing 29
☐ backing 97
☐ backlog 45
☐ bail 159
☐ bake 220
☐ ballot 93
☐ ban 111
☐ band 141
☐ bandit 167
☐ banditry 167
☐ bang 147
☐ banish 111
☐ banishment 111
☐ bankrupt 51
☐ bankruptcy 51
☐ barb 213
☐ barbed 213
☐ bare 251
☐ bare 266
☐ barely 266
☐ barge 230
☐ barrack(s) 167
☐ barter 144
☐ bashful 198
☐ bastard 212
☐ battle ship 123
☐ be at a premium 60
☐ be exempt from taxation 82
☐ be subject to taxation 82
☐ become wealthy 47
☐ begrudge 217
☐ benevolence 71
☐ benevolent 71
☐ benign 253
☐ benignly 253
☐ besiege 85
☐ bestow 161
☐ betray 104
☐ betrayal 104
☐ bewilder 270
☐ bewildered 270
☐ bewildering 270
☐ bewilderment 270
☐ bias 116
☐ biased 116
☐ bibliography 275
☐ bid ~ farewell 71
☐ bigot 89
☐ bigotry 89
☐ billow 234
☐ biography 261
☐ birth 221
☐ birth place 221
☐ birth rate 221
☐ bishop 183
☐ bite 220
☐ blackmail 157
☐ blah 246
☐ blahs, the 246
☐ bleak 42
☐ bless 189
☐ blessed 189
☐ blessing 189
☐ blight 135
☐ blink 246
☐ blinker 246
☐ bloke 216
☐ bluff 204
☐ blur 230
☐ boil 150
☐ boiler 150
☐ bomb 145
☐ bomber 145
☐ bombing 145
☐ bond 29
☐ book 198
☐ bookkeeper 198
☐ bookkeeping 198
☐ booklet 61
☐ boom 35
☐ boost 268
☐ booster 268
☐ border 116
☐ bother 233
☐ bottom 125
☐ bottom out 125
☐ boulder 124
☐ boundary 114
☐ bourgeois 196
☐ bourgeoisie 196
☐ bow [fret] saw 243
☐ brag 213
☐ bragging 213
☐ brawl 165
☐ break 225
☐ breakdown 255
☐ breast 250
☐ breath 221
☐ breathe 221
☐ breathing 221
☐ bribe 165
☐ bribery 165
☐ brigade 167
☐ brilliant 49
☐ brilliantly 49
☐ brink 41
☐ brittle 172
☐ broad 75
☐ broadly 75
☐ broil 220
☐ broker 31
☐ brokerage 31
☐ brood 217
☐ brutal 68
☐ brutality 68
☐ brutally 68
☐ brute 68
☐ budget 134
☐ bug 67
☐ bugle 266
☐ bugler 266
☐ bulb 232
☐ bulk 43
☐ bulky 43
☐ bullet 126
☐ bulletin 146
☐ bully 209
☐ bulwark 124
☐ bum 207, 226
☐ bummer 226
☐ burial 237
☐ bury 237
☐ business climate 29

C

☐ cab 225
☐ call 103
☐ campaign 94
☐ candidate 85
☐ cannon 127
☐ capacious 216
☐ capacity 216
☐ capital 238
☐ capitalism 238
☐ capitalist 238
☐ capitalize 238
☐ Capitol Hill 80
☐ cardinal 183
☐ care 223
☐ care about 223
☐ care for 223
☐ cargo 53
☐ carrier 123
☐ cast 217
☐ castaway 217
☐ cater 228
☐ catering 228
☐ cathedral 187
☐ Catholic 180
☐ Catholicism 180
☐ caution 124
☐ cautionary 124
☐ cautious 124
☐ cautiously 124
☐ cavalry 126
☐ cavity 247
☐ cease 208
☐ cease-fire 137
☐ censure 105
☐ census 121
☐ certificate 198

- certified 198
- Certified Public Accountant 198
- certify 198
- cessation 208
- chain saw 243
- **chant** 186
- **chaos** 65
- chaotic 65
- **cheat** 276
- cheater 276
- chemist's (shop) 255
- **cherry** 220
- chill 234
- **chilly** 234
- **chip** 221
- **choir** 182
- **cholesterol** 255
- chorus 182
- cigar 226
- **cigarette** 226
- civil 267
- **civil war** 126
- **civilian** 120
- **civilization** 267
- civilized 267
- **clamor** 106
- **clan** 119
- clannish 119
- **clarification** 273
- clarify 273
- clasp 227
- classified ad 56
- **clay** 267
- clench 227
- **cliff** 241
- **climate** 29
- **climb** 241
- climbing 241
- **cling** 227
- clinging 227
- **clinic** 255
- clinical 255
- clumsiness 208
- **clumsy** 208
- **cluster** 167
- cluster bomb, a 167
- **clumsy** 208
- **coalition** 105
- **cocaine** 249
- **coffin** 237
- **cogent** 269
- cogently 269
- **coincide** 216
- coincidence 216
- coincidentally 216
- **collide** 225

- collision 225
- colonial 121
- colonization 121
- colonize 121
- **colony** 121
- **combat** 125
- combative 125
- **coming** 100
- **commend** 60
- commendable 60
- commendation 60
- commendatory 60
- commerce 136
- **commercial** 136
- commission 82
- **commissioner** 82
- **commit** 161
- **commotion** 105
- **communism** 91
- **communist** 91
- **compact** 268
- compactly 268
- **companion** 239
- **compass** 229
- **compel** 120
- **compelling** 120
- **competence** 36
- competent 36
- **compile** 272
- **complacent** 73
- compliance 62
- **comply** 62
- **compound** 171
- **compress** 175
- compression 175
- **compressor** 175
- **compromise** 101
- **compulsion** 110
- compulsive 110
- compulsory 110
- **concede** 106
- conceit 110
- **conceited** 110
- conceitedly 110
- concession 106
- **condemn** 188
- condemnation 188
- condemned 188
- condensation 175
- condense 175
- **condenser** 175
- **conductor** 260
- **confidence** 99
- **configuration** 173
- configure 173
- confirm 229

- confirmation 229
- confirmed 229
- **confiscate** 165
- **conform** 235
- conformity 235
- **confrontation** 114
- congest 225
- **congested** 225
- congestion 225
- congregate 180
- **congregation** 180
- **Congress** 80
- **congressional** 107
- Congressional 80
- Congressman 80
- Congresswoman 80
- **consecutive** 92
- consensual 107
- **consent** 107
- consent 67
- consist 56
- consistency 56
- **conspicuous** 221
- conspicuously 221
- conspiracy 54
- conspirator 54
- conspiratress 54
- **conspire** 54
- **constituency** 104
- constituent 104
- **constituent** 110
- constrain 137
- constrained 137
- **constraint** 137
- **construe** 271
- **consul** 101
- consulate 101
- **contaminate** 139
- contamination 139
- contemplate 184
- **contemplation** 184
- **contempt** 157
- contemptuous 157
- **contradict** 156
- contradiction 156
- **contrive** 239
- contrived 239
- **controversial** 106
- controversy 106
- **convalesce** 252
- convalescence 252
- **convene** 103
- **convent** 181
- **converge** 170
- convergence 170
- conversion 191

- **convert** 191
- converted 191
- convertible 191
- **co-op** 235
- **cordial** 62
- cordiality 62
- cordially 62
- **corpse** 176
- corrode 176
- **corrosive** 176
- corrupt 85
- **corruption** 85
- cosmetic 196
- council 99
- Council of Ministers 99
- **councilor** 99
- **count** 92
- **countenance** 207
- **counterfeit** 143
- **county** 90
- **coup** 105
- **course** 276
- courthouse 154
- **courtroom** 154
- **coward** 157
- cowardly 157
- **coziness** 232
- **cozy** 232
- CPA 198
- crack down on ~ 84
- **crackdown** 84
- **crafty** 239
- **cramp** 256
- **crave** 64
- **crazy** 72
- creatural 149
- **creature** 149
- creature of ~, a 149
- credibility 55
- credible 55
- credit 28
- **creditor** 28
- **creed** 181
- crime 155
- **criminal** 155
- **crimson** 190
- **cripple** 177
- critic 150
- **critical** 150
- criticism 150
- **criticize** 150
- crook 109
- **crooked** 109
- cross-refer 65
- cruiser 123
- crush 225

- crutch 216
- culprit 157
- **cult** 186
- **cunning** 215
- cunningly 215
- **curse** 190
- cursed 190
- **curve** 257
- curve ball 257
- **custody** 164

D

- **dagger** 126
- **dainty** 206
- **day-to-day** 99
- **daydream** 231
- **deadlock** 72
- deadlocked 72
- **debris** 146
- **debut** 52
- debutant 52
- debutante 52
- **decade** 122
- **decay** 247
- **deceased** 161
- **decent** 212
- decently 212
- **decide** 86
- decision 86
- **decisive** 86
- **deck** 123
- **decree** 137
- deduct 87
- **deduction** 87
- **defeat** 261
- **defect** 148
- defective 148
- **deficiency** 257
- deficient 257
- **deficit** 35
- **defile** 190
- **define** 269
- **definition** 269
- **defraud** 158
- **degenerate** 119
- degeneration 119
- deject 201
- **dejected** 201
- delegate 136
- **delegation** 136
- **deliberate** 95
- deliberately 95
- **deliberation** 95
- **deliver** 260
- democracy 95
- democrat 95
- **democratic** 95
- **demolish** 188
- denial 105
- dental 247
- **dentist** 247
- **deny** 105
- deny 52
- **depict** 263
- depiction 263
- deport 111
- **deport** 116
- deportation 116
- depress 33
- **depressed** 33
- depressing 33
- depression 33, 37
- deprivation 143
- deprive 143
- **deprived** 143
- deputize 159
- **deputy** 159
- derivative 273
- **derive** 273
- **desolate** 188
- desolation 188
- **despair** 46
- **desperate** 46
- desperation 46
- despise 213
- **despondency** 243
- despondent 243
- destroyer 123
- **detain** 164
- **detect** 164
- detection 164
- **detective** 165
- **detest** 213
- detestation 213
- **devise** 239
- **diagnose** 246
- diagnoses 246
- diagnosis 246
- diagnostic 246
- **dictionary** 272
- **diffuse** 108
- diffusion 108
- **dilemma** 53
- diligence 198
- **diligent** 198
- **dim** 30
- **diminish** 53
- dimly 30
- diplomacy 101
- diplomat 101
- **diplomatic** 100
- **disability** 71

- disable 71
- disabled 71
- **disagree** 92
- disagreement 92
- **discern** 34
- discernible 34
- **discharge** 253
- **discipline** 272
- disclose 31
- **discord** 115
- discourage 34
- **discouraged** 34
- **discrete** 100
- discretion 100
- **discuss** 82
- discussion 82
- disdain 213
- **disguise** 207
- disgust 256
- **disgusting** 256
- disillusion 191
- **disillusioned** 191
- disillusionment 191
- **disk** 47
- dislocate 120
- dislocation 120
- **dismal** 27
- dismally 27
- **dismay** 27
- **dispatch** 142
- dispersal 142
- **disperse** 121, 142
- dispersion 121
- **displace** 120
- displacement 120
- **dispute** 128
- dissension 109
- **dissent** 109
- **dissolution** 173
- dissolve 173
- **distance** 122
- distant 123
- distantly 123
- distinguish 260
- **distinguished** 260
- distort 60
- distortion 60
- distract 63
- **distracted** 63
- distracting 63
- distraction 63
- distribute 45
- **distribution** 45
- ditch 226
- diverse 40
- **diverse** 56

- diversification 40
- **diversify** 40
- diversify 56
- diversity 56
- **dividend** 28
- **divine** 189
- divinely 189
- divinity 189
- dizziness 246
- **dizzy** 246
- doctrinal 184
- **doctrine** 184
- **dodge** 71
- dodge ball 71
- dodger 71
- dodgy 71
- **dollars, the** 50
- **donate** 37
- dosage 255
- dose 255
- **double** 46
- double bluff 204
- **downfall** 109
- downfallen 109
- **downgrade** 30
- **downpour** 148
- **downturn** 26
- draft dodger 71
- dread 63
- dreaded 63
- **dreadful** 63
- **dress** 196
- **drift apart** 243
- **driveway** 226
- drop [cast] anchor 123
- **drought** 90
- drug 255
- drugstore 255
- drum 201
- **drum up** 201
- **due to** 44
- **dull** 227
- dull 272
- dullness 227
- **dumb** 272
- dumbbell 272
- dummy 272
- durability 229
- **durable** 229
- **duty** 35

E

- eaves 55
- **eavesdrop** 55
- **eccentric** 198
- eclipse 171

- ☐ efficiency 260
- ☐ efficient 260
- ☐ efficiently 260
- ☐ elect 94
- ☐ **election** 94
- ☐ electoral 94
- ☐ eligibility 87
- ☐ **eligible** 87
- ☐ **eloquence** 202
- ☐ eloquent 202
- ☐ **embargo** 107
- ☐ **embassy** 101
- ☐ emigrate 116
- ☐ emigration 116
- ☐ **eminent** 242
- ☐ eminently 242
- ☐ emotion 88
- ☐ emotional 88
- ☐ **emotionally** 88
- ☐ **empirical** 174
- ☐ empirically 174
- ☐ empiricism 174
- ☐ **emptiness** 140
- ☐ empty 140
- ☐ empty-handed 40
- ☐ **encyclopedia** 242
- ☐ encyclopedic 242
- ☐ **endorse** 96
- ☐ endorsement 96
- ☐ **endow** 262
- ☐ endowment 262
- ☐ **endure** 247
- ☐ **enforce** 158
- ☐ enforcement 158
- ☐ engage 239
- ☐ **engagement** 239
- ☐ **enhance** 265
- ☐ enhanced 265
- ☐ enhancement 265
- ☐ enhancer 265
- ☐ **enlist** 93
- ☐ enlistment 93
- ☐ enormity 253
- ☐ **enormous** 253
- ☐ enormously 253
- ☐ **enrich** 48
- ☐ enriched 48
- ☐ enrichment 48
- ☐ **enroll** 222
- ☐ enrollment 222
- ☐ **entity** 158
- ☐ entreat 110
- ☐ **entreaty** 110
- ☐ **entrepreneur** 29
- ☐ entrepreneurial 29
- ☐ epidemic 254

- ☐ **equilibrium** 149
- ☐ **equity** 236
- ☐ **erode** 151
- ☐ erosion 151
- ☐ **erupt** 147
- ☐ eruption 147
- ☐ **estate** 161
- ☐ **esteem** 71
- ☐ **euphoria** 249
- ☐ **evacuate** 148
- ☐ evacuation 148
- ☐ **evade** 144
- ☐ **evaporate** 172
- ☐ evaporation 172
- ☐ evasion 144
- ☐ **evict** 128
- ☐ eviction 128
- ☐ **evocation** 263
- ☐ evocative 263
- ☐ **evoke** 263
- ☐ **exalt** 185
- ☐ exaltation 185
- ☐ **excavate** 267
- ☐ exceed 143
- ☐ exceeding 143
- ☐ **exceedingly** 143
- ☐ except 241
- ☐ excepted 241
- ☐ excepting 241
- ☐ **exception** 241
- ☐ **exclude** 117
- ☐ exclusion 117
- ☐ exclusive 117
- ☐ **excuse** 69
- ☐ **excuse for, an** 73
- ☐ exhalation 250
- ☐ **exhale** 250
- ☐ **exhaust** 151
- ☐ exhausted 151
- ☐ exhausting 151
- ☐ exhaustion 151
- ☐ exhaustive 151
- ☐ **exile** 111
- ☐ **exodus** 236
- ☐ **expatriate** 111
- ☐ **expel** 101
- ☐ expend 43
- ☐ **expense** 43
- ☐ expensive 43
- ☐ expiration 49
- ☐ **expire** 49
- ☐ **exploit** 149
- ☐ exploit 149
- ☐ exploitation 149
- ☐ exploitative 149
- ☐ **expose** 176

- ☐ exposé 176
- ☐ exposed 176
- ☐ **exquisite** 187
- ☐ **extinct** 149
- ☐ **extinction** 149
- ☐ **extract** 149
- ☐ extraction 149

F

- ☐ **fable** 215
- ☐ fabled 215
- ☐ **fabric** 171
- ☐ fabulous 215
- ☐ **facial** 248
- ☐ **facilitate** 142
- ☐ **faction** 98
- ☐ **factor** 81
- ☐ **fake** 143
- ☐ fallacious 174
- ☐ fallacy 174
- ☐ fallible 174
- ☐ false 174
- ☐ falsify 174
- ☐ **falter** 42
- ☐ **farewell** 71
- ☐ **fatal** 257
- ☐ fatality 257
- ☐ **fate** 114
- ☐ fateful 114
- ☐ feasibility 98
- ☐ **feasible** 98
- ☐ **feast** 185
- ☐ **feat** 65
- ☐ **federal** 86
- ☐ feeble 250
- ☐ feebly 250
- ☐ **feed** 141
- ☐ feedback 141
- ☐ **fend** 240
- ☐ fidgety 205
- ☐ **fiery** 88
- ☐ **fight** 85
- ☐ fight one's way 85
- ☐ finance 29
- ☐ **financial** 29
- ☐ **finite** 173
- ☐ **firearm** 126
- ☐ **fiscal** 81
- ☐ **flee** 115
- ☐ **fleet** 123
- ☐ **fling** 230
- ☐ **florist** 144
- ☐ flu 246
- ☐ **fluid** 176
- ☐ fluidity 176
- ☐ **flush** 139

- ☐ **flush out** 139
- ☐ **flutter** 234
- ☐ **foam** 139
- ☐ foamy 139
- ☐ **foe** 125
- ☐ **folk** 140
- ☐ folklore 140
- ☐ folkway 140
- ☐ **footnote** 275
- ☐ **force** 162
- ☐ forego 175
- ☐ foregoing 175
- ☐ **foreign** 228
- ☐ foreigner 228
- ☐ **forever** 272
- ☐ **forfeit** 53
- ☐ forfeiture 53
- ☐ **forgo** 175
- ☐ **forlorn** 243
- ☐ forlornly 243
- ☐ **format** 275
- ☐ **former** 91
- ☐ formerly 91
- ☐ **formidable** 115
- ☐ **fort** 127
- ☐ fortify 127
- ☐ **fortune** 236
- ☐ **fragile** 119
- ☐ fragility 119
- ☐ **frail** 250
- ☐ frailty 250
- ☐ **frantic** 61
- ☐ frantically 61
- ☐ **fraternal** 141
- ☐ fraternally 141
- ☐ fraternity 141
- ☐ fraud 158
- ☐ **fraud** 161
- ☐ fraudulent 158, 161
- ☐ **free of charge** 224
- ☐ **freight** 32
- ☐ frenzy 61
- ☐ **fret** 217
- ☐ fretful 217
- ☐ **friction** 118
- ☐ **frigid** 235
- ☐ frigidity 235
- ☐ **frown** 215
- ☐ **frugal** 214
- ☐ frugality 214
- ☐ frugally 214
- ☐ **fugitive** 166
- ☐ **full** 251
- ☐ fully 251
- ☐ **fumble** 208
- ☐ **fume** 147

- ☐ function 84
- ☐ functional 84
- ☐ functionary 84
- ☐ **fund** 31
- ☐ funding 31
- ☐ **funding** 95
- ☐ furious 209
- ☐ furiously 209
- ☐ fury 209

G

- ☐ gallant 51
- ☐ **gallantly** 51
- ☐ gang 164
- ☐ **gangster** 164
- ☐ **general election** 81
- ☐ **genius** 65
- ☐ **geometry** 274
- ☐ **gesture** 88
- ☐ **ghastly** 166
- ☐ give birth 221
- ☐ **glamorous** 227
- ☐ glamorously 227
- ☐ glamour 227
- ☐ gloom 34
- ☐ **gloomy** 34
- ☐ **glue** 135
- ☐ **go away** 236
- ☐ **god** 181
- ☐ govern 86
- ☐ **government** 86
- ☐ graduate 143
- ☐ **graft** 165
- ☐ **granny** 200
- ☐ **gratuity** 211
- ☐ **greed** 134
- ☐ greedy 134
- ☐ **greedy** 29
- ☐ **gregarious** 199
- ☐ gregariousness 199
- ☐ **grope** 230
- ☐ gropingly 230
- ☐ **gross** 70
- ☐ grossly 70
- ☐ **group** 122
- ☐ **grudge** 217
- ☐ grudging 217
- ☐ **guard** 84
- ☐ **guerrilla** 122
- ☐ guilt 145
- ☐ **guilty** 145
- ☐ **gulp** 256
- ☐ **gust** 234
- ☐ gusty 234

H

- ☐ **hail** 235
- ☐ hailstone 235
- ☐ **hamper** 147
- ☐ **hand** 40
- ☐ **handcuff** 159
- ☐ **hang** 229
- ☐ hanger 229
- ☐ hanging 229
- ☐ **harass** 155
- ☐ harassment 155
- ☐ **hatch** 123
- ☐ hatchery 123
- ☐ **haul** 32
- ☐ haul in 32
- ☐ **haunt** 190
- ☐ haunted 190
- ☐ haunting 190
- ☐ have a genius for (-ing) ~ 65
- ☐ hazard 146
- ☐ **hazardous** 146
- ☐ **hectic** 136
- ☐ **heed** 110
- ☐ heedful 110
- ☐ heedfully 110
- ☐ heedless 110
- ☐ **heir** 161
- ☐ heirloom 161
- ☐ **hence** 273
- ☐ **herbal** 256
- ☐ **hereafter** 50
- ☐ hereditary 177
- ☐ **heredity** 177
- ☐ **hermit** 202
- ☐ hermitage 202
- ☐ **hierarchy** 183
- ☐ **hinder** 57
- ☐ hindrance 57
- ☐ **hinge** 98
- ☐ **hoarse** 246
- ☐ **hole** 221
- ☐ **homage** 186
- ☐ **homeland** 120
- ☐ **homicide** 166
- ☐ homogeneity 118
- ☐ **homogeneous** 118
- ☐ homosexual 177
- ☐ homosexuality 177
- ☐ **hop** 129
- ☐ **hope** 236
- ☐ **hoped-for** 30
- ☐ hopeful 236
- ☐ hopefully 236
- ☐ hopeless 236
- ☐ hopper 129
- ☐ **hostage** 162
- ☐ **hostile** 121
- ☐ hostility 121
- ☐ House of Representatives, the 75
- ☐ **House of Representatives, the** 80
- ☐ **huddle** 261
- ☐ **hue** 108
- ☐ **hug** 200
- ☐ **hum** 231
- ☐ **humble** 145, 197
- ☐ humiliate 145
- ☐ humility 145
- ☐ **hurricane** 146
- ☐ **hymn** 180
- ☐ hymnal 180
- ☐ hypotheses 174
- ☐ **hypothesis** 174
- ☐ hypothetical 174

I

- ☐ **identical** 118
- ☐ ideological 184
- ☐ **ideology** 184
- ☐ **idol** 186
- ☐ idolatry 186
- ☐ illegal 92
- ☐ **illegal** 94
- ☐ illegality 92
- ☐ **illicit** 135
- ☐ **illuminate** 187
- ☐ illuminated 187
- ☐ illuminating 187
- ☐ illumination 187
- ☐ **imitate** 51
- ☐ imitation 51
- ☐ imitative 51
- ☐ imitator 51
- ☐ **immigrant** 116
- ☐ **immigrant** 94
- ☐ **immortal** 191
- ☐ immortality 191
- ☐ immortalize 191
- ☐ immune 254
- ☐ **immunity** 254
- ☐ implicate 199
- ☐ implication 199
- ☐ implicit 199
- ☐ **implore** 141
- ☐ **imply** 199
- ☐ **impose** 106
- ☐ **improper** 54
- ☐ improve 91
- ☐ **improvement** 91
- ☐ in bulk 43
- ☐ **in the know** 55
- ☐ **inaugurate** 142
- ☐ inauguration 142
- ☐ **incense** 186
- ☐ **incite** 163
- ☐ incitement 163
- ☐ **incredible** 55
- ☐ **indifference** 145
- ☐ indifferent 145
- ☐ **indigenous** 117
- ☐ **indignant** 209
- ☐ indignantly 209
- ☐ **induce** 249
- ☐ inducement 249
- ☐ inevitable 236
- ☐ **inevitably** 236
- ☐ **infer** 177
- ☐ inference 177
- ☐ inflate 26
- ☐ **inflation** 26
- ☐ inflationary 26
- ☐ **inflict** 125
- ☐ inflict -self on 125
- ☐ **influence** 228
- ☐ influential 228
- ☐ **ingenious** 47
- ☐ ingeniously 47
- ☐ ingenuity 47
- ☐ **inhabit** 121
- ☐ inhabitant 121
- ☐ **inhalation** 250
- ☐ **inhale** 250
- ☐ **inherent** 177
- ☐ **inherit** 161
- ☐ inheritance 161
- ☐ **inhibit** 255
- ☐ inhibition 255
- ☐ **initial** 83
- ☐ initially 83
- ☐ **initiate** 83
- ☐ initiation 83
- ☐ **initiative** 98
- ☐ inject 254
- ☐ **injection** 254
- ☐ **innate** 177
- ☐ **innoculate** 248
- ☐ innovate 50
- ☐ innovation 50
- ☐ **innovative** 50
- ☐ **inoculation** 248
- ☐ **insane** 249
- ☐ **instrument** 171
- ☐ instrumental 171
- ☐ **insult** 212
- ☐ insulting 212

287

- integrate 50
- integrated 50
- integration 50
- **integrity** 109
- **intend** 41
- intended victim 41
- **intense** 72
- intensely 72
- intensify 72
- intensive 72
- interact 117
- **interaction** 117
- interest 29
- interim 64
- **interior** 171
- **international** 100
- international disputes 100
- international law 100
- international trade 100
- international waters 100
- **intervene** 101
- intervention 101
- invade 115
- invalid 212
- invariable 109
- **invariably** 109
- **invasion** 115
- invasive 115
- **inventory** 44
- invest 28
- investigate 97
- **investigation** 97
- investigator 97
- investment 28
- **investor** 28
- irritate 149
- **itinerary** 228

J

- J.P. 158
- **jail** 163
- jealous 267
- **jealousy** 267
- **jeopardize** 151
- jeopardy 151
- **jerk** 212
- jerky 212
- **jest** 206
- Jew 185
- **Jewish** 185
- job 69
- **joint** 41
- joint venture 41
- **jolly** 217
- **jolt** 206

- Judaism 185
- **judicial** 158
- **just-in-time** 45
- **justice** 158
- justice of the peace 158
- justice of the Supreme Court 158
- **justify** 107

K

- keep [get] ~ in perspective 72
- **kin** 240
- kinfolk 240
- **kite** 234

L

- **labor** 43
- labored 43
- laborer 43
- laboring 43
- laborious 43
- **lad** 240
- **lament** 227
- lamentation 227
- lamented 227
- **landslide** 85
- **language** 272
- **lantern** 230
- **laser** 175
- **layer** 150
- layered, - 150
- **lean** 109
- **least** 26
- least of one's worries, the 26
- **leave** 69
- left-handed 40
- legal 94
- leniency 155
- **lenient** 155
- less 223
- **lessen** 223
- **let out** 248
- **levy** 35
- liability 116
- **liable** 116
- lib 141
- liberate 141
- liberation 141
- **liberty** 141
- **lifetime** 159
- **light** 232
- light bulb 232
- lightning 232
- linguistic 272

- **linguistics** 272
- **link** 45, 162
- linkage 162
- linked 162
- lipstick 196
- **liquidate** 32
- liquidation 32
- **listen** 88
- **literal** 271
- literally 271
- logic 75
- **logical** 75
- logically 75
- long 215
- longing 215
- **longing** 227
- longingly 227
- loony 213
- **lord** 185
- **loyal** 102
- **lull** 64
- lullaby 64
- **lunatic** 213
- **lure** 143
- **lust** 266
- lust 52
- **luster** 52
- lustful 266
- lustre 52
- lustrous 52
- lusty 266
- lyric 202
- **lyrical** 202
- lyricism 202

M

- **mad** 206
- madly 206
- madness 206
- **magistrate** 83
- **magnetic** 173
- magnetically 173
- maiden name 154
- **major** 274
- majority 117
- make up 196
- **make-up** 196
- **malady** 249
- **malaria** 177
- **manifest** 156
- manifestation 156
- manifesto 156
- **manipulate** 111
- manipulation 111
- **mankind** 177
- market 56

- **marketing** 56
- **marlin** 263
- **marshal** 159
- masculine 177
- **masculinity** 177
- **mass media** 89
- **massacre** 165
- **master** 274
- **mathematics** 274
- **maximize** 32
- maximum 32
- **meanwhile** 49
- **measure** 170
- measurement 170
- **medal** 125
- media, the 89
- mediate 49
- **mediation** 49
- medicine 255
- **meditate** 203
- meditation 203
- meditative 203
- medium 89
- melancholia 243
- **melancholy** 243
- **mellow** 233
- **memoir** 261
- **menace** 138
- menacing 138
- mere 270
- **merely** 270
- **merry** 231
- **metabolism** 255
- meteorological 275
- **meteorologist** 275
- meteorology 275
- metro 94
- metropolis 94
- **metropolitan** 94
- metropolitan area, the 94
- metropolitan newspapers 94
- metropolitan police, the 94
- Metropolitan Police, the 94
- Middle Class, the 140
- **middle-class** 140
- **migrant** 116
- migrant (farm) worker 116
- migrate 116
- migration 116
- militant 115
- **military** 115

- ☐ **minimize** 44
- ☐ minimum 44
- ☐ mischief 239
- ☐ **mischievous** 239
- ☐ misconstrue 271
- ☐ miser 210
- ☐ **miserly** 210
- ☐ misery 211
- ☐ **misfortune** 51
- ☐ **misgiving** 68
- ☐ mission 180
- ☐ **missionary** 180
- ☐ mix 256
- ☐ **mixture** 256
- ☐ mock 211
- ☐ mockery 211
- ☐ modification 48
- ☐ modifier 48
- ☐ **modify** 48
- ☐ **monarch** 99
- ☐ monarchist 99
- ☐ monarchy 99
- ☐ **monetary** 26
- ☐ monetary control 26
- ☐ monetary policy 26
- ☐ **monitor** 252
- ☐ monopolize 48
- ☐ **monopoly** 48
- ☐ **moral** 203
- ☐ morale 203
- ☐ morality 203
- ☐ **moreover** 50
- ☐ morphology 173
- ☐ **motto** 51
- ☐ moving 223
- ☐ **mud** 226
- ☐ muddy 226
- ☐ **muffle** 148
- ☐ muffled 148
- ☐ muffler 148
- ☐ **multitude** 129
- ☐ multitudinous 129
- ☐ **municipal** 86
- ☐ municipal 94
- ☐ municipality 86
- ☐ **murder** 165
- ☐ murderer 165
- ☐ **mutter** 203
- ☐ mutual fund 31

N

- ☐ **nag** 203
- ☐ **naïve** 144
- ☐ naïvety 144
- ☐ naked 251, 266
- ☐ narc 160, 249

- ☐ **narcissism** 160, 249
- ☐ **narcotic** 160, 249
- ☐ **nasty** 256
- ☐ nationalism 89
- ☐ **nationalist** 89
- ☐ nationalistic 89
- ☐ **native** 115
- ☐ **negotiate** 100
- ☐ **negotiation** 100
- ☐ **net worth** 237
- ☐ **new money** 196
- ☐ **niche** 42
- ☐ no mean feat 65
- ☐ **noble** 157
- ☐ nominate 96
- ☐ nomination 96
- ☐ **nominee** 96
- ☐ **none** 93
- ☐ **not lift [raise] a finger** 71
- ☐ nourishing 252
- ☐ nourishment 252
- ☐ **nuclear** 138
- ☐ nucleus 138
- ☐ **nuisance** 145
- ☐ null 63
- ☐ **null and void** 63
- ☐ **nun** 181
- ☐ nunnery 181

O

- ☐ obsolescence 66
- ☐ obsolescent 66
- ☐ **obsolete** 66
- ☐ **obstinate** 119
- ☐ obstinately 119
- ☐ **occupant** 221
- ☐ occupation 69, 160
- ☐ **occupy** 160
- ☐ occupy 221
- ☐ **office-holder** 104
- ☐ **official** 90
- ☐ officially 90
- ☐ old money 196
- ☐ **on the side** 222
- ☐ on the verge of ∼ 27
- ☐ on [at, to] the brink of ∼ 41
- ☐ on [off] duty 35
- ☐ one-handed 40
- ☐ **open-minded** 138
- ☐ **oppress** 111
- ☐ oppression 111
- ☐ **oration** 88
- ☐ **orator** 88
- ☐ oratorical 88

- ☐ oratory 88
- ☐ **ordeal** 120
- ☐ **orderly** 65
- ☐ origin 135
- ☐ original 135
- ☐ originally 135
- ☐ **originate** 135
- ☐ **ornament** 232
- ☐ ornamental 232
- ☐ **orphan** 240
- ☐ orphanage 240
- ☐ **out of court** 156
- ☐ **outage** 175
- ☐ **outcome** 92
- ☐ outer 170
- ☐ **outer space** 170
- ☐ **outlaw** 162
- ☐ **outlook** 30
- ☐ **outpatient** 255
- ☐ **outrage** 62
- ☐ outrageous 62
- ☐ **outset** 68
- ☐ **outsourcing** 150
- ☐ **overall** 81
- ☐ **overhead** 44
- ☐ **overnight** 148
- ☐ **overseas** 262
- ☐ **overshadow** 138
- ☐ overwhelm 102
- ☐ **overwhelming** 102
- ☐ **owe** 102
- ☐ owing 102
- ☐ owing to 102

P

- ☐ pacification 138
- ☐ pacifier 138
- ☐ **pacify** 138
- ☐ **pact** 103
- ☐ **pale** 246
- ☐ **pane** 187
- ☐ **panic** 270
- ☐ **paperwork** 40
- ☐ paralysis 251
- ☐ **paralyze** 251
- ☐ **partial** 34
- ☐ partially 34
- ☐ **party in [out of] power, the** 81
- ☐ **passion** 197
- ☐ passionate 197
- ☐ passionately 197
- ☐ **passive** 250
- ☐ passively 250
- ☐ **patent** 47
- ☐ pathetic 210

- ☐ **pathetically** 210
- ☐ patriot 89, 141
- ☐ **patriotic** 141
- ☐ patriotic 89
- ☐ patriotism 141
- ☐ **patron** 52
- ☐ patronage 52
- ☐ patronize 52
- ☐ **peculiar** 264
- ☐ peculiarity 264
- ☐ peculiarly 264
- ☐ penal 107
- ☐ **penalize** 107
- ☐ penalty 107
- ☐ **period** 126
- ☐ permission 67
- ☐ **permit** 67
- ☐ perpetual 201
- ☐ **perpetually** 201
- ☐ perpetuity 201
- ☐ **perplexed** 206
- ☐ **persecute** 114
- ☐ persecution 114
- ☐ **persistence** 201
- ☐ persistent 201
- ☐ **personnel** 36
- ☐ **perspective** 72
- ☐ **pertinent** 156
- ☐ perturb 201
- ☐ **perturbed** 201
- ☐ pest 233
- ☐ pester 233
- ☐ **petition** 95
- ☐ pettiness 210
- ☐ **petty** 210
- ☐ pharmacy 255
- ☐ **phase** 135
- ☐ phenomenal 135
- ☐ **phenomenon** 135
- ☐ philosopher 276
- ☐ philosophical 276
- ☐ **philosophy** 276
- ☐ **phonograph** 265
- ☐ **phrase** 273
- ☐ physic 175
- ☐ physical 175
- ☐ **physics** 175
- ☐ **picket** 48
- ☐ picketing 48
- ☐ **pie** 220
- ☐ **pie in the sky** 220
- ☐ **pier** 129
- ☐ **pill** 255
- ☐ **pillar** 257
- ☐ **pilot** 129
- ☐ **pin** 221

- ☐ **pinch** 257
- ☐ **pistol** 126
- ☐ **place a premium on** 60
- ☐ **plaintiff** 154
- ☐ plea 159
- ☐ **plead** 159
- ☐ **pledge** 211
- ☐ **plight** 211
- ☐ **plunge** 57
- ☐ **pneumonia** 254
- ☐ poem 261
- ☐ poet 261
- ☐ **poetry** 261
- ☐ **poise** 208
- ☐ poised 208
- ☐ **poke** 266
- ☐ pokey 266
- ☐ **poll** 81
- ☐ polling place 81
- ☐ **ponder** 222
- ☐ **pope** 183
- ☐ **port** 123
- ☐ **pose** 155
- ☐ potent 138
- ☐ **potential** 138
- ☐ **pound** 241
- ☐ pounding 241
- ☐ **prank** 145
- ☐ **pray** 182
- ☐ **prayer** 180
- ☐ prayer 182
- ☐ preach 188
- ☐ **precaution** 176
- ☐ precautionary 176
- ☐ **precede** 181
- ☐ precedent 181
- ☐ preceding 181
- ☐ pregnancy 220
- ☐ **pregnant** 220
- ☐ **prejudice** 118
- ☐ **prejudiced** 118
- ☐ **preliminary** 57
- ☐ **premise** 60
- ☐ premium 60
- ☐ preoccupation 210
- ☐ **preoccupied** 210
- ☐ preoccupy 210
- ☐ **prepared** 221
- ☐ prescription 255
- ☐ **presidency** 96
- ☐ president 96
- ☐ presidential 96
- ☐ prestige 242
- ☐ **prestigious** 242
- ☐ **pretend** 242
- ☐ pretension 242

- ☐ **prevail** 27
- ☐ prevailing 27
- ☐ prevalence 27
- ☐ **prevalent** 27
- ☐ **prevent** 44
- ☐ **prey** 55
- ☐ **priest** 180
- ☐ **primarily** 87
- ☐ **Prime Minister** 82
- ☐ **primitive** 262
- ☐ **prince** 99
- ☐ princess 99
- ☐ **principle** 181
- ☐ **prison** 164
- ☐ prisoner 164
- ☐ private 32
- ☐ privatization 32
- ☐ **privatize** 32
- ☐ **probe** 170
- ☐ **procure** 37
- ☐ procurement 37
- ☐ profession 198
- ☐ **professional** 198
- ☐ **profile** 269
- ☐ profiling 269
- ☐ **profound** 46
- ☐ profoundly 46
- ☐ **prolong** 37
- ☐ **prominent** 41
- ☐ **prompt** 97
- ☐ promptly 97
- ☐ **prone** 205
- ☐ **pronounce** 273
- ☐ pronunciation 273
- ☐ **propagate** 181, 184
- ☐ propagation 181
- ☐ **propel** 75
- ☐ propeller 75
- ☐ **propensity** 54
- ☐ proper 32
- ☐ **property** 32
- ☐ prophecy 184
- ☐ prophesy 184
- ☐ **prophet** 184
- ☐ prophetic 184
- ☐ **proprietor** 34
- ☐ propriety 32
- ☐ propulsion 75
- ☐ **prose** 261
- ☐ prosecute 155
- ☐ **prosecution** 155
- ☐ prosecutor 155
- ☐ **prospect** 156
- ☐ prosper 29
- ☐ **prosperity** 29
- ☐ prosperous 29

- ☐ **prostrate** 254
- ☐ prostration 254
- ☐ **protein** 174
- ☐ Protestant 180
- ☐ **province** 90
- ☐ provincial 90
- ☐ **prowl** 167
- ☐ prowl car, a 167
- ☐ **proxy** 111
- ☐ **prudence** 156
- ☐ prudent 156
- ☐ public utilities 85
- ☐ **pulpit** 188
- ☐ pulsate 250
- ☐ **pulse** 250
- ☐ pulse rate 250
- ☐ **punctual** 214
- ☐ punctually 214
- ☐ **pursue** 274
- ☐ pursuit 274
- ☐ **push forward** 69
- ☐ put [lay] a curse on ... 190

Q

- ☐ **quaint** 266
- ☐ **qualification** 274
- ☐ qualified 274
- ☐ qualify 274
- ☐ **quantity** 160
- ☐ **quarrel** 213
- ☐ quarrelsome 213
- ☐ **query** 55
- ☐ quid 224
- ☐ **quiver** 209
- ☐ **quotation** 275
- ☐ quote 275

R

- ☐ race 89, 266
- ☐ **racial** 89
- ☐ **racing** 266
- ☐ racism 89
- ☐ racist 89
- ☐ **radical** 97
- ☐ radicalism 97
- ☐ **raffle** 268
- ☐ **raft** 230
- ☐ rafting 230
- ☐ **raid** 160
- ☐ raider 160
- ☐ **rally against** ~ 109
- ☐ **rally behind** ~ 109
- ☐ **range** 268

- ☐ **rare** 136
- ☐ **rarely** 136
- ☐ **rational** 50
- ☐ rationale 50
- ☐ rationalization 50
- ☐ rationalize 50
- ☐ recount 92
- ☐ **re-count** 92
- ☐ **realm** 108
- ☐ **rear** 264
- ☐ **rebel** 105, 137
- ☐ **rebuke** 211
- ☐ **recall** 226, 235
- ☐ **recede** 148
- ☐ recede 35
- ☐ **recess** 107
- ☐ **recession** 35, 37
- ☐ **recline** 233
- ☐ **reconcile** 98
- ☐ reconciliation 98
- ☐ **reconfirm** 229
- ☐ reconfirmation 229
- ☐ **record-breaking** 129
- ☐ recount 92
- ☐ **recover** 246
- ☐ recovery 246
- ☐ **recur** 257
- ☐ recurrence 257
- ☐ **red tape** 91
- ☐ **redeem** 70
- ☐ redeemer 70
- ☐ redeeming 70
- ☐ redemption 70
- ☐ refer 64, 275
- ☐ referee 65
- ☐ **reference** 64, 275
- ☐ reference book 65
- ☐ referenda 94
- ☐ **referendum** 94
- ☐ **reflect** 233
- ☐ reflection 233
- ☐ **refresh** 68
- ☐ refreshing 68
- ☐ refreshingly 68
- ☐ refreshment 68
- ☐ refuge 117
- ☐ **refugee** 117
- ☐ refutation 159
- ☐ **refute** 159
- ☐ **regain** 251
- ☐ **regime** 91
- ☐ **region** 120
- ☐ region 82
- ☐ **regional** 82
- ☐ rehabilitate 251
- ☐ **rehabilitation** 251

290

- rein 206
- reinforce 171
- reinforcement 171
- rejoice 253
- relax 74
- relaxed 74
- relaxing 74
- relish 205, 238
- reluctance 68
- reluctant 68
- reluctantly 68
- remainder 237
- remains 237
- remark 65
- remarkable 65
- remarkably 65
- remedy 254
- remnant 51
- remorse 222
- remorseful 222
- render 66
- rendering 66
- renew 98
- renewal 98
- renounce 104
- renown 52
- renowned 52
- renunciation 104
- repair 224
- repairman 224
- repeal 107
- repeat 139
- repeated 139
- repeatedly 139
- repel 127
- repellant 127
- repellent 127
- repent 182
- repetition 139
- represent 80
- representation 75
- representative 75
- representative 80
- reprisal 101
- reproach 73
- request 95
- resent 207
- resentful 207
- resentment 207
- reservoir 148
- residual 150
- residue 150
- resign 106
- resignation 106
- resource 150
- restless 205

- restlessly 205
- restlessness 205
- restrict 26
- restricted 26
- restriction 26
- restrictive 26
- retail 45
- retailer 45
- retard 172
- retardation 172
- retarded 172
- return 155
- reveal 31
- revealing 31
- revelation 31
- revenue 134
- reverse 36
- reversible 36
- revise 61
- revision 61
- revival 27
- revival 32
- revive 27
- revive 32
- rigid 49
- rigidity 49
- rigidly 49
- rigor 173
- rigorous 173
- rigorously 173
- ringleader 162
- ripple 233
- rise 145
- risk 45
- risky 45
- roam 201
- roast 220
- rob 163
- robber 163
- robbery 163
- rock 31
- roll 243
- roller skate 268
- roller-skate 268
- rolling 243
- rouge 196
- rough 134, 200, 243
- roughly 134, 200, 243
- royal 99
- royalty 99
- rudiment 273
- rudimentary 273
- rugged 241
- run-down 135
- run-of-the-mill 196
- rundown 135

S

- sabotage 137
- saint 189
- saintly 189
- salutation 129
- salute 129
- salvation 182
- sanction 107
- sane 249
- saw 243
- scandal 97
- scandalize 97
- scandalous 97
- scholar 276
- scholarship 276
- scoff 211
- scorn 211
- scornful 211
- scour 141
- scramble 66
- scrambled egg(s) 66
- scrambler 66
- scrambling 66
- seal 171
- sealant 171
- seaplane 129
- seashell 241
- secretarial 67
- secretary 67
- Secretary-General 67
- sect 186
- sectarian 186
- sector 33
- seek 160
- seeker 160
- segregate 117
- segregation 117
- seize 160
- seizure 160
- seldom 67
- Senate, the 80
- senator 80
- sentiment 202
- sentimental 202
- separate 90
- separately 90
- separation 90
- sequence 174
- sequence of ~, a 174
- sequent 174
- sequential 174
- serene 233
- serenely 233
- serenity 233
- serious 138
- serious-minded 138

- seriously 138
- sermon 188
- set 114
- setting 114
- settle 49
- settled 49
- settlement 49
- shack 117
- shaggy 207
- shake 73
- shaken 73
- shallow 150
- shame 83
- shameful 83
- shape 264
- shapely 264
- share 40
- shareholder 40
- shatter 119, 225
- shattered 225
- shattering 225
- shed 36
- shell 241
- shipwreck 252
- shock 134
- shocked 134
- shocking 134
- shout 88
- shred 235
- shredder 235
- shrewd 214
- shrewdly 214
- shrewdness 214
- shriek 248
- shrink 46
- shrunken 46
- sibling 238
- siege 127
- silence 188
- silent 188
- silently 188
- silhouette 187
- silliness 217
- silly 217
- simplicity 262
- sin 182
- sinful 182
- sinner 182
- skate 268
- skirmish 122
- slack 69
- slacker 69
- slander 54
- slanderer 54
- slanderous 54
- slap 206

- ☐ sled 268
- ☐ sledding 268
- ☐ **slip out** 64
- ☐ **slump** 270
- ☐ slump 37
- ☐ **smart** 274
- ☐ smash 225
- ☐ **smuggle** 164
- ☐ smuggler 164
- ☐ **sneak** 188
- ☐ socialism 91
- ☐ **socialist** 91
- ☐ **soldier** 127
- ☐ **sole** 61
- ☐ **solemn** 207
- ☐ solemnity 207
- ☐ solemnly 207
- ☐ **solicit** 61
- ☐ solicitation 61
- ☐ solicitor 61
- ☐ **solid** 257
- ☐ **somehow** 257
- ☐ **soothe** 200
- ☐ soothing 200
- ☐ sorority 141
- ☐ **source** 150
- ☐ spank 205
- ☐ **spanking** 205
- ☐ **spare** 136
- ☐ sparing 136
- ☐ **spark** 33
- ☐ **species** 242
- ☐ speculate 29
- ☐ **speculation** 134
- ☐ speculative 29
- ☐ **speculator** 29
- ☐ **spend** 95
- ☐ **splash** 248
- ☐ **splendid** 265
- ☐ splendidly 265
- ☐ splendiferous 265
- ☐ **split** 243
- ☐ **spokesman** 104
- ☐ spokesperson 105
- ☐ spokeswoman 105
- ☐ **spouse** 154
- ☐ **squander** 204
- ☐ **square** 88
- ☐ **squatter** 128
- ☐ **stab** 165
- ☐ stabbing 165
- ☐ **stall** 264
- ☐ startle 66
- ☐ startled 66
- ☐ **startling** 66
- ☐ steak 220

- ☐ **sterling** 224
- ☐ **stethoscope** 250
- ☐ **stifle** 105
- ☐ stifling 105
- ☐ stimulant 30
- ☐ stimulate 30
- ☐ stimulating 30
- ☐ **stimulation** 30
- ☐ **sting** 223
- ☐ **stingy** 211
- ☐ **stink** 147
- ☐ stinking 147
- ☐ **stipulate** 103
- ☐ stock 28
- ☐ **stock** 42
- ☐ stock exchange 28
- ☐ **stock market** 28
- ☐ stockholder 28, 42
- ☐ **stout** 207
- ☐ stoutly 207
- ☐ strata 173
- ☐ stratified 173
- ☐ **stratum** 173
- ☐ straw poll 81
- ☐ **stream** 139
- ☐ **strenuous** 51
- ☐ **strife** 120
- ☐ string 264
- ☐ **strip** 151
- ☐ **strip** 151
- ☐ **stroke** 232
- ☐ stroke 232
- ☐ **struggle** 263
- ☐ **stubborn** 48
- ☐ stubbornly 48
- ☐ stubbornness 48
- ☐ **studious** 185
- ☐ **stumble** 200
- ☐ **stun** 196
- ☐ stunned 196
- ☐ **stunning** 196
- ☐ **stunt** 205
- ☐ sturdiness 61
- ☐ **sturdy** 61
- ☐ style 61
- ☐ stylish 61
- ☐ **subdivide** 173
- ☐ subdivision 173
- ☐ **subgroup** 118
- ☐ **subject** 276
- ☐ **sublime** 265
- ☐ sublimely 265
- ☐ **submarine** 123
- ☐ **submerge** 172
- ☐ submergence 172
- ☐ **subordinate** 209

- ☐ **subsequent** 121
- ☐ subsequently 121
- ☐ **subside** 209
- ☐ subsidize 33
- ☐ **subsidy** 33
- ☐ **subsist** 141
- ☐ subsistence 141
- ☐ **substitute** 201
- ☐ substitution 201
- ☐ successive 92
- ☐ **sue** 155
- ☐ **summit** 100
- ☐ **summon** 155
- ☐ **support** 96
- ☐ supporter 96
- ☐ **suppress** 140
- ☐ suppression 140
- ☐ supremacy 108
- ☐ **supreme** 108
- ☐ supremely 108
- ☐ **surmise** 224
- ☐ **surname** 154
- ☐ **surpass** 265
- ☐ **surplus** 37
- ☐ **surrender** 122
- ☐ **surveillance** 161
- ☐ surveillant 161
- ☐ **survey** 89
- ☐ surveyor 89
- ☐ **survival** 252
- ☐ **survive** 252
- ☐ **survivor** 252
- ☐ **swap** 214
- ☐ swap meet 214
- ☐ swapping 214
- ☐ **sway** 191
- ☐ **swell** 223
- ☐ swelling 223
- ☐ **swerve** 257
- ☐ **swindle** 31
- ☐ swindler 31
- ☐ **sword** 126

T
- ☐ tablet 255
- ☐ take a [its] toll on ～ 145
- ☐ take care of 223
- ☐ Take care. 223
- ☐ take heed of 110
- ☐ take inventory of ～ 44
- ☐ **takeover bid** 55
- ☐ **tangible** 54
- ☐ tangibly 54
- ☐ **tariff** 53
- ☐ **taste** 256
- ☐ tax 82

- ☐ **taxable** 82
- ☐ **taxation** 82
- ☐ **telegram** 53
- ☐ telegraph 53
- ☐ telegraphy 53
- ☐ **temper** 73
- ☐ temperament 73
- ☐ **tender** 200
- ☐ tender-hearted 200
- ☐ **tense** 230
- ☐ tensely 230
- ☐ **tension** 239
- ☐ **terrain** 151
- ☐ **terrified** 147
- ☐ terrify 147
- ☐ terrifying 147
- ☐ **territory** 128
- ☐ **testify** 157
- ☐ **testimony** 157
- ☐ **theft** 163
- ☐ theses 275
- ☐ **thesis** 275
- ☐ thief 163
- ☐ thieves 163
- ☐ **throb** 247
- ☐ **throne** 99
- ☐ **tick** 63
- ☐ tick-tack 63
- ☐ tick-tock 63
- ☐ **tide** 241
- ☐ **tightfisted** 197
- ☐ **timid** 208
- ☐ timidity 208
- ☐ timidly 208
- ☐ **tingle** 251
- ☐ **tinkle** 231
- ☐ **tint** 210
- ☐ tinted 210
- ☐ **tiny** 264
- ☐ tip 211
- ☐ **tiptoe** 209
- ☐ **to no avail** 127
- ☐ **toil** 71
- ☐ tolerance 118
- ☐ **tolerant** 118
- ☐ tolerate 118
- ☐ **toll** 145
- ☐ **torment** 166
- ☐ **torture** 166
- ☐ **toss** 211
- ☐ **touch** 223
- ☐ touching 223
- ☐ **tour** 228
- ☐ tourism 228
- ☐ **tourist** 228
- ☐ trade 28

- ☐ trade friction 118
- ☐ trader 28
- ☐ **trading** 28
- ☐ tragedy 204
- ☐ **tragic** 204
- ☐ tragically 204
- ☐ trait 239
- ☐ **traitor** 106
- ☐ traitorous 106
- ☐ **tramp** 229
- ☐ **trance** 186
- ☐ translucent 172
- ☐ **transparent** 172
- ☐ treacherous 157
- ☐ **treachery** 157
- ☐ treason 157
- ☐ **treatment** 94
- ☐ **treaty** 100
- ☐ **trespass** 166
- ☐ **trial** 159
- ☐ **tribal** 114
- ☐ tribe 114
- ☐ **tribute** 260
- ☐ trick 269
- ☐ **tricky** 269
- ☐ trivia 74
- ☐ **trivial** 74
- ☐ triviality 74
- ☐ trivialize 74
- ☐ **troop** 127
- ☐ **tumor** 253
- ☐ tumult 74
- ☐ tumultuous 74
- ☐ **turmoil** 74
- ☐ typhoon 146
- ☐ tyrannical 70
- ☐ tyrannize 70
- ☐ tyranny 70
- ☐ **tyrant** 70

U

- ☐ **ultimate** 72
- ☐ **unanimous** 111
- ☐ unanimously 111
- ☐ undeniable 52
- ☐ **undeniably** 52
- ☐ **under warranty** 224
- ☐ **undergo** 120
- ☐ **undergraduate** 143
- ☐ **undernourished** 252
- ☐ undertake 237
- ☐ **undertaker** 237
- ☐ undoubted 46
- ☐ **undoubtedly** 46
- ☐ **unduly** 46
- ☐ unease 74
- ☐ uneasily 74
- ☐ **uneasiness** 74
- ☐ uneasy 74
- ☐ unemployed 36
- ☐ **unemployment** 36
- ☐ **unexpected** 61
- ☐ unexpectedly 61
- ☐ unrest 205
- ☐ **untreated** 139
- ☐ **unwilling** 207
- ☐ unwillingly 207
- ☐ **upsurge** 46
- ☐ **upward** 224
- ☐ **urge** 85
- ☐ **urn** 267
- ☐ **usage** 271
- ☐ **utensil** 267
- ☐ utility 36
- ☐ **utility** 85
- ☐ utilization 36
- ☐ **utilize** 36
- ☐ **utmost** 50

V

- ☐ **valiant** 215
- ☐ valiantly 215
- ☐ **valid** 73
- ☐ **valor** 125
- ☐ **venture** 41
- ☐ **verdict** 154
- ☐ **verge** 27
- ☐ **versus** 270
- ☐ **veto** 84
- ☐ **vex** 149
- ☐ vexation 149
- ☐ vexatious 149
- ☐ **vibrant** 33
- ☐ vice 213
- ☐ vice-president 96
- ☐ **vicious** 213
- ☐ **victim** 163
- ☐ victimize 163
- ☐ view 30
- ☐ **vigor** 253
- ☐ vigorous 253
- ☐ vigorously 253
- ☐ vile 110
- ☐ vilely 110
- ☐ vileness 110
- ☐ **villain** 197
- ☐ villainous 197
- ☐ **violence** 119
- ☐ violent 119
- ☐ violently 119
- ☐ **virtue** 65
- ☐ virtuous 65
- ☐ visual 263
- ☐ **visualize** 263
- ☐ **vivid** 262
- ☐ vocation 69
- ☐ **vocational** 69
- ☐ void 63
- ☐ **void** 93
- ☐ **volleyball** 270
- ☐ voluptuous 227
- ☐ **voter** 97
- ☐ **vow** 185
- ☐ **vulgar** 154
- ☐ vulgarity 154
- ☐ **vulnerable** 151

W

- ☐ **wail** 248
- ☐ **waist** 207
- ☐ **Wall Street** 31
- ☐ **want** 93
- ☐ war 122
- ☐ **ward** 90
- ☐ ware 44
- ☐ **warehouse** 44
- ☐ **warfare** 122
- ☐ warrant 224
- ☐ warranty 224
- ☐ **warrior** 124
- ☐ **waste** 139
- ☐ waste 95
- ☐ **waterproof** 171
- ☐ **waver** 109
- ☐ **weak** 212
- ☐ weaken 212
- ☐ weakling 212
- ☐ weakness 212
- ☐ **weapon** 126
- ☐ **welfare** 111
- ☐ Westminster Cathedral 187
- ☐ **whereas** 62
- ☐ wholesale 44
- ☐ **wholesaler** 44
- ☐ **widespread** 135
- ☐ **widow** 161
- ☐ widower 161
- ☐ **windshield** 225
- ☐ **winning** 204
- ☐ **withhold** 83
- ☐ **witness** 157
- ☐ **workload** 68
- ☐ worth 237
- ☐ worthwhile 237
- ☐ **worthy** 237
- ☐ **wreath** 231
- ☐ wreathe 231
- ☐ wreck 252
- ☐ wreckage 252
- ☐ wrecker 252

Y

- ☐ **yearn** 215
- ☐ yearning 215

Z

- ☐ **zeal** 260
- ☐ zealous 260
- ☐ zealously 260

ワードスター【アドヴァンスト 1300】
Wordster advanced 1300

2004年9月29日　第1刷発行
2006年4月18日　第2刷発行

著　者	ジェームス・M・バーダマン、岡崎正義（おかざきまさよし）
発行者	富田　充
発行所	講談社インターナショナル株式会社
	〒112-8652　東京都文京区音羽1-17-14
	電話　03-3944-6493（編集部）
	03-3944-6492（マーケティング部・業務部）
	ホームページ　www.kodansha-intl.com
印刷・製本所	大日本印刷株式会社

落丁本、乱丁本は購入書店名を明記のうえ、講談社インターナショナル業務部宛にお送りください。送料小社負担にてお取替えいたします。なお、この本についてのお問い合わせは、編集部宛にお願いいたします。本書の無断複写（コピー）は著作権法上での例外を除き、禁じられています。

定価はカバーに表示してあります。

© ジェームス・M・バーダマン、岡崎正義 2004
Printed in Japan
ISBN 4-7700-2924-1